Sebastian Hakelmacher

Topmanager sind einsame Spitze

D1995193

Lieber Michael,

Elster war nun schon das dritte Unternehmen, in dem wir viele gemeinsame Jahre verbracht und viele schwierige Aufgaben zusammen erledigt haben.

Aber selbst in Zeiten, in denen wir sehr viel Arbeit hatten, kam eines nie zu kurz: die gute Laune, die alles erträglich gemacht hat.

Es war immer schön, Dich an meiner Seite zu haben, da ich mich stets auf Dich verlassen und auch immer einen guten Rat von Dir erhalten konnte.

Vielen Dank für die freundschaftliche Zusammenarbeit.

Entschuldigung für so manche Verzweiflung, in die ich Dich getrieben habe.

Vielleicht schaffen wir irgendwann auch noch ein viertes Mal.

Alles Gute!

Jörg, im Jan. 2013

Sebastian Hakelmacher

Topmanager sind einsame Spitze

Höhenflüge in dünner Luft

3. Auflage

GABLER

Bibliografische Information der Deutschen Nationalbibliothek
Die Deutsche Nationalbibliothek verzeichnet diese Publikation in der Deutschen Nationalbibliografie; detaillierte bibliografische Daten sind im Internet über <http://dnb.d-nb.de> abrufbar.

Die 1. und 2. Auflage dieses Werks sind unter dem Titel „Vom Teen-Ager zum Man-Ager“ erschienen.

1. Auflage 1992
2. Auflage 1996
   Nachdruck 1997
3. Auflage 2010

Lektorat: Irene Buttkus

Gabler ist Teil der Fachverlagsgruppe Springer Science+Business Media.
www.gabler.de

Umschlaggestaltung: KünkelLopka Medienentwicklung, Heidelberg
Bildnachweis: © Primabild/fotolia.com
Druck und buchbinderische Verarbeitung: Ten Brink, Meppel
Gedruckt auf säurefreiem und chlorfrei gebleichtem Papier

ISBN 978-3-8349-1827-7 Hardcover
ISBN 978-3-8349-4478-8 Softcover

Vorwort zur 3. Auflage

Topmanager sind Spitze - das ist das Beste, was sich über sie sagen lässt. Sie stehen an der Spitze eines Unternehmens und auf dessen Gehaltsliste. Topmanager sind einsam, weil der Abstand zu den übrigen Unternehmensangehörigen sehr groß ist und sie daher nicht selten von allen guten Geistern verlassen sind. Daher flüchten sie gerne in den Aufsichtsrat anderer Unternehmen.

Das Buch befasst sich vor allem mit Topmanagern, Aufsichtsräten und Wirtschaftsprüfern, also mit Berufsgruppen, die sich aus Imagegründen zu permanenten Spitzenleistungen verpflichtet fühlen. Trotz aller Vorbehalte ist bei dieser Auswahl noch der größte Rest wirtschaftlicher Vernunft zu finden.

Die in diesem Buch angesprochenen menschlichen Schwächen sind den genannten Leistungsträgern nicht exklusiv überlassen. Sie finden sich in ähnlicher oder verstärkter Form auch bei Spitzenfunktionären und Würdenträgern anderer Institutionen (Parteien, Parlamente, Kirchen, Gewerkschaften u. ä.) sowie bei Angehörigen der freien Berufe (z. B. Wirtschaftsprüfer, Juristen, Mediziner, Sportfunktionäre oder Ingenieure).

In der nunmehr vorliegenden 3. Auflage wurden die Beiträge überarbeitet und aktualisiert. Ihre wissenschaftliche Anmutung, die in den erhellenden Fußnoten zum Ausdruck kommt, wurde beibehalten. Um jüngeren Entwicklungen Rechung zu tragen, wurden einige Kürzungen vorgenommen und neue Abrundungen des vielschichtigen Themenkreises hinzugefügt.

In Zeiten ausufernder Unternehmenszusammenbrüche bietet das vorliegende Buch eine wichtige Handreichung für überforderte Spitzenkräfte und orientierungslose Aspiranten für Führungspositionen sowie für verunsicherte Aufseher und Kontrolleure. Dem etablierten Topmanager erschließt es beachtenswerte Verhaltensregeln für eine erfolgreiche lange Amtsdauer. Aufsichtsräten und Wirtschaftswissenschaftlern werden neue Einsichten vermittelt, die sie nachdenklich stimmen sollten. Wirtschaftsprüfern und Unternehmensberatern werden neue Perspektiven eröffnet, die für eine zeitgemäße Berufsausübung unerlässlich sind.

Schließlich ist das Buch ein unentbehrlicher Leitfaden für Alle, die mit Managern zu tun haben oder sie verstehen wollen.

Winterhude im Sommer 2009 Sebastian Hakelmacher

Aus dem Geleitwort zur 1. Auflage

Als literarisch interessierter Zeitgenosse habe ich den unaufhörlichen Aufstieg Sebastian Hakelmachers vom ungeratenen Zögling zum anerkannten Forscher und begnadeten Ratgeber bewundernd verfolgt. Ich bin daher ohne längeres Zögern dem Wunsch meines verehrten Kollegen Hakelmacher nachgekommen, ein Geleitwort seinem genialen Oeuvre hinzuzufügen.

Die angeborene Bescheidenheit verbietet es *Sebastian Hakelmacher,* selbst auf die außergewöhnliche Bedeutung seines Werkes hinzuweisen. Sie war ganz offensichtlich in dem ursprünglichen Untertitel des vorliegenden Buches „Beobachtungen und Erkenntnisse aus dem Habitat des Homo selectus".[1] verborgen. Wissenschaftliche Lauterkeit und die Verdienste Hakelmachers gebieten es, kurz, aber prägnant darauf einzugehen.

Der weltweit anerkannte Anthropologe *Leonardo Darwinzi*, der durch sein sechsbändiges Werk „Der unbarmherzige Ausleseprozess vom Homo erectus zum Homo sapiens" weit über die Grenzen Bolognas hinaus bekannt geworden ist, hat auf dem internationalen Anthropologen-Kongress 1992 in Houston/Texas ein neues Kapitel der Menschheitsgeschichte aufgeschlagen. Nach der spektakulären Auffindung des Ötzis, der den Neandertaler uralt aussehen lässt, hat Darwinzi mit seinem Vortrag „Vom Homo oeconomicus zum Homo selectus" für eine wissenschaftliche Sensation gesorgt. Auf der Grundlage der erstaunlichen Arbeiten von Hakelmacher und ergänzender eigener Forschungen hat Professor Darwinzi eine neue Spezies des Homo sapiens entdeckt, die er mit „Homo selectus" bezeichnet. Zu dieser noch verkannten Spezies gehören Spitzenmanager, Wirtschaftsprüfer, Topjuristen, Bankdirektoren und andere Würdenträger, die sich durch Unfehlbarkeit, Pathos und höher besoldete Einsicht auszeichnen. Das epochale Werk von *Sebastian*

---

1 Der ursprüngliche Untertitel erschien für Jungmanager, die Latein im Abitur abgewählt haben, schwer verständlich und hätte demzufolge die Chancengleichheit beeinträchtigt. Der Verlag hat das Geleitwort mit Genehmigung von Professor *Scheffler* entsprechend angepasst.

Hakelmacher widmet sich besonders intensiv der Erscheinung und dem Wesen des Homo selectus.

Aus eigener Erfahrung weiß ich, dass es unmöglich ist, von *Sebastian Hakelmacher* nicht angesprochen zu sein. Ich bin überzeugt, dass die universelle Gültigkeit seiner Aussagen dem vorliegenden Buch eine breite Leserschaft bescheren wird.

Hamburg 1992 Prof. Dr. Eberhard Scheffler

Aus dem Vorwort zur 1. Auflage

1969 erschien mein Beitrag über „Neue Wege der Wirtschaftsprüfung" in der Fachzeitschrift „Die Wirtschaftsprüfung". Eine breite Zustimmung verwöhnter Leser veranlasste weitere ungewohnte Veröffentlichungen über moderne Wirtschaftsprüfung und zeitgemäße Unternehmensführung. Wenn man von zwei Mordversuchen, einer misslungenen schweren Körperverletzung und zwei erfolgreichen Entführungen absieht, fanden meine Beobachtungen und Schlussfolgerungen stets die einhellige Zustimmung der Fach- und Halbwelt.

Dankbar bin ich für die väterlichen Zusprüche, die ich stets von den Herren Professoren *Forster, Havermann* und *Scheffler* erfahren habe, und die mir immer Ansporn, Herausforderung und Handreichung waren. Zu meinen, zum Teil für mich selbst überraschenden Erkenntnissen haben im Übrigen hervorragende Topmanager, Wirtschaftsprüfer und andere angesehene Institutionen in ungeahnter Weise beigetragen. Rückschlüsse auf lebende Unternehmen oder Personen ließen sich nicht vermeiden. Sie sind aber rein zufällig und beabsichtigt.

Volksdorf 1992 | Sebastian Hakelmacher

Inhaltsverzeichnis

A. Höhen und Tiefen des Managerdaseins

I. Vom Teen-Ager zum Man-Ager

II. Die Hohe Schule der Unternehmensplanung

III. Die Rechnungslegung von Spitzenleistungen

IV. Der optimale Pensionspunkt für Spitzenkräfte

V. Treibjagd auf Topmanager und anderes Hochwild

I. Vom Teen-Ager zum Man-Ager

1. Aufstieg und Fall

Die Entwicklung vom Teen-Ager zum Man-Ager ist die Emanzipation des Mannes, aber auch der Frau zur Führungskraft eines Unternehmens. Manager kann jeder werden; entweder durch eigenes Können oder durch die Dummheit der anderen. Nach der Ausbildung wird die berufliche Karriere bis zur (Früh-)Pensionierung durch das *Peter-Prinzip*[1] geprägt: In der Hierarchie einer Organisation neigt jeder Beschäftigte dazu, bis zu seiner Stufe der Unfähigkeit aufzusteigen. Für den „viel versprechenden Führungsnachwuchs“[2] eines Unternehmens ist das der Aufstieg zum Man-Ager bis zum „Vers-Ager“.

Aus dem Peter-Prinzip folgt, dass in einem erfolgreichen Unternehmen alle wichtigen Aufgaben von Personen erledigt werden, die ihre hierarchische Endplatzierung noch nicht erreicht haben. Das sind jene unersetzlichen Mitarbeiter, die einen „anständigen Job machen“ und nicht frustriert ihrer Beförderung entgegenfiebern.

Das Wort „Manager“ wird nicht nur für Herren angewendet. Es führt zu Missverständnissen, wenn man weibliche Führungskräfte mit „Miss Manager“ bezeichnet. Der Begriff „Miss-Management“ ist nicht dem weiblichen Geschlecht vorbehalten. Da Irren eher männlich ist, sind in diesem Buch mit den in maskuliner Form angesprochenen Personen beide Geschlechter gemeint. Mit anderen Worten: Als „Bruder“ gilt auch die „Schwester“[3] oder als „Manager“ auch die „Managerin“.

---

1 *Peter/Hull*, Das Peter-Prinzip, Hamburg 1970.

2 Diese Bezeichnung verwendet das professionelle Management-Development, das von speziellen Personalexperten betrieben wird und damit gebrandmarkte Jungmanager mit gewohntem Fehlgriff auf höhere Hierarchiestufen befördert.

3 5. Buch Mose, Kapitel 5, Vers 12.

Die Fortentwicklung des Teen-Agers zum Man-Ager beginnt nach Lehre oder Studium mit dem Einstieg in ein Unternehmen als Angestellter oder Arbeiter. Wenn der Berufsanfänger anstellig ist und arbeitet, kann er folgende Karrierestufen erreichen: Fachmann, Manager und Topmanager.

Der Fachmann denkt nicht, er weiß. Er weiß, warum etwas nicht funktioniert oder wie es funktionieren würde, wenn er wüsste, warum etwas nicht geht.

Der Manager[4] denkt, weiß aber nichts. Er denkt darüber nach, wie und womit er seine Mitarbeiter auf Trab hält. Im Übrigen versucht er, die ihm zugeschriebene Übersicht zu behalten. Wenn er sie im Drang der Geschäfte verloren hat, entwickelt er unternehmerisches Gespür. Dieser Wandel deutet sich dadurch an, dass der Manager zunehmend in der Ich-Form spricht und zu Monologen neigt.

Wenn seine menschlichen Grundbedürfnisse immer mehr vom Geltungsbedürfnis dominiert werden, ist er reif für die Beförderung zum Topmanager. Der Topmanager erspart sich das Denken und weiß nichts. Er gibt zu denken, weil er sich auf sein unternehmerisches Gespür verlässt.

Jede Managertätigkeit wird von *Murphy's Gesetz*[5] beherrscht: „Wenn etwas schiefgehen kann, geht es auch schief." In der Managementhierarchie heißt das: Je höher man die Leiter erklimmt, desto mehr Fehler kann man sich erlauben. Wenn schließlich nur noch Fehler gemacht werden, nennt man das Führungsstil. Der Führungsstil eines Unternehmens wird wesentlich vom Topmanagement geprägt. Wo ein Topmanager auftaucht, klappt nichts. Zum Glück für das Unternehmen taucht er nicht überall auf.

Der *Vers-Ager* kommt auf allen Unternehmensebenen vor. Jede Beförderung vom ausgelernten Unternehmensangehörigen zum Manager und zum Topmanager kann unter den genannten Gesetzmäßigkeiten zum Vers-Ager führen.

Am ehesten bemerkt wird der Vers-Ager bei den unteren Chargen der Unternehmensangehörigen, weil deren Erfolg relativ leicht zu kontrollieren ist. Sie

---

4 Ähnliche Typen gibt es auch in anderen Organisationen wie Behörden, Gewerkschaften oder Kirchen.

5 Bloch, Murphy's Law and other reasons why things go wrong, Los Angeles 1977.

bleiben allerdings unentdeckt, wenn der Vorgesetzte ebenfalls ein Vers-Ager ist. Auf den obersten Führungsetagen kann sich der Vers-Ager am längsten verstecken, weil Aufsichtsräte sich keine versagenden Topmanager vorstellen können oder wollen. Obwohl er i. d. R. für das Unternehmen und seine Angehörigen am gefährlichsten ist, wird er bis zur Katastrophe des Unternehmens im Amt bestätigt.

2. Eigenarten der Manager

a) Managertypen

Art und Umfang der Entscheidungen werden wesentlich vom Temperament der Manager bestimmt. Man unterscheidet folgende Manager-Typen:

Der *Hyper-Dynamiker* frönt der „Decision by Overdrive“ und zeichnet sich durch provozierende Zielsetzungen für seine Untergebenen aus. Zugleich genießt er die bei seinen Kollegen ausgelösten Überraschungseffekte (Management by Fascination). Sachdienliche Hinweise, welche die mit seiner Entscheidung verbundenen Risiken aufzeigen, vermögen ihn zur Raserei zu bringen. Das Unternehmen verkraftet seine Anstöße, weil seinem Charakter gemäß ein nicht unwesentlicher Teil durch ausgedehnte Dienstreisen und häufige Bewirtungen neutralisiert wird.

Den temperamentsmäßigen Gegenpol bildet der *bürokratische Phlegmatiker*. Dieser Manager-Typ, der in fanatischer Weise dem Vorsichtsprinzip huldigt, führt nach der Bonsai-Methode: Jede aufkeimende Initiative wird sofort kräftig beschnitten. Wenn es einen Weg gibt, wichtige Entscheidungen zu verzögern, wird er ihn mit Sicherheit finden.

Das Gegenstück ist der *optimistische Manager-Typ*, der auch dann, wenn er die Übersicht verloren hat, den Mut zur Entscheidung hat. Er nimmt die Dinge nicht so tragisch, wie sie sind. Für ihn gilt: Eine Fehlentscheidung auf Anhieb spart zumindest Zeit.

Der *hochintellektuelle Manager* weiß zu jedem Problem kluge Fragen zu stellen und schlägt scharfsinnige Lösungen vor, die nicht zum Problem passen. Er kann sogar ein Palindrom von rückwärts lesen. Bei Entscheidungen und insbesondere bei deren Umsetzung hält er sich zurück, um unbelastet durch neue kritische Fragen glänzen zu können.

Sein Pendant ist der *Pragmatiker*, der stets große Stücke auf sich selbst hält und für den Konzeption und Konfusion identische Begriffe sind. Er weiß, dass die Alternative zur Sackgasse der Holzweg ist und folgt ihm entschlossen.

Neben dem gemeinen Manager gibt es den distanzierten *Konzern-Manager*. Mit latentem Informationsdefizit hält er sich für den einzigen Manager, der im Konzern den Überblick hat. Wenn er eine Stimme aus dem Konzern-Chaos hört: „Sei gelassen und froh – es könnte schlimmer kommen", dann ist er gelassen und froh – und es kommt schlimmer!

Das Allerletzte ist der *Euro-Manager*. Er entstammt einem Elternhaus mit gemischten Nationalitäten, hat an einer ausländischen Business-School studiert, ist mit einer Exotin verheiratet, trägt Flanellhosen von Saint Laurent und hält sich vornehmlich auf Airports auf. Er ist ein gesellschaftliches Ass mit eurotischer Ausstrahlung.

Noch wenig ernst genommen wird der *Bio-Topmanager*. Er fordert zur Belebung des Wirtschaftsstandortes Deutschland staatliche Zuschüsse für die von ihm erschlossenen alternativen Energiequellen und kämpft gegen den CO_2-Ausstoß von Rindviechern.

b) Spielzeuge der Topmanager

Ein unwiderstehliches Spielzeug für den Topmanager ist die *Planung*[6], die in ihrem Kern auf das Ersetzen des Zufalls durch Irrtum zurückgeführt werden kann. Eine zeitgemäße Unternehmensplanung zerfällt in einen streng geheimen und einen praktischen Teil. Den okkulten Bereich nennt man auch strategische Planung. Sie verdankt ihren Sex-Appeal dem hohen Abstraktionsgrad und einem zeitlich unbegrenzten Planungshorizont.

Der praktische Teil beherzigt den Leitsatz: „Zuerst kommt das Geschäft, dann die Planung." Im Übrigen ist das Vertrauen in die Nichterfüllung von

6 Siehe im Einzelnen den Beitrag „Die hohe Schule der Unternehmensplanung".

Unternehmensplänen eine verhältnismäßig verlässliche Grundlage für richtige Entscheidungen.

Die zweite Leidenschaft des Topmanagers ist die *Rechnungslegung* seiner Spitzenleistungen.[7] Sie darf nicht einseitig gebildeten Bilanzexperten überlassen werden, sondern erfordert eine professionelle Behandlung durch das Top-Management. Für Topmanager liegt beim Bilanzieren die Betonung auf Zieren; eine Kunst, die nur im harten Daseinskampf der Topmanager zur Vollkommenheit gelangt.

Der dritte Zeitvertreib eines Topmanagers sind *internationale Konferenzen* zur Einschwörung der Mitarbeiter in weit abgelegenen Hotel-Ressorts. Dabei ist die Thematik des Zusammentreffens Nebensache. Je weniger sie unternehmensrelevant ist, umso größer sind die Teilnehmerzahl und der Aufwand für An- und Abreise und den Tagungsort.

c) Zusammenfassung

Manager sind oft eine nervöse, aber pflegebedürftige Spezies. Ihre Ansprüche und ihr Stress wachsen mit dem Aufstieg in der Unternehmenshierarchie. Der Topmanager fühlt sich als Krone der Erschöpfung; für ihn ist alles Stress, was nicht Festspielbesuch oder Galadinner ist.

Obwohl Erfolg so ziemlich das Letzte ist, was einem Manager von Kollegen vergeben wird, spricht der Topmanager ständig davon. Lassen Sie ihm das selbst erarbeitete Vorurteil, der entscheidende Faktor für den Unternehmenserfolg zu sein. Wer im Haushalt oder bei der Kindererziehung versagt, taugt immer noch zum Manager. Der Topmanager ist ein Mensch wie alle anderen – er weiß es nur nicht.

3. Die Unerklärlichkeit fähiger Spitzenmanager

Das Peter-Prinzip und der ihm zugrunde liegende Unfähigkeitstrieb würden bei uneingeschränkter Wirksamkeit unausweichlich dazu führen, dass Orga-

---

7 Siehe im Einzelnen den Beitrag „Die Rechnungslegung von Spitzenleistungen“.

nisationen im Endstadium ausschließlich oder zumindest überwiegend von Individuen geführt werden, die die Stufe ihrer Inkompetenz erreicht haben. Damit ließe sich der Untergang von Kulturen und Institutionen plausibel erklären; er wäre darauf zurückzuführen, dass nahezu alle Führungskräfte ihre Stufe der Endplatzierung erreicht haben und ihre Untergebenen entweder ebenfalls dort angelangt sind oder in ihrer Tätigkeit von endplatzierten Managern behindert werden.

Das auch für die heutige Zeit unleugbare Phänomen fähiger Spitzenkräfte ist immer wieder Anlass, an der absoluten Gültigkeit des Peter-Prinzips zu zweifeln. *Peter/Hull* begründen die Erscheinung fähiger Spitzenkräfte damit, dass diese noch nicht genügend Zeit hatten, um ihre Stufe der Inkompetenz zu erreichen, oder damit, dass manche Hierarchien nicht genügend Rangstufen aufweisen[8].

Bei unzureichend ausgebauter Hierarchie der eigenen Institution wechseln ambitionierte Führungskräfte in die Hierarchie einer passenden Institution, die weitere Aufstiegsmöglichkeiten bis zur Stufe der Unfähigkeit bietet, z. B. von der Universität zur Industrie oder vom mittelständischen Unternehmen in einen Großkonzern. Im Übrigen sei es lediglich eine Zeitfrage, bis das Peter-Prinzip zur vollen Blüte gelangt.

Die als Überlebensstrategie empfohlene flache Hierarchie wäre demnach keine dauerhafte Lösung, sondern wieder einmal ein bedauerlicher Irrtum namhafter Unternehmensberater[9]. Auch die Vermutung, dass japanische Unternehmen anderen deshalb überlegen sind, weil sie weniger Hierarchiestufen aufweisen, ließe sich nicht aufrechterhalten. Darauf hat schon *Kawakatsu* unter Bezug auf den starken Verfall des Harakiri aufmerksam gemacht.[10]

Licht in die Dunkelheit der verwirrten Managementlehre könnten die sensationelle Entdeckung des „*Homo selectus*“ durch den Anthropologen *Leonar-*

---

8 A. a. O.

9 *Muhme, Kühntraum und Partner;* Flacher geht's nicht – Untiefen der Hierarchien, 2. Auflage, Erfurt 2001.

10 Die Degeneration der Samurai, Tokyo 1989, S. 144.

do Darwinzi[11] und seine diesbezüglichen Forschungsarbeiten bringen. Sie scheinen die Allgemeingültigkeit des Peter-Prinzips ernsthaft in Frage zu stellen. Der Homo selectus als eine durch hohen Rang und Pathos identifizierbare, aber durch Vorurteile gut getarnte Spezies des Homo sapiens ist nach *Darwinzi* in allen Hierarchien dieser Welt anzutreffen. Er lebt von der Hierarchie und kann nur in der Hierarchie existieren[12]. Wie *Darwinzi* festgestellt hat, sind bei ihm ein ausgeprägtes Selbstbewusstsein und der Glaube an die eigene Unfehlbarkeit anstelle des gesunden Menschenverstandes getreten.

Als eine bedeutende Art des Homo selectus hat *Darwinzi* den endplatzierten Spitzenmanager identifiziert. Wie er durch Feld-, Wald- und Wiesenversuche nachweisen konnte, betrachtet der Homo selectus den fähigen Topmanager als natürlichen Feind und hat spezielle Überlebensstrategien und Abwehrmechanismen entwickelt, wie z. B. Management by Champignon[13] oder Management by Blue Jeans[14]. Diese Reaktionen beweisen, dass der fähige Topmanager nicht so leicht auszurotten und offenbar immer noch in einem Umfang verbreitet ist, den der Homo selectus als bedrohend empfindet.

Darwinzi beschäftigt in seinen jüngsten, keineswegs abgeschlossenen Forschungsarbeiten vor allem die Frage, ob die Überlebensfähigkeit des Homo selectus davon abhängt, dass ein Mindestanteil an fähigen Managern in der Hierarchie stets erhalten bleibt. Hypothetisch geht er dabei von einem an den Fingern einer Hand abzählbaren Minimalverhältnis von 1:4 aus, das er wenig exakt, aber einprägsam mit „Vierungsprinzip“ bezeichnet[15].

Darwinzi stützt seine These zunächst auf historische Untersuchungsergebnisse: Für die rätoromanischen Herrschaften konnte der Historiker *Gründli*[16] belegen, dass in Graubünden vom 8. Jahrhundert bis zum Eintritt

---

11 Vom Homo oeconomicus zum Homo selectus, Vortrag auf dem internationalen Antropologen-Kongress 1992, Houston/Testas.

12 *Schmalzgruber*, Die Bedeutung des Lebensraumes für das Überleben seltener Vögel, Hamburg 1992.

13 Mitarbeiter stets im Dunkeln lassen, ab und zu etwas Mist darüber streuen, und wenn jemand den Kopf heraussstreckt: Sofort abschneiden!

14 An allen wichtigen Stellen sitzen Nieten.

15 Es kann sich hier auch um einen Schreibfehler handeln, da Professor Darwinzi die deutsche Sprache nur mangelhaft beherrscht. Vielleicht meint er auch „Führungsprinzip“.

16 Spitzen der Bergwelt, Chur 1996, insbesondere Teil IV.

in die Eidgenossenschaft (1803) das Verhältnis von fähigen und unfähigen Führungsspitzen nicht unter 1:4 gesunken ist. Dasselbe Resultat wird von *Pistor* und *Wägelin*[17] bestätigt, die die Führungsqualität im römischen Heerwesen in der Zeit 60 v. Chr. bis 180 n. Chr. untersucht haben. Für die moderne bildende Kunst ermittelt die Kunsthistorikerin *Puhvogel-Riebele*[18] aufgrund einer Katalogdurchsicht der Dokumenta I bis IX einen ähnlichen Anteil von befähigten Künstlern.

Auch in der Biologie ist das Verhältnis 1:4 nicht unbekannt. So werden z. B. bei der Nachkommenschaft des Wolpertingers, eine bayerische Marderart, jeweils ein produktives Tier („Fähe" genannt) und vier anderweitig nutzbare Jungtiere geworfen. Entsprechende Beobachtungen in freier Wildbahn[19] wurden durch private Zuchtversuche in bayerischen Alpengärten untermauert.

Schließlich zielt auch die noch unzureichend erforschte 20/80-Regel[20] auf das „Vierungsprinzip". Diese Regel besagt, dass mit 20 % des Aufwandes 80 % des Ergebnisses erzielt werden können und für die restlichen 20 % Ergebnis mindestens 80 % des Gesamtaufwandes geleistet werden müssen.

Dennoch ist *Darwinzis* Vierungs-These noch nicht endgültig abgesichert. Verwirrung stiftete in diesem Zusammenhang *Murxeneder* mit einem völlig neuen Denkansatz. Er kam bei Feldversuchen mit Pfadfindern zu dem Schluss, dass jede Zeit ihre besonderen Unfähigkeiten erfordert und dass nicht fünf von vier, sondern vier von drei Versuchspersonen unberechenbare Reaktionen zeigten.[21] Daraus folgert er, vermutlich etwas voreilig, dass eine Hierarchie zum Untergang verurteilt ist, wenn sie nicht in der Lage ist, die jeweils gefragte Inkompetenz hervorzubringen.

Es bleiben also bis heute erhebliche Unsicherheiten, die dringend nach einer wissenschaftlichen Aufarbeitung rufen.

---

17 Führungsqualitäten in römischen Legionen, Teil I, München 1987.

18 Könner als Künstler, Worpswede 1992.

19 *Kirein,* Der Wolpertinger lebt, München 1968, S. 82.

20 Vgl. *Woydt,* Und es gibt sie doch, Zielplanung und Erreichungsgrad, Nürnberg 1992.

21 Pfade im Dunkeln, Köln 2004.

II. Die hohe Schule der Unternehmensplanung

1. Die Unternehmensplanung als Herausforderung für Topmanager

Die unbedenkliche Nutzung zukunftsbezogener Informationen für unternehmerische Entscheidungen[1] überfordert viele Topmanager. Dennoch entspricht sie einem unwiderstehlichen Drang hoch bezahlter Führungskader. Der Reiz der Planung liegt in der Möglichkeit, sie so kompliziert zu gestalten, dass sie ehrgeizige Führungskräfte zu weiterer Komplexsteigerung befähigt.

Die Abneigung kleiner und mittelständischer Unternehmer gegenüber einer systematischen Planung hängt mit deren prognostischen Aspekt zusammen. Sie fürchten ihn als Fessel ihres unternehmerischen Instinkts[2]. Wie noch auszuführen ist, kann diese unangenehme Seite der Planung durch verschiedene Regulative neutralisiert werden.

In der betriebswirtschaftlichen Literatur wird der Planungsbegriff als eine homogene Teiltätigkeit definiert, mit der „eine Entscheidung ... bereits vor Beginn jenes Zeitabschnitts getroffen wird, an dessen Datenkonstellation es sich anzupassen gilt“[3]. Es verwundert daher nicht, dass der aufwendigste Teil der praktischen Planungsarbeit die Festlegung des zeitlichen Planungshorizontes ist.

Bei ausreichender Überzeugungskraft gelingt es einem durchsetzungsfähigen Top-Management, die kurzfristige und die langfristige Planung zu unter-

---

1 *Spökenkieker,* Der prognostische Imperativ unter besonderer Berücksichtigung unerkannter Krisen, Hamburg 2009.

2 *Blinsel,* Die Prognosephobie des Unternehmers, Stuttgart 2003.

3 *Koch,* Integrierte Unternehmensplanung, Wiesbaden 1982, S. 4.

scheiden. Erfahrungsgemäß können Planungszeiträume bis zu sechs Monaten gefahrlos als kurzfristig eingestuft werden[4]. Die Abgrenzung zwischen kurz- und langfristiger Planung ist deshalb wichtig, weil mit der kurzfristigen Planung der von vielen Managern als ungesund empfundene Soll-Ist-Vergleich verbunden ist[5].

Eine anspruchsvolle Unternehmensplanung gliedert sich darüber hinaus in strategische, taktische und operative Planung[6]. Die taktische Planung hat ausschließlich literarische Bedeutung. Die Mehrzahl der Wirtschaftswissenschaftler definiert sie als „missing link“ zwischen strategischer und operativer Planung[7], während die Praxis ohne ein solches Bindeglied zurechtkommt[8]. Andere Forscher setzen die taktische mit der operativen Planung gleich und bezeichnen die operative Planung als Bindeglied zwischen strategischer und taktischer Planung. Für die übliche Konfusion reicht die klassische Trennung von strategischer und operativer Planung völlig aus.

Jeder Topmanager sieht sich in erster Linie als überragender Stratege. Daher konzentriert er sich auf strategische Visionen und Zielsetzungen und verteidigt sie als sein Monopol. Bildhaft gesprochen brüten die wahren Unternehmensstrategen bereits, bevor das Ei gelegt ist. Diese pränatalen Kopfgeburten bezeichnet man mit „Egghead-Syndrom“[9]. Es führt dazu - um im Bilde zu bleiben -, dass bereits vor dem Ei gegackert wird.

2. Die tiefe Bedeutung der strategischen Planung

Die betriebswirtschaftliche Theorie versteht unter Strategie eine auf langfristige Ziele ausgerichtete Vorgehensweise, welche die relevante Umweltent-

4 *Eicken*, Der begrenzte Planungshorizont in ausgewählten Zweigen des Einzelhandels, Essen 2009.
5 *Überzwerch*, Planungsneurosen in der Konsumgüterindustrie, Neuauflage Mannheim 2001.
6 Vgl. *Wild*, Unternehmensplanung, 2. Auflage, Reinbek 1981.
7 Vgl. u. a. *Wild* a. a. O.; Hammer, Unternehmensplanung, München-Wien 1982.
8 *Koch*, a. a. O.
9 *Blower*, The Egghead-Syndrom, Boston 1999.

wicklung einbezieht. Der wesentliche Inhalt der strategischen Planung liegt in ihren treffsicheren, wenn auch meist unverstandenen *Fachausdrücken* wie „SWOT-Analyse“[10] oder „Poor Dogs“, die inzwischen zum aktiven Wortschatz fortgebildeter Manager gehören[11]. Dabei ist bewährte Planungspraxis, keine einheitliche und verbindliche Auffassung der in der strategischen Planung verwendeten Begriffe aufkommen zu lassen. Der Planer betont damit die unternehmensindividuelle Orientierung.

Um den wissenschaftlichen Anforderungen an die strategische Planung gerecht zu werden, genügt die sinnlose, aber umfassende Anwendung möglichst komplexer Planungstechniken wie insbesondere die vielfältigen Varianten der Kurven- und Portfoliodarstellung. Solche Visualisierungen, möglichst in Farbe, sind unentbehrlich für allfällige Fachvorträge von Topmanagern in akademisch verseuchten Zirkeln.

Wiederholte Umfrageergebnisse bezeugen, dass die strategische Planung jene überirdisch anmutenden Planungselemente umfasst, welche die Unternehmens- oder Konzernleitung als Eigenleistung beansprucht, die sie mit niemand teilen möchte. Sie wird daher von den übrigen Unternehmensangehörigen ignoriert[12]. Im Übrigen verdankt die strategische Planung ihren hohen Rang dem zeitlich unbegrenzten Planungshorizont, ihrem globalen Abstraktionsgrad sowie der allerhöchsten Geheimhaltungsstufe, der sie naturgemäß unterworfen ist[13].

Güte und Ausstrahlung *strategischer Visionen* hängen in erster Linie davon ab, auf welcher hierarchischen Stufe sie angestellt werden. In Unternehmen mit feiner Lebensart sind sie dem Vorstandsvorsitzenden vorbehalten. Er akzeptiert allenfalls, dass das Marketing-Ressort seine vorgefassten Zielsetzungen bestätigt, die er seinen Untergebenen als unbedingt zu erreichende „Targets“ verkündet.

---

10 SWOT = Skelett, Weichteile, Organe und Transzendentes

11 *Suhrbier*, Die Umgangssprache der Führungskräfte - eine Analyse ausgewählter Sitzungsprotokolle, Hannover 2008.

12 *Frust*, Auswertung eines Betriebspraktikums vor überfälliger Berufung in den Vorstand, Bremen 2008.

13 *Bangemann*, Die Verschlüsselung strategischer Aussagen als Ausdruck der Pressefeindlichkeit eines Konzerns, in: Der Spiegel 1982, Heft 54.

Überlegungen anderer Ressorts, wie z. B. des Produktions- oder Finanzbereichs, erscheinen ihm durch technische Regeln oder berechnende Nüchternheit verzerrt. Sie verdienen deshalb keine Berücksichtigung. Diesen Bereichen bleibt die operative Planung überlassen, die vom Spitzenmanager als isolierte Quantifizierung unerreichbarer Ziele geduldet wird.

Um sicherzustellen, dass die operative Planung den Weitblick hochrangiger Topmanager nicht in Frage stellt, werden strategische und operative Planung strikt voneinander getrennt. Diese *Separierung* befähigt die Chefstrategen, die Eroberung neuer Märkte ohne Rücksicht auf vorhandene Ressourcen als oberste Zielsetzung für das Unternehmen durchzuhalten. Man spricht vom „Kangaroo-Syndrom“[14]. Bei strikter Abstinenz vom Tagesgeschäft oder sonstigen operativen Aktionen sind schädliche Auswirkungen dieser Erscheinung nicht zu befürchten.

Eine nicht zu unterschätzende Gefahr für eine dem Topmanagement adäquate Planung stellen jene verirrten Planungstechniker dar, die im Verkennen wahrer unternehmerischer Verantwortung auf einer vollständigen und systematischen Unternehmens- oder Konzernplanung bestehen. Es kann nämlich nicht ausgeschlossen werden, dass dadurch Unstimmigkeiten in den Planungsprämissen, Widersprüche der vorgesehenen Strategien oder finanzielle Grenzen der Unternehmensentwicklung vorzeitig bekannt werden. Daher müssen rechtzeitig organisatorische Vorkehrungen getroffen werden, um zweckorientierte Schlupfvariable[15] in das Planungswesen einzuführen, die etwaige Unstimmigkeiten unerkannt ausgleichen.

3. Risikominimierung beim operativen Soll-Ist-Vergleich

Bei Topmanagement adäquater Handhabung beeinträchtigt die strategische Planung die betrieblichen Abläufe nicht, weil der Schleier der strategischen

[14] *Kinsey*, Große Sprünge mit leerem Beutel - Das Kangaroo-Syndrom. Ursachen, Geschichte und Ausbreitung in Europa, London/Berlin 4. Auflage 2001.

[15] *Schnurrer*, Schlupfwinkel und Schlupfvariable als thematische Herausforderung, Köln 1981.

Überlegungen die Realitäten ausreichend verdeckt. Dagegen können aus der operativen Planung Risiken für das laufende Geschäft entstehen, wenn sie mit einem falschen Grundverständnis zur Maxime des gewöhnlichen Geschäftsbetriebs gemacht wird.

Eine große Herausforderung der operativen Planung liegt darin, dass sie die Erwartungshaltung des Topmanagements (z. B. Vorstand, Konzernführung) oder des Aufsichtsrates nicht enttäuschen darf. Bei der schrankfertig abzuliefernden Planung werden daher mit zunehmendem Planungszeitraum die Prämissen an die Ziele angepasst, die von der am höchsten besoldeten Einsicht unwiderruflich gesetzt wurden. Das gelingt natürlich nur dadurch, wenn die Gewinne der später liegenden Planungsperioden unter Ausnutzung des „*Hockey-stick-Effekts*"[16] überproportional gesteigert werden. Im Übrigen dürfen die Eckwerte der Planung nur insoweit fixiert oder verknüpft werden, wie sie plausibel kommentiert werden können.

Um den späteren Soll-Ist-Vergleich, der bei zeitgemäß geführten Unternehmen durch das Controlling seinen letzten Schliff bekommt, erträglich zu gestalten[17], muss die Planung in einer anderen Struktur als die anfallenden Ist-Werte erstellt werden. Das verleiht der anschließenden Kommentierung eine geschmeidige Varianz. Die dann noch verbleibenden Unklarheiten müssen durch zeitnahe Planänderungen oder durch unterjährige Veränderungen von Zurechnung und Bewertung minimiert werden.

Die operative Planung wird schon wegen des damit verbundenen Arbeitsaufwands untergeordneten Planstellen überlassen. Diese „Planung I" wird allerdings abschließend durch den *Top-down-Approach* zur „Planung II" veredelt, bei dem aus der Vogelperspektive der vom Topmanagement gewünschte Ergebnispegel eingestellt wird[18]. Dieses so genannte Pegulieren[19] ermöglicht es, die wegen ihrer Realitätsnähe dilettantisch anmutende Planungsrechnung zu einer vorlagefähigen Unternehmensplanung zu läutern, die sich zur Begeisterung von Aufsichtsräten und zur Motivation von Mitarbeitern einsetzen lässt.

---

16 *Ranzich*, Sedative Elemente der Planung, Hamburg 1981.

17 *Granini*, Minimalforderungen des Controlling, Modena 2004, *Schiwalski*, No Panic by Planning, Boston 1982.

18 *Doiseau*, Planification et Pegulation, Paris 1980.

19 Abgeleitet aus „Einpegeln, bei dem aus dem „O" ein „U" vorgemacht wird.

Um die nach oben pegulierte Planung II den für das operative Geschäft zuständigen Managern und übrigen Unternehmensangehörigen als Soll vorgeben zu können, bedient man sich der so genannten „*Anspannung*". Hierbei werden die nach höher besoldeter Einsicht zu anspruchslos ermittelten Werte der Planung I für die verantwortlichen Manager so angespannt, dass sie dem vom Top-Management überschätzten Anspruchsniveau genügen. Statt sich um das operative Geschäft zu kümmern, sorgt sich der verantwortliche Manager nur noch um die Minimierung der unvermeidbar negativen Soll-Ist-Abweichungen.

Führt die *Pegulierung* wider Erwarten zu geringeren Gewinnen als subaltern geplant, wird die realistischere ursprüngliche Planung zur operativen Steuerung beibehalten. Die dadurch zwangsläufig positiven Soll-Ist-Abweichungen müssen zur Vermeidung von richtigem Verdacht und unerwünschten Unsicherheiten bei höhergestellten Instanzen (Aufsichtsrat, Konzernleitung u. ä.) durch Abgrenzungsposten über den Planungszeitraum und ggf. darüber hinaus plausibel verteilt werden. Damit lässt sich die Tantiemerelevanz der positiven Planabweichungen über ein bis zwei Jahre im Sinne einer Maximierung der Tantiemen steuern.

Weit verbreitet ist die Unsitte, den *Soll-Ist-Vergleich* monatlich vorzunehmen. Bei schlechten Ergebniszahlen im Ist wird sie durch die zeitliche Verzögerung erträglicher gestaltet, indem bspw. der Soll-Ist-Vergleich per Ende April erst im Juni bekannt gegeben wird. Hilfreich in diesem Sinn ist auch die Übung, den monatlichen Soll-Ist-Vergleich nur für die Monate Februar bis November zu erstellen, weil Januar und Dezember ganz im Zeichen der Manipulation des Jahresabschlusses stehen.

In großen Unternehmen herrscht die für das Management bedrohliche Übung, das voraussichtliche Jahresergebnis vierteljährlich oder sogar monatlich hochzurechnen. Um den Aufsichtsrat nicht in Panik zu versetzen, sollte bei ungünstiger Entwicklung in der Hochrechnung das ursprünglich geplante Jahresergebnis möglichst lange als „Voraussichtliches Ist" beibehalten werden.

Bei nicht zu verbergender Diskrepanz empfiehlt sich als weitere vertrauensbildende Maßnahme der Hinweis, dass es – bezogen auf das Bruttosozialprodukt – nur geringfügiger Umsatzsteigerungen oder Kosteneinsparungen bedarf, um trotz widriger, vom Unternehmen daher nicht beeinflussbarer Umweltfaktoren das Planergebnis doch noch zu erreichen.

Im letzten Monat des Geschäftsjahres wird ein verantwortungsvolles Management die Aussage wagen, dass eingehende Untersuchungen darüber angelaufen sind, ob das inzwischen vom voraussichtlichen Ist weit entfernte Ergebnisziel durch bilanzpolitische Maßnahmen noch sichergestellt werden kann. Gelingt das später nicht, müssen die hochgesteckten Hoffnungen für das neue Geschäftsjahr über das Ergebnistief hinweghelfen.

III. Die Rechnungslegung von Spitzenleistungen

1. Das Primat der Bilanzpolitik

Das Primat der Rechnungslegung für Unternehmen aller Größen und Rechtsformen wird bisher uneingeschränkt nur von den Normengebern (Standardsetzer, Gesetzgeber), den Bilanzkontrolleuren (Abschlussprüfer, Enforcer) und von bilanzfesten Hochschullehrern eingefordert. Nach der Umsetzung der 4. und 7. EU-Richtlinie zur Harmonisierung der Rechnungslegung,[1] der Übernahme der internationalen Rechnungslegungsgrundsätze in deutsches Recht[2] und des Bilanzrechtsmodernisierungsgesetzes[3] ist die totale Rechnungslegung nicht mehr aufzuhalten. Alles deutet darauf hin, dass die Rechnungslegung die unternehmerische Kreativität weit mehr beflügelt als so banale Probleme wie Zahlungsfähigkeit oder Ertragslage des Unternehmens.

Bilanzpolitik und Bilanzmanagement sind daher eine permanente Herausforderung für jeden Topmanager.

a) Begriff und Ziele der Bilanzpolitik

Mit „Bilanzpolitik" bezeichnet man die zielbewusste Verunstaltung des Jahresabschlusses. Der umsichtige Bilanzpolitiker begnügt sich nicht mit der Bilanz, sondern befasst sich ungehemmt auch mit der Gewinn- und Verlustrechnung und dem Anhang sowie mit dem Lagebericht. Zurückhaltung wird noch bei der Kapitalflussrechnung geübt, weil ihr Inhalt zu rätselhaft erscheint. Abstinenz wird auch bei der neuen und daher suspekten Eigenkapitalveränderungsrechnung geübt.

---

1 Bilanzrichtliniengesetz von 1987 (BiRiLig).

2 Europäische IAS-Verordnung von 2006.

3 BilMoG von 2009.

Dem Topmanager, der gegenüber den üblichen Tantiemeregelungen noch nicht völlig abgestumpft ist, erschließt sich mit der Bilanzpolitik ein reizvolles Tätigkeitsfeld. Selbstgestaltete Bilanzpolitik hilft dem Spitzenmanager, an sich selbst und an seine Gewinnprognosen zu glauben, damit er sie einflussreichen Dritten überzeugend vortragen kann.

Bilanzpolitik darf nach Ansicht der Herrschenden nicht mit dem irreführenden Ausdruck „Window-Dressing“ in Verbindung gebracht werden. Diese Bezeichnung wurde irrtümlich aus dem Ausdruck „Bilanz der gläsernen Taschen“ abgeleitet[4]. Auch der diskriminierende Name „Silvesterputz“ muss als unpassend abgelehnt werden, insbesondere von den Unternehmen, die ein vom Kalenderjahr abweichendes Geschäftsjahr haben.

Die bisher veröffentlichten Fachbücher über Bilanzpolitik leiden unter dem Versuch eines sachbezogenen Ansatzes[5]. Danach dient die Bilanzpolitik zur Sicherung oder Verbesserung der Kapitalausstattung oder der Liquidität der Unternehmung, zur Minimierung oder Optimierung der Steueraufwendungen sowie zur Bemessung der unvermeidbaren Gewinnausschüttung. Diese *Ziele* mögen akademisch gebildeten Bilanzbuchhaltern älterer Jahrgänge und konservativen Abschlussprüfern einleuchten. Für ein vollblütiges Management sind sie schlicht zu simpel[6].

Aus der maßgeblichen *Sicht des Topmanagements* dient die Bilanzpolitik zur ständigen Anhebung des Unternehmenswertes sowie zur Motivation der Führungskräfte und zur Beruhigung der Kapitalgeber. Diese vordergründigen Ziele sind klar, verbreitet und schwer realisierbar. Primär geht es jedoch um das gute Image des Topmanagements und die Mitwirkung der Unternehmensangehörigen an der Glorifizierung der Unternehmensspitze.

In exzellent geführten Unternehmen werden die bilanzpolitischen Ziele von überragenden Topmanagern ebenso emotional wie endgültig festgelegt. Infolgedessen lassen sich in der realen Ausgestaltung die hintergründigen

---

4 So *von Schlauchwitz*, Die perfekte Dokumentation als Voraussetzung der Gläubigerwürdigkeit, Düsseldorf 1979. (eudruck 2005).

5 Vgl. u. a. *Packmohr*, Bilanzpolitik und Bilanzmanagement, Köln 1984.[6] *Von Pech*, Der fehlende Marketingaspekt bei herkömmlicher Bilanzierung, Hamburg 1984.

Zieldefinitionen selten erkennen. Voreingenommene Analysten mögen daher zu der Auffassung kommen, dass es bei der Bilanzpolitik letztlich allein um den Nimbus des Spitzenmanagers gehe. Der praktizierende oberste Bilanzpolitiker wird dieser zynischen Ignoranz ein entschlossenes „Na und?“ entgegensetzen. Ohne die Ahnungen und Interviews erfolgsverwöhnter Spitzenmanager würde die Entwicklung der Unternehmen in der illusionsfreien Realität nackter Zahlen dekadent versinken.[7]

Fachkenntnisse, Führungsqualität und Arbeitseinsatz mögen für Manager durchschnittlicher Güte als ausreichende Qualifikationen hingenommen werden. Exzellente Spitzenmanager müssen demgegenüber in Permanenz den Eigennachweis kompetenter Unternehmensführung gegenüber Aufsichtsräten, Wirtschaftspresse, Bankern und anderen Meinungsmachern erbringen[8]. Der auch insofern ungezügelte Mitteilungsdrang jedes Spitzenmanagers wird von der kühnen Schlussfolgerung getragen, dass sich ein hohes Ansehen und die Wirtschaftskraft des von ihm geleiteten Unternehmens allein aus seinem persönlichen Ruf ableiten.

Die *imageadäquate Bilanzpolitik* erfordert elitäre Qualität und nicht ernüchternde Quantität, weil negative Realitäten ohne bilanzpolitische Verschönerung deprimierend wirken. Diese Bilanzpolitik zielt in der Hauptsache auf den vom Spitzenmanager prognostizierten Ergebnisausweis im Jahresabschluss. Etwaige Übereinstimmungen mit der tatsächlichen Ertragslage des Unternehmens werden dabei in Kauf genommen.

Nach dem *bilanzpolitischen Imparitätsprinzip* streben gesunde und rentable Unternehmen einen reduzierten Gewinnausweis an, um Reserven für künftige Misserfolge zu schaffen. Demgegenüber wollen ertragsschwache Unternehmen möglichst hohe Gewinne zeigen[9], um sich dem vorhergesagten oder erwarteten Ergebnis anzunähern. Inzwischen haben deutsche Topmanager aus der anglo-amerikanischen Bilanzierungspraxis gelernt, dass es darauf

---

7 *Zobel,* Die tatsächliche Geschäftsentwicklung als Kontraindikation vernünftiger Bilanzierung. Frankfurt 2004; siehe auch *Knobloch,* Debilitätenbuchhaltung, Wiesbaden 2006.

8 *Schrollmacher,* Selbstzeugnisse des Managements zur Aufhellung düsterer Aussichten,Frankfurt 2008.

9 „Gut gerechnete Bilanzen haben gute, schlecht gerechnete Bilanzen haben dagegen schlechte Kapitalversorgung zur Folge.“ *Schmalenbach,* Zur Reform der Aktienbilanz. in ZfhF 1927. S. 51.

ankommt, stets einen höheren Gewinn als in der vorhergehenden Abrechnungsperiode zu zeigen.

b) Professionelles Bilanzmanagement

Die Gestaltung des Jahresabschlusses erfordert als Aufgabe hoher Komplexität ein professionelles Bilanzmanagement, das nur die oberste Führungskraft der Unternehmung vollkommen beherrscht. Anerkannte Spitzenmanager sehen in einem erfolgreichen Bilanzmanagement ihren wichtigsten Beitrag zur Entwicklung des Unternehmens[10]. Ihre tantieme- und dividendenorientierte Unternehmensführung stellt hohe Anforderungen an den Einfaltsreichtum der Bilanzexperten, die den Abschlussentwurf aus den Daten des Rechnungswesens unter (weitgehender) Beachtung der anzuwendenden Rechnungslegungsnormen ableiten müssen.

Die *Intensität* des professionellen Bilanzmanagements wird bestimmt von dem zeitlichen Abstand zwischen Bilanzstichtag und Ende der Amtszeit des Spitzenmanagers. Als Ende der Amtszeit kommt der Zeitpunkt der Kündigung, des Rauswurfs, der Pensionierung oder der voraussichtlichen Versetzung des Spitzenmanagers in Betracht. Je kürzer der genannte Zeitraum und je ausgeprägter das Geltungsbedürfnis des Spitzenmanagers ist, umso intensiver wird die Bilanzpolitik betrieben.

Verstärkte bilanzpolitische Aktivitäten sind bei einem Wechsel des Spitzenmanagers oder der Gesellschafter festzustellen. Um eine bilanzpolitisch günstige Ausgangslage für die neuen Herrschaften zu schaffen, kommt es meist zu einer Richtungsänderung in der Bilanzpolitik, die an den Abschlussprüfer höchste Anforderungen stellt, wenn er an einer Kontinuität des Prüfungsauftrages interessiert ist.

Das professionelle Bilanzmanagement vollzieht sich in folgenden Phasen:[11]

1. Präjudiz des Jahresergebnisses durch Ankündigungen des Vorstandsvorsitzenden vor dem Bilanzstichtag.

---

10 *Leut-Selig,* Die jungen Bosse im neuen Licht, München 2003, insbesondere Abschnitt VI.

11 Vgl. *Schrammel/Busch,* Phrasen und Phasen erfolgsbetonter Rechnungslegung, Frankfurt 1991.

2. Aufstellung des Jahresabschlusses durch das Rechnungswesen zur Vorlage für den Vorstand.
3. Verwirrung des Vorstandes, insbesondere des Vorsitzenden, da wesentliche Bilanzziele verfehlt wurden.
4. Fieberhafte Suche nach bilanzpolitischen Korrekturmöglichkeiten zur Annäherung an das vorzeitig prognostizierte Jahresergebnis.
5. Frustration der Mitarbeiter des Rechnungswesens und Begeisterung des Vorstandsvorsitzenden über die gelungene Angleichung.
6. Resignation des Abschlussprüfers wegen unvermeidbarer Konzessionen bei der Testaterteilung.
7. Verzückung des Aufsichtsrats und Auszeichnung des Vorstandes durch den Aufsichtsrat.
8. Beruhigung der Aktionäre und Kreditgeber.

2. Die Säulen der Bilanzpolitik

a) Grenzsätze omnipotenter Bilanzpolitik

In der Auseinandersetzung mit der managementorientierten Bilanzpolitik ist der *Abschlussprüfer* oft harten Belastungen ausgesetzt. Die berufsmäßige Selbstbehauptung verlangt von ihm eine unnachgiebige, aber flexible Rückzugslinie, die nur unter Androhung der Testatseinschränkung oder -verweigerung überschritten werden darf. Dem wiederholten Aufschrei leidgeprüfter Abschlussprüfer nach lindernder Handreichung durch ihre Berufsorganisation ist endlich durch die Gründung des Arbeitskreises zur Limitierung überzogener Bilanzpolitik (ALüBi) entsprochen worden.

Unter der Federführung von WP *Harald Knieweich* hat der ALüBi die bahnbrechenden Grenzsätze omnipotenter Bilanzpolitik (GroBPo) formuliert. „Es ist zweifelhaft so, dass damit ein irrsinniger Fortschritt erzielt worden ist.“[12] Die GroBPo lauten:

1. Bilanzpolitische Maßnahmen dürfen dem Wortlaut der gesetzlichen Rechnungslegungsvorschriften nicht offensichtlich widersprechen (Grundsatz der Mäßigung).

2. Eine solide Bilanzpolitik achtet darauf, dass in der Bilanz die Summe der Aktiva der Summe der Passiva entspricht (Grundsatz der Ausgewogenheit).

3. Wenn einzelne Vermögensgegenstände niedriger bewertet oder Verpflichtungen höher bewertet werden müssen als bilanzpolitisch zweckmäßig, sind unerwünschte Auswirkungen entweder durch geeignete Zusammenfassungen (Grundsatz der bilanzpolitisch gebotenen Bewertungseinheiten) oder durch Kummerausgleichsposten (siehe unten) zu minimieren.

4. Übersteigen die auszuweisenden Verluste das Grundkapital, dürfen die Überbewertungen der Aktiva das verbliebene Eigenkapital nicht übersteigen (Grundsatz der Vorsicht).

5. Jeder Wertansatz ist bilanzpolitisch gerechtfertigt, wenn er mit Steuerersparnissen oder mit dem bewussten Verzicht auf Steuerminderungen begründet wird (Grundsatz der Steuerneutralität).

6. Der Wechsel der Bewertungs- und Abschreibungsmethoden und jede andere Durchbrechung des Stetigkeitsgebots müssen auch im Wiederholungsfall ergebnisorientiert begründet sein (Grundsatz der Willkürfreiheit).

7. Hektische Ausschläge des Jahresergebnisses, die lediglich durch tatsächliche Entwicklungen bedingt sind, sind andere Bewertungs- und Abschreibungsmethoden auszugleichen (Grundsatz der Stetigkeit).

---

[12] *Katuschewski,* Grundlagen zur freien Entfaltung der Vorstandspersönlichkeit, Düsseldorf 1985, S. 231.

b) Bilanzstrategie

Der Begriff „Bilanzstrategie“ zieht jeden Topmanager sofort an. Aus seiner Sicht darf jedoch die langfristige Ausrichtung der Bilanzpolitik die pragmatisch diktierte kurzfristige Anpassungen oder Änderungen von Bilanzierung und Bewertung nicht ausschließen[13]. Die Konstanz moderner Bilanzpolitik liegt daher in der Anwendung der euphorischen oder opti-dynamischen Bilanztheorie. Diese Synthese brauchbarer Teile bekannter Bilanztheorien[14] wird von dem Grundsatz getragen, dass die Entwicklung der Unternehmung im Jahresabschluss nicht so tragisch dargestellt werden darf, wie sie tatsächlich ist.

Die *opti-dynamische Bilanztheorie* wird von Wirtschaftsprüfern, die bestenfalls Optimisten in Bezug auf die Vergangenheit sind, prinzipiell abgelehnt. Sie sehen das Bilanzrecht als Notverordnung gegen das Chaos managementorientierter Erfolgsrechnungen. Solche No-Future-Bilanzauffassungen entsprechen jedoch nicht der psychologisch aufgeklärten neuzeitlichen Managementpraxis. Danach dürfen schlechte Jahresergebnisse nicht herbeigerechnet werden[15].

Bilanzstrategie und opti-dynamische Bilanzlehre sind in die *personenorientierte Rechnungslegung* (PR) eingebunden. Bei der PR geht es um die diffizile Aufgabe, die Zahlen des Jahresabschlusses so zu modellieren und zu interpretieren, dass sie das vom Spitzenmanager durch regelmäßige Erfolgsmeldungen präjudizierte günstige Ergebnis bestätigen. Soweit die Ist-Zahlen nicht genug hergeben, können mit Überzeugungskraft vorgetragene Indiskretionen über unbewiesene Managementerfolge, die trotz widriger Markt- und Witterungsverhältnisse erzielt wurden, eine Überbrückungshilfe darstellen.

c) Die retardierende Bilanzpolitik

Um für den durchschlagenden PR-Erfolg die aufgetretenen Diskrepanzen zur tatsächlichen Entwicklung elegant zu beseitigen, wurde von überragenden

---

[13] Vgl. *Fussan,* Strategie und Taktik der Bilanzierung, München 1976. S. 26-21

[14] Vgl. *Lacoste,* Die neuzeitliche Bilanz, 10. Auflage, Köln 2009.

[15] *Brecheisen,* Das Loch in der Bilanz als Hemmnis unternehmerischer Spitzenleistung, Köln 1983.

Spitzenmanagern die retardierende Bilanzpolitik entwickelt[16]. Sie beruht auf dem Grundsatz: „Risiko jetzt, Aufwand später". Die retardierende Bilanzpolitik erfährt ihre Vollendung, wenn auch der Abschlussprüfer einsieht, dass es wichtiger ist, für den Jahresabschluss das Richtige zu tun, als ihn richtig aufzustellen.

Wichtigstes Instrument der retardierenden Bilanzpolitik ist der *„Kummerausgleichsposten"* (KAP)[17]. Unterschreitet der nicht weiter manipulierbare Gewinnausweis die unternehmenspolitisch für nötig erachtete Höhe, werden notwendige Wertberichtigungen oder Rückstellungen nur mit einem minimalen Betrag in den Jahresabschluss eingestellt und im Übrigen auf künftige Jahresabschlüsse vorgetragen. Der KAP ist ein nur Insidern bekanntes Teilgeständnis verfehlter Unternehmensführung, das den überraschten Abschlussprüfer so milde stimmen soll, dass er den Jahresabschluss uneingeschränkt testiert. Der KAP ermöglicht ihm, seine Bedenken in den Prüfungsbericht aufzunehmen, der ohnehin kaum Leser findet.

Der beim Abschlussprüfer durchsetzbare Kummerausgleichsposten dürfte mit 30 % der an sich notwendigen Wertberichtigungen oder Rückstellungen anzusetzen sein[18]. Können dem Abschlussprüfer plausibel präparierte Unternehmenspläne mit strategisch einsichtigen Besserungsaussichten vorgelegt werden, liegt eine Reduzierung bis zu Null Euro im Rahmen der berufsüblichen Zugeständnisse.

Der Kummerausgleichsposten stellt ein bilanzstrategisches Sedativum mit hohem Wirkungsgrad dar. Es wird am besten durch vorsichtig dosierte Informationen aufbereitet und nicht auf nüchternen Magen verabreicht. Die Anwendung sollte pro Jahresabschluss drei schwerwiegende Anlässe nicht übersteigen. Schädliche Nebenwirkungen konnten nur in Einzelfällen beobachtet werden; im Extremfall war ein Wechsel des Abschlussprüfers notwendig.

---

16 *Haeberlin,* Das retardierende Moment im unternehmerischen Drama, Düsseldorf 1984.

17 In der Schweiz spricht man vom „Kümmerpöstli", während sich in Österreich die Bezeichnung „Risiko-Observanz-Posten" durchgesetzt hat. – Vgl. *Blattschuß.* Die zielkongruente Verschwendung des Aufwandüberschusses, Ludwigshafen 2005.

18 Zum reichhaltigen Instrumentarium der retardierenden Bilanzpolitik siehe *Pfeffer,* Die unendliche Abschreibungsdauer als bilanzwirksame Lösung, 2. Auflage Freiburg 2004.

Der Kummerausgleichsposten ist im gesamten Bundesgebiet verbreitet. Allerdings zeigt sich auch hier ein Nord-Süd-Gefälle. Die Ursachen für die signifikant geringere Verbreitung im Süden, die von Bilanzkosmetikern als Degenerationserscheinung gewertet wird, konnten noch nicht abschließend geklärt werden. So werden z. B. das im Vergleich zum Preußen weniger ausgeprägte Selbstdarstellungsbedürfnis des Bayern oder klimatische Unterschiede wie norddeutscher Dauerregen oder alpenlandischer Fön als Ursachen vermutet.

Das unterschiedliche Temperament der Volksstämme scheint dagegen eine untergeordnete Rolle zu spielen, da eine Häufung des Kummerausgleichspostens gleichermaßen in Düsseldorf und in Hamburg verzeichnet werden konnte. Insgesamt dürften etwa 27,2 % der prüfungspflichtigen Unternehmungen Kummerausgleichsposten in nennenswertem Umfang ausweisen. Er wird sowohl in Produktions- wie in Dienstleistungsunternehmen beobachtet.

Im deutschsprachigen und im übrigen Ausland ist der Kummerausgleichsposten ebenfalls in erheblichem Umfang vertreten. Selbst im fernen Osten, z. B. Singapur, konnte der Kummerausgleichsposten gesichtet werden. Die in der anglo-amerikanischen Rechnungslegung als „Sorrow Softener“ bekannte Erscheinung ist allerdings noch nicht so systematisch erforscht worden, wie dies in Ansätzen in der Bundesrepublik der Fall ist[19].

3. Die retardierende Redepflicht des Revisors

Die retardierende Bilanzpolitik hat in der „Retardierenden Redepflicht des Revisors (ReReRe)“ ihr würdiges Pendant gefunden. Der ohnedies schwer geprüfte Berufsstand empfindet dankbar eine Linderung seiner ungehemmten *Testatsucht*[20] darin, dass die in § 321 Abs. 2 HGB manifestierte Redepflicht des Abschlussprüfers keine zeitliche Fixierung enthält. Diese Flexibi-

---

19 Vgl. dazu *Dietel,* Kosmetische Eingriffe in die Bilanzierung, Hamburg, 4. erweiterte Aufl. 1985.

20 *Piepenbrink,* Pestilentia Testatus – Diagnose und Therapie, Düsseldorf 1983.

lität gestattet es dem Abschlussprüfer, seine Redepflicht der retardierenden Bilanzpolitik des Top-Managements anzupassen.

Dies kann durch ein abgestimmtes Hinausschieben des Prüfungsbeginns, durch eine adaptive Verzögerung des Prüfungsendes oder durch die verspätete Auslieferung des Prüfungsberichtes bewerkstelligt werden. Die retardierende Redepflicht darf jedoch von vorsichtigen Abschlussprüfern nicht mehr ausgeübt werden, wenn die Insolvenz des Unternehmens kurzfristig wahrscheinlich oder bereits eingetreten ist.

Um den strengen Berufsgrundsätzen der Unabhängigkeit und Eigenverantwortlichkeit zu genügen, muss die Verzögerung mit Tatbeständen begründet werden, die der Abschlussprüfer glaubhaft nicht beeinflussen kann. Neben gesundheitlicher Beeinträchtigung wie plötzliche Verschnupfung, ungeahnte Schwindelgefühle oder unerwartete Kurzsichtigkeit, kommen als tragfähige Gründe die zeitraubende Nachbesserung des Inventurergebnisses oder die Rekonstruktion vernichteter Belege in Betracht.

Die retardierende Redepflicht des Revisors trägt wesentlich zur Humanisierung des Verhältnisses zwischen Abschlussprüfer und geprüften Unternehmen bei. Sie gestattet gleichzeitig die systemerhaltende Mumifizierung der Kummerausgleichsposten. Kummerausgleichsposten und retardierende Redepflicht des Revisors gestatteten darüber hinaus eine vom störenden Ertragsverfall unabhängige Dividendenkontinuität.

Dazu ein *praktisches Beispiel*: Bei der MOLOCH AG bildete der Kummerausgleichsposten den mit Abstand größten Bilanzposten, was von Kreditgebern und Wirtschaftspresse als Ausdruck konservativer Bilanzierung und Bewertung gewürdigt wurde. Flankiert wurde die bravouröse Bilanzierung durch die nicht unübliche Durchhalteparole „Wir schaffen es doch noch!“ (kurz „Doch-noch-Parole“ genannt)[21]. Als dieser Unternehmenspolitik wegen vorhersehbarer Absatzeinbrüche der durchschlagende Erfolg versagt blieb, konnte dank der retardierenden Redepflicht des Revisors vermieden werden, dass Management und Aufsichtsrat zur rechten Zeit nervös wurden. Die notwendigen Sanierungsmaßnahmen erreichten damit ein pressewirksames Ausmaß.

---

21 *Schrott,* Das Manager-Motivations-Manifest – Ein Leidfaden, Essen 1984.

Die trotz Verzögerung unumgängliche Redepflicht des Revisors gestaltet sich dadurch erträglich, dass sie sich der „*Okkulten Redekunst unter Spezialisten* (ORKUS)“ bedient[22]. Hierbei handelt es sich um eine expertiöse Form der Berichterstattung, die nur bei Anwendung der digitalisierten hybriden Vexierbildtechnik Hinweise auf bestehende Risiken, Überbewertungen usw. offenbart. Intime Kenner der ORKUS wissen um die verräterische Bedeutung des Konjunktivs oder der Begriffe wie „grundsätzlich, in der Regel, insgesamt und wesentlich“. Dennoch kann mit *U. N. Fug*[23] behauptet werden, dass der Prüfungsbericht eine berufliche Äußerung des Abschlussprüfers darstellt, deren Informationsgehalt bei fürsorglicher Abwägung der Interessenlagen zum Minimum tendiert.

22 Vgl. Habersack, Der Prüfungsbericht als Mittel zur Erkenntnisverhütung, Opladen 1985.

23 Die Verbreitung der Null-Information, Bonn 1982, S. 192 ff.

IV. Der optimale Pensionspunkt für Spitzenkräfte

1. Zur Bedeutung des Pensionspunktes

Die optimale Pensionierung von Spitzenkräften ist ein generelles Problem, das einer allseits befriedigenden Lösung harrt. Kein Spitzenfunktionär will in Pension gehen; ihm reicht, wenn er sie bei Fälligkeit bekommt. Bei der hohen Stellung der Spitzenkräfte ist der Abgang leichter vermittelbar, wenn nicht von Pensionierung, sondern von „Eremitierung“ gesprochen wird.[1]

a) Das bilanzielle Dilemma

Mit bewundernswerter Beharrlichkeit haben sich die Wirtschaftsprüfer bereits in längst vergangenen Zeiten für die Passivierungspflicht von Pensionsverpflichtungen eingesetzt[2], obwohl sie deren umständliche versicherungsmathematische Berechnung bis heute kaum nachvollziehen können. Selbst als ihnen der Bundesgerichtshof[3] diesbezüglich in den Rücken fiel, hielten fanatische Berufsangehörige an der Passivierungspflicht fest. Mandatsschonend vertraten sie diese Ansicht in einschlägigen Kommentaren und Fachbeiträgen, während im Testat oder Prüfungsbericht unterlassene Pensionsrückstellungen nicht notiert wurden. Eine Entkrampfung dieses zwiespältigen Zustandes wurde endlich durch das Bilanzrichtliniengesetz von 1987 ermöglicht, das wenigstens für Neuzusagen von Pensionen ab 1.1.1987 eine Passivierungspflicht vorsah.

Die Bewertung der Pensionsverpflichtungen erfolgt unverdrossen nach versicherungsmathematischen Grundsätzen und wird daher vom Wirtschafsprü-

---

1 Jakob *Drengler*, Die Eremitage auf höchster Etage, Düsseldorf 1989, S. 2).

2 Vgl. u. a. *Adler-Düring-Schmaltz,* Rechnungslegung und Prüfung der Aktiengesellschaft ADS), 3. Aufl., Stuttgart 1957, § 131, Textziff. 164 ff.

3 BGH vom 27.02.1961 (DB 1961, S. 498) .

fer entsagungsvoll anderen Sachverständigen überlassen[4]. Mit ähnlichem Gleichmut hatte der Berufsstand der Wirtschaftsprüfer die fiskalisch verbogene Bewertung nach § 6 a EStG als handelsrechtlich zulässig akzeptiert[5]. Immerhin konnte als mildernder Umstand angeführt werden, dass die Wertansätze für Pensionsverpflichtungen ohnehin das Schicksal der Unternehmensplanung teilen: Sie werden nie tatsächlich so eintreffen.

Im Zusammenhang mit der zunehmenden Aufdringlichkeit der internationalen Rechnungslegungsgrundsätze verfestigte sich bei hellhörigen Berufsangehörigen ein zaghafter Eindruck, dass die Pensionsrückstellungen zu niedrig angesetzt sein könnten, weil bei ihrer Bewertung die zwangsläufige Dynamisierung der Renten und Anwartschaften unberücksichtigt blieb. Immer mehr Berufsangehörige und schließlich auch der Gesetzgeber erkannten, dass sowohl die USA-amerikanischen General Accepted Accounting Principles (GAAP) als auch die International Accounting Standards (IAS)[6] in die richtige Richtung wiesen, wenn sie langfristige Lohn- und Gehaltstrends bei der Bewertung der Pensionsverpflichtungen berücksichtigen.

Das BilMoG von 2009 beseitigt die rückständige HGB-Bilanzierung von Pensionsverpflichtungen in Anlehung an die IFRS.

b) Der Fokus

Um auf den Punkt zu kommen und dennoch eine sträflich vernachlässigte Lücke im Fachschrifttum zu schließen, geht der folgende Beitrag nicht auf die gesamte Problematik der Pensionsverpflichtungen ein, sondern beschränkt sich auf einen bisher wenig beachteten, aber wichtigen Punkt, nämlich den Zeitpunkt der Pensionierung (kurz „Pensionspunkt“ genannt[7]). Ab diesem Zeitpunkt nagt die Pensionsverpflichtung an der Liquidität des Unternehmens.

---

4 *Institut der Wirtschaftsprüfer (IdW)*, Fachgutachten 1/1988, Abschn. 7

5 Vgl. u. a. WP-Handbuch 1992, Bd. I, Düsseldorf 1992, S. 171. ADS, 5. Aufl. § 253, Anm. 262

6 Vgl. SFAS 87 und 88 sowie IAS 19.

7 Auch *Parkinson* spricht von „Pension Point“ (Parkinsons Law, Reprint London 1985, S. 111).

Aber nicht nur aus schnöden Liquiditätserwägungen ergibt sich die bisher weder ernsthaft gestellte, geschweige denn leichtfertig zu beantwortende Frage nach dem optimalen Pensionspunkt. Dieser Zeitpunkt ist für die von Pensionierungen berührten Institutionen vor allem eine existenzielle Frage. Das Rätsel seines Optimums bewegt Arbeitnehmer, Vorgesetzte, Personalmanager, Sozialpolitiker, Gewerkschaftler und andere Betroffene mit gleicher Vehemenz, wobei jeder das Optimum für seine speziellen Zielvorstellungen anstrebt. Die Wissenschaft hat bisher keine überzeugende oder wenigstens halbherzig akzeptierte Lösung gefunden; die Praxis verfährt aus ihrer Sicht eher willkürlich.

Um die aufgeworfene Problematik mit der gebotenen Fokussierung auf die Spitze zu treiben, wird hier auf den Pensionspunkt für Spitzenkräfte abgestellt. Unter *Spitzenkräfte* sind Amts-, Würden-, Bedenken- und Geschäftsträger auf der obersten Hierarchiestufe einer Institution (Staat, Kirche, Unternehmung, Gewerkschaft usw.) zu verstehen. Stellvertretend für die verschiedenen Organisationen werden im folgenden Beitrag in erster Linie die Unternehmen angesprochen, da sie im Vergleich zu anderen Institutionen auf wirtschaftlichen Erfolg angewiesen sind.

Mit Spitzenkräften sind also vor allem die Mitglieder der obersten Managementebene gemeint, d. h. die Topmanager. Die Richtigkeit dieser Auswahl wird dadurch bestätigt, dass Pensionsverpflichtungen für Topmanager wegen ihrer relativ hohen Bezugsbasis erheblich ins Gewicht fallen und bei Topmanagern der tatsächliche Pensionspunkt mit besonders großen Unsicherheiten behaftet ist.

Mit dem *optimalen Pensionspunkt* wird der aus Unternehmenssicht bestmögliche Zeitpunkt für die Überführung des Topmanagers in den Ruhestand gesucht. Dieser ist allerdings erst dann erreicht, wenn der Topmanager das Unternehmen endgültig in Ruhe lässt. Das ist nicht der Fall, wenn der Topmanager nach der Pensionierung in den Aufsichtsrat des Unternehmens entsorgt und dort aktiv wird. Diese Variante, die u. a. finanzielle Auswirkungen auf das Unternehmen und für den Pensionär hat, wird aus Raumgründen in den nachfolgenden Betrachtungen nicht weiter berücksichtigt.

Der optimale Pensionspunkt ist aus Sicht des Unternehmens jener Zeitpunkt, in dem die Pensionierung des Topmanagers den Wert des Unternehmens erhöht. Das ist der Fall, wenn der abgezinste Nutzenwert der Lücke, die den Manager ersetzt, höher ist als der Barwert der künftigen Pensionszahlungen an den Manager[8].

Angestrebt wird, dass der vertragliche Pensionierungszeitpunkt, der u. a. bei der Berechnung der Rückstellung für Pensionsanwartschaften zugrunde gelegt wird, und der bei Topmanagern ungewisse tatsächliche Pensionspunkt, der die Pensionszahlungen auslöst, mit dem optimalen Pensionspunkt übereinstimmen.

c) Das Pensionsalter

In Europa bewegt sich das vertraglich oder gesetzlich festgelegte Pensionsalter Angehörige von Unternehmen, Behörden und anderen Organisationen mit Altersversorgung zwischen 53 und 74 Jahren. Ohne einen fixierten Pensionszeitpunkt müssen Hausfrauen und Mütter und andere schwer arbeitende Freiberufler zurechtkommen. Kirchliche Würdenträger, Politiker, Aufsichtsräte und ähnliche Spitzenfunktionäre denken über einen Ruhestand frühestens ab 75 Jahren ernsthaft nach, und das auch nur, wenn starke körperliche Gebrechen Reisen, langes Stehen und Sitzen unmöglich machen.

Die *Fixierung des Pensionsalters* wird damit begründet, dass drei Jahre vor dem wie immer festgelegten Pensionsalter die geistige Kraft und Leistungsfähigkeit des Menschen stärker nachzulassen beginnen[9] und sein Starrsinn zunimmt. Wegen mangelhafter Selbsteinschätzung der Betroffenen wird die zwangsmäßige Pensionierung zum festgesetzten Zeitpunkt unabhängig vom Zustand des Betroffenen für unvermeidlich gehalten.

Bei der relativ großen Zeitspanne von 53 bis 74 Jahren, die fast eine ganze Degeneration umfasst, lässt sich das Pensionsalter als frühzeitig (53-59 Jahre), zunehmend normal (60-61 Jahre), abnehmend üblich (62-65 Jahre) und verdammt spät (66 Jahre und älter) qualifizieren. Dieser niveauvollen Unterscheidung zum Trotz stellt die Praxis auf den körperlichen Gesundheitszustand ab und nennt bei rüstigen Pensionsberechtigten unbeschadet etwaiger

---

8 Vgl. *Flausen,* Der Lückenausgleich, 2. Auflage, Bremen 2009, S. 121.

9 *Mienenschneider,* Die präsenile Berufsausübung, 8. Auflage, München 1994.

geistiger Verwirrung den tatsächlichen Eintritt in den Ruhestand einfach zu früh, früh, vorzeitig oder zu spät. Dabei fällt auf, dass nie von „rechtzeitig" oder „richtig" gesprochen wird.

Als zu früh wird die Pensionierung angesehen, wenn der Manager aus zeitlichen Gründen keine Gelegenheit hatte, seinem Unternehmen ernsthaft zu schaden. Als früh lässt sich die Pensionierung bezeichnen, wenn sie sich bei voller Gesundheit der Berechtigten unmittelbar an die Lehrzeit, das Studium oder die Traineezeit anschließt. Zu spät liegt der Pensionspunkt dann, wenn die Lücke, die der pensionierte Manager hinterlässt, ihn voll ersetzt.

In der Regel zieht sich die Dienstzeit bei Topmanagern nach Maßgabe der betrieblichen Pensionsordnung in der Länge, bis sie „wegen guter Führung" zum vertraglich fixierten Zeitpunkt in den Ruhestand geschickt werden. Doch sind auch Topmanager gegen eine vorzeitige Pensionierung nicht gefeit, die sie wie die Pensionierung zum vertraglichen Zeitpunkt immer für verfrüht halten.

Wenn man von unglücklichen Umständen absieht (z. B. nachhaltig gestörtes Verhältnis zum Aufsichtsratsvorsitzenden oder fortgesetzte Unfreundlichkeit der Realität gegenüber selbst provozierten Zielen), erfolgt eine Pensionierung vor dem vertraglichen Pensionsalter auf Ebene des Topmanagements nur dann, wenn die fragwürdig gewordene Managementstruktur durch eine nicht weniger bedenkliche Konstruktion ersetzt werden soll. Zu einem solchen Befreiungsschlag für das Unternehmen kommt es aber nur beim Wechsel von Vorstandsvorsitz oder Unternehmenseigentümer, ferner bei Fusion mit einem wirtschaftlich stärkeren Unternehmen oder wenn falsche Unternehmensberatung zu einer Unternehmenskrise führt.

Interessant ist in diesem Zusammenhang, dass sich die subjektiv empfundene *Pensionsreife* des Topmanagers und seiner Kollegen während der aktiven Dienstzeit unterschiedlich entwickeln. Während das vermutete Alter der eigenen Pensionsreife zu Beginn der Dienstzeit unter dem vertraglichen Pensionsalter liegt, dann aber kontinuierlich gegen Unendlich ansteigt, bleibt die Einschätzung der Pensionsreife der Kollegen meist unterhalb vertraglich festgelegten Pensionsalters[10].

---

10 Vgl. *Blümlein*, Der Reiz der Vorruhe und seine Vergänglichkeit, Bonn 1996, Kapitel II.

2. Lösungsansätze

a) Der Erklärungsversuch von Parkinson[11]

Laut *Parkinson* durchlebt jeder Manager im Verlauf seiner Karriere die folgenden beruflichen Phasen:

Alter der	*nach Berufsjahren*
Qualifikation	0
Vernunft	3
Beförderung	10
Verantwortung	15
Autorität	18
Vollendung	25
Auszeichnung	34
Würde	40
Weisheit	43
Behinderung	50

Die berufliche Karriere beginnt mit dem variablen Zeitpunkt der Qualifikation (Abschluss der Ausbildung oder Beginn der beruflichen Förderung durch persönliche Beziehungen), der mit dem Einstieg in die berufliche Laufbahn gleichgesetzt wird. Nach der allgemeinen Vorstellung sollte ein erfolgreicher Manager erst dann pensioniert werden, wenn er das Alter der Vernunft absolviert und das Alter der Behinderung gerade erreicht hat. Im Hinblick auf das Peter-Prinzip[12] würde man einen Manager, der drei Jahre auf seiner Stufe der Inkompetenz ausgehalten hat, möglichst sofort in Pension schicken.

Der nahe liegende Ansatz, der zur Bestimmung des optimalen Pensionspunktes auf den Zustand des zu pensionierenden Managers abstellt, führt nach den Erkenntnissen von Parkinson in die Irre. Stattdessen sei der potenzielle

---

[11] *Parkinson,* a. a. O., S. 112 ff.

[12] Obwohl *Parkinson* das Peterprinzip *(Peter/Hull* The Peter Principle, New York 1969) bei der erstmaligen Veröffentlichung seines Gesetzes in 1957 nicht kannte, darf man annehmen, dass er später davon wusste, es aber nicht bezüglich des Pensionspunktes für relevant hielt. Empirische Forschungen belegen auch, dass - von seltenen Ausnahmen abgesehen - Inkompetenz kein Anlass zur Pensionierung von Spitzenkräften ist.

oder designierte Nachfolger zu beobachten, wobei nach aller Erfahrung der Altersunterschied zwischen dem zu pensionierenden Manager und seinem Nachfolger im Durchschnitt 15 Jahre betrage.

Nimmt man als Zeitpunkt der Qualifikation ein Alter von 24 Jahren an, dann wäre das Pensionsalter mit 74 Jahren erreicht. Der Nachfolger wäre bei dem üblichen Altersabstand dann 59 Jahre alt, obwohl er bei gleichem Qualifikationsalter wie sein Vorgänger die Phase der Vollendung schon mit 49 Jahren erreicht hat. Das wäre ein Zeitpunkt, in dem sein Vorgänger erst 64 Jahre zählt und keinen Anlass sieht, in den Ruhestand zu treten. Wird aber der Ehrgeiz des potenziellen Nachfolgers im Alter der Vollendung gebremst, weil der Amtsinhaber weiter aktiv bleibt, dann wird seine berufliche Entwicklung in folgende Phasen gelenkt[13], die ihn als tatsächlichen Nachfolger ausschließen.

Phase der/des	*Berufsjahre*
Frustration	25
Eifersucht	34
Resignation	38
Vergessens	43

Damit stellt sich die schicksalhafte Frage, wie man einen Topmanager dazu bewegt, vor dem Alter der Behinderung in den Ruhestand zu treten.

Aus Ablehnung brutaler, in zivilisierten Ländern weitgehend veralteter Methoden (z. B. schlichte Ermordung des altersschwachen Königs), schlägt *Parkinson* zur Beschleunigung der Pensionsbereitschaft eine unendliche Reihe von eng aufeinander folgenden Konferenzen und Tagungen vor, bei denen der zu pensionierende Topmanager aufgrund seiner Stellung und seines Rufes unabkömmlich ist. Die aufeinander folgenden Tagungsorte müssen ein Maximum von Entfernung sowie von Temperatur- und Höhenunterschieden garantieren, damit durch ständige Zeit- und Klimaumstellungen die Schlafmöglichkeiten des Topmanagers gegen Null tendieren.

Diese genial anmutende Lösung bleibt jedoch unvollkommen, wenn hartnäckige Pensionsverweigerer, die sich durch den vorliegenden Beitrag in ihrem

13 *Parkinson,* a. a. O., S. 113.

Starrsinn bestärkt sehen, zur Vermeidung der Pensionssucht immer einen Vertreter zu unbequemen Tagungen und Konferenzen schicken.

b) Das deutsche Entsorgungsmodell

Angesichts der in Deutschland üblichen langen Ausbildungszeiten und des sich verbreitenden Frührentnertums bestehen Zweifel, ob das *Parkinson'sche* Phasenschema auf deutsche Verhältnisse übertragen werden kann[14]. Eine erste Annäherung wird erreicht, wenn man die Entsorgung von Topmanagern in den Aufsichtsrat einbezieht. Darüber hinaus wird man wegen des relativ späten Qualifikationsalters und der früh einsetzenden Pensionsneigung in Deutschland nicht umhin kommen, die bis zur Obstruktionsphase in Kauf zu nehmenden Berufsjahre um 10 % zu kürzen. Damit ergibt sich das folgende, auf deutsche Verhältnisse modifizierte Schema, das um die üblichen Hierarchiestufen ergänzt wurde.

Alter der	*Berufsjahre*	*Hierarchiestufe*
Qualifikation	0	
Vernunft	2	Trainee, Sachbearbeiter
Beförderung	5	Referent (unteres Management)
Verantwortung	10	Abteilungsleiter (mittl. Mgt.)
Autorität	15	Hauptabteilungsleiter (höheres Mgt.)
Vollendung	20	Direktor (oberes Management)
Auszeichnung	24	Vorstand (Top-Management)
Würde	28	Vorsitzender des Vorstands
Weisheit	35	Aufsichtsrat
Behinderung	45	Pensionäre

Die generelle Akzeptanz dieses Ablaufschemas hat empfindlich darunter gelitten, dass es tragische Fälle gab, in denen eine Abschiebung von Topmanagern in den Aufsichtsrat nicht möglich war[15]. Die Gründe für solche anomalen Exkretionen reichen von Ab- und Anstand über Verlust von Lust oder

---

14 *Filzer/Streuter,* Kontinuität und Kontrolle ordnungsmäßiger Überkreuzverpflechtungen, 6. Aufl., Frankfurt 2007

15 Zum Trost für aktuell Betroffene sei angefügt, dass Spitzenpensionäre, die als Haushaltshilfe versagen, als Freiberufler oder Politiker tätig werden können und somit das „ewige Berufsleben" erlangen.

Vertrauen bis zum Zerwürfnis. Eingeweihte Greise bestreiten, dass das folgende Ergebnis geriatrischer Untersuchungen für Spitzenkräfte repräsentativ sind: Normale Menschen werden im Alter entweder weise oder blöd, wobei eine weit verbreitete Form der Altersblödheit darin besteht, dass man sich für weise hält[16].

Die Zweifel an der Übertragbarkeit solcher Befunde unterstreicht das folgende Beispiel aus der Unternehmenspraxis[17]: Bei dem 73jährigen Aufsichtsratsvorsitzenden, dem ehemaligen Vorstandsvorsitzenden, machten sich - bei derartigen Spitzenkräften natürlich völlig unerwartet - gesundheitliche Schwächen so stark bemerkbar, dass vorzeitig ein Nachfolger installiert werden musste. Der geborene Nachfolger, also der amtierende Vorstandsvorsitzende, fühlte sich mit 60 Jahren noch nicht reif für eine Amtsaufgabe. Er konnte sich darauf berufen, dass ihm die Nachfolge erst mit 62 Jahren zugemutet und zugesagt worden war.

Sein früherer, ebenfalls in den Aufsichtsrat versetzter Kollege kam als Nachfolger des altersschwachen Aufsichtsratsvorsitzenden nicht in Betracht, weil er zu jung war. Ihm konnte mit 68 Jahren nicht abverlangt werden, dass er nach 2 Jahren, also schon mit 70 Jahren, wieder in die Reihe der gemeinen Aufsichtsratsmitglieder einrücken sollte, um dem geborenen Nachfolger Platz zu machen.

c) Zwischenergebnis

Der optimale Pensionspunkt ist für einen kompetenten Topmanager offenbar jener Zeitpunkt, in dem er seine Aufgaben besser erfüllt als jeder andere im Unternehmen und in dem daher kein Grund für eine Pensionierung besteht. Aus diesem Grund hat auch niemand an einen Nachfolger gedacht. Das Pensionsalter muss daher fixiert werden. Immerhin kann aber wohl die Hypothese gewagt werden, dass für einen körperlich und geistig gesunden Topmanager der optimale Pensionspunkt zwischen dem 35. und 40. Berufsjahr liegt.

---

16 *Thorberg,* Natürliche Grenzen der Zurechnungsfähigkeit, Hamburg 1992, S. 276 f.

17 Entnommen aus *Schlarvitzel,* Der Boss im Würdegriff, Frankfurt 1995, S. 187.

3. Pensionsreife und Pensionsbereitschaft

Die *Pensionsreife* beschreibt den Zustand, der eine Pensionierung des Betroffenen im Interesse der zur Pensionszahlung verpflichteten Institution notwendig macht. Aus Loyalität und Sorgfaltspflicht gegenüber dem Unternehmen und im Hinblick auf das Interesse Dritter sind Pensionsberechtigte eigentlich verpflichtet, bei Pensionsreife in den Ruhestand zu gehen.

Die *Pensionsbereitschaft* ist der Wille oder die Willfährigkeit des Betroffenen, in Pension zu gehen. Sie ist bei eigensinnigen Spitzenkräften völlig unterentwickelt. Sie ist jedoch die Voraussetzung dafür, dass der Betroffene tatsächlich in den Ruhestand tritt.

Das Dilemma liegt darin, dass Pensionsreife und Pensionsbereitschaft zeitlich auseinanderfallen. Während die Pensionsreife mit höherem Alter kontinuierlich zunimmt, schiebt sich die Pensionsbereitschaft wie die Lebenserwartung mit steigendem Alter immer weiter hinaus. Daraus entsteht die Notwendigkeit, überzeugende Methoden zu entwickeln, um die Pensionsreife einwandfrei festzustellen und die Pensionsbereitschaft darauf abgestimmt zu stimulieren.

a) Die Bestimmung der Pensionsreife

Die betriebswirtschaftlichen Ansätze, die z. B. in Anlehnung an den Produktlebenszyklus, den Shareholders' Value oder die Kosten-Nutzen-Analyse den optimalen Pensionspunkt bestimmen wollen, scheitern daran, dass der Input der Topmanager nicht messbar und ihr Output unberechenbar ist. Andere wissenschaftliche, z. T. interdisziplinäre Versuche, die neben medizinischen Indikationen die Erkenntnisse der Chaostheorie einbeziehen, stecken noch in den Anfängen[18]. Die Praxis muss sich daher bis auf Weiteres mit relativ einfachen Indikatoren behelfen.

Zur Ermittlung der Schulreife dient ein einfacher, allgemein anerkannter Test: Die Schulreife ist gegeben, wenn das Kind mit dem rechten Arm über den Kopf sein linkes Ohr berühren kann. Eine ähnliche simple Versuchsanordnung ermöglicht die Feststellung der Pensionsreife. Sie ist gegeben, wenn

---

18 *Rübsamen* (hrsg.), Herrschaftsstrukturen und Chaos, Wiesbaden 2006.

der Betreffende mit seinem großen Zeh nicht mehr die Nasenspitze berühren kann (Wegen der Risiken und Nebenwirkungen sollte bei entsprechenden Versuchen vorher der Arzt oder der Apotheker befragt werden).

Der Test sollte spätestens dann erfolgen, wenn der Manager „Alzheimer" für ein Mineralwasser hält. In der Praxis stößt die Durchführung des Tests insofern auf Schwierigkeiten, weil Topmanager meist nicht bereit sind, sich an die eigene Nase zu fassen.

Eine an sich unfehlbare, aber schwer messbare Indikation für die Pensionsreife liegt darin, dass der Topmanager anfängt zu glauben, dass er unersetzlich sei. Aufsichtsräte oder andere Dienstherren sollten die eingebildete Unersetzbarkeit daran erkennen, dass der Topmanager nahezu vollständig durch Tätigkeiten absorbiert wird, mit denen er Existenz und Erfolg des Unternehmens nicht gefährden kann. Es genügt nicht, dass der Topmanager die Zeit, die er nicht zur Selbstverherrlichung braucht, mit Aufsichtsratstätigkeiten außerhalb des Unternehmens oder Konzerns verbringt. Solche Abschweifungen werden allgemein als systemsimmanente Vernachlässigung des Amtes geduldet.

b) Neue Anreize für die Pensionsbereitschaft

Die Pensionsbereitschaft der meisten Spitzenkräfte beruht fast ausschließlich auf starken körperlichen Behinderungen. Die Ursache für diese Einspurigkeit dürfte darin liegen, dass die mentalen Herausforderungen des Ruhestandes total unterschätzt werden. Erst *von Bülow* hat in einem eindrucksvollen Dokumentarfilm überzeugend darstellen können, wie ungemein wirtschaftsfördernd es ist, wenn pensionierte Manager ihre Fähigkeiten der Familie und dem häuslichen Bereich widmen und wie der Ruhestand geistig höchst anspruchsvoll gestaltet werden kann[19]. Diese wichtige Botschaft ist in höheren Kreisen von Politik und Wirtschaft noch nicht verstanden worden. Volkswirtschaftlich erscheint es nicht unbedenklich, wenn Spitzenpenionäre, die als Haushaltshilfe versagen, als Freiberufler oder Politiker tätig werden und somit das „ewige Berufsleben" erlangen.

---

19 *Von Bülow* (alias Loriot), Papa ante portas, 1989.

Seit 1995 widmet sich ein prominent besetzter Arbeitskreis „Lebensqualität im Alter“ (LimA) der Attraktivität des Ruhestandes. Sein zugkräftiges Motto lautet: Wenn der Anzug abgetragen ist, beginnt seine Glanzzeit. Der LimA hat klar erkannt, dass die Anziehungskraft des Rentnerdaseins kaum durch die Hobbys geschaffen wird, die Ehefrauen und andere Ratgeber dem pensionsreifen Topmanager einreden. Vielmehr geht es um anspruchsvollere, mental herausfordernde Aufgaben, denen sich ein aktiver Pensionär widmen sollte.

Aus der Fülle der noch nicht abschließend zusammengestellten Vorschläge des LimA seien folgende zitiert:

- Innovation: Eigene Programmierung des Videorecorders, um endlich von Kindern oder Enkelkindern unabhängig zu werden.
- Kostenreduzierung: Optimale Ausnutzung der Telefon- und Energietarife,
- Optimierung von Geschäftsprozessen: Reibungslose Abwicklung der Müllentsorgung bei Vollauslastung der vorhandenen Container.
- Umweltmanagement: Umgestaltung des gestylten Villenparks in ein unansehnliches, aber ökologisch wertvolles Biotop.

4. Schlussbemerkung

Vieles spricht dafür, dass die Durchsetzung des optimalen Pensionspunktes die Unternehmen aufwandsmäßig nennenswert entlasten und ihre Antriebskräfte steigern würde. Ob dieser Spielraum ausreicht, um die Deckungslücken bei den Pensionsrückstellungen zu schließen, lässt sich noch nicht abschätzen. Auf jeden Fall würde sie sich nennenswert verkleinern.

V. Treibjagd auf Topmanager und anderes Hochwild

1. Das Jagdfieber

Die Jagd auf große Tiere gilt seit jeher als faszinierendes Abenteuer. Jeder Großwildjäger ist stolz auf sich und auf seine exotischen Jagdtrophäen. Da die Jagd auf Elefanten nur wenigen Privilegierten offen steht, scheint die Jagd auf exzentrische Topmanager eine großartige Alternative zu sein.

Nachdem auffällige *Abartigkeiten der Top- und Spitzenmanager* zu erheblichen Flurschäden geführt haben, ist die von Vielen beneidete Spezies zum bevorzugten Zielobjekt von Jägern und Wilderern geworden. Vor allem haben die aus der gemeinen Art der Topmanager geschlagene Spitzenmanager bei Meinungsmachern eine unbändige Jagdlust ausgelöst.

Vom Jagdfieber gepackte Politiker, Gewerkschaftler, Journalisten und Intellektuelle veranstalten regelrechte und -widrige Treibjagden auf frei herumlaufende Spitzenmanager. Aktionärsvereinigungen und Fondsmanager blasen ebenfalls ins Jagdhorn. Zusätzlich werden gut ausgerüstete *Jagdgesellschaften* wie die Regierungskommission „Deutscher Corporate Governance Kodex" eingesetzt, um schwache oder kränkelnde Topmanager waidgerecht zu erlegen.

Die leidenschaftlichsten Jäger sind diejenigen, die sich im eigenen Dunstkreis noch nie nach Licht gesehnt haben. Besonders eifrig sind empörte Penner der Szene, die angesichts der Lebensgewohnheiten überheblicher Topmanager glauben, etwas versäumt zu haben. Diese Eifersucht mit Heiligenschein erzeugt ein diffuses Büchsenlicht, in dem Wild und Treiber kaum zu unterscheiden sind. Im Jagdeifer bleibt es daher nicht aus, dass auch Treiber und Jagdgenossen schmerzvoll getroffen werden.

Besonders gefährlich für die anvisierten Jagdopfer sind *Journalisten*, die schnell aus der Hüfte schießen oder vor lauter Jagdbegeisterung zu Über-Treibern werden. Extrem jagdgierige Reporter wollen das Wild bereits aufbrechen, bevor es den Fangschuss erhalten hat. Schließlich droht Gefahr durch beamtete Jagdaufseher, die wie Wilderer maskiert durch das Untergehölz pirschen und allem nachstellen, was in Feld, Wald und Wiesen nicht ordnungsgemäß kreucht und fleucht.

2. Die Jagdopfer

Wer Top- und Spitzenmanager jagen will, muss sich mit ihren Eigenarten vertraut machen. Andernfalls bevölkern zu viel Kümmerer das Revier und bei der Jagd gehen die attraktivsten Exemplare durch die Lappen. Nur geschulte und erfahrene Waidmänner, die ihren Wildbestand sorgfältig beobachten, erkennen seinen echten Zustand und die oft verborgenen Behinderungen.

Manager sind im juristischen Sinn natürliche Personen, die zumindest eine andere natürliche Person mit ihren Entscheidungen oder deren Verzögerungen schikanieren können. Die mögliche Niedertracht steigt mit jeder Hierarchiestufe.

Im Gegensatz zu Unternehmern riskieren angestellte Manager ihren unternehmerischen Eskapaden nicht ihr eigenes Geld. Bei der von ihnen vorangetrieben Expansion verlieren höherrangige Manager schnell die Übersicht. Um im operativen Geschäft kein Unheil anzurichten, werden sie als schwer erziehbare Manager auf die Führungsetage des Unternehmens verbannt und so zum *Topmanager* befördert.

Wenn ein Topmanager die einsame Spitze eines namhaften Unternehmens oder Konzerns erklommen hat, verleitet ihn seine höchstbesoldete Einsicht dazu, an seine eigene Unfehlbarkeit zu glauben. Damit wird er zum *Spitzenmanager*. Spitzenmanager tun so, als gehöre das ganze Unternehmen ihnen.[1]

1 Piége, L`entreprise c`est moi!, 4. Auflage, Chateaux de Loup 2006.

Zur Strecke gebracht werden sollen in erster Linie balzende Spitzenmanager, die für ihr Amt impotent sind, sowie Topmanager, welche die Bürde ihres Amtes nicht (mehr) tragen wollen oder ihre Befugnisse missbrauchen. Abgängig werden Spitzenmanager dann, wenn sie ihre Reviergrenzen überschreiten und geräuschvoll in die allgemeine Treibjagd hineinstolzieren.

Ausgewachsene Top- und Spitzenmanager, die wegen mehrerer *Aufsichtsratsposten* in fremden Unternehmen häufig in fremde Reviere wechseln, geraten in ihrer meist ganzjährigen Brunftzeit leicht in die Schusslinie, weil sie wie Zwölfender als Jagdbeute besonders begehrt sind. Da sie mit zunehmender Amtszeit ein immer dickeres Fell bekommen, müssen bei der Jagd größere Kaliber eingesetzt werden.

Tragischer Weise geraten auch verdiente alte Hasen in die Schusslinie, wenn sie zu lange regungslos in ihrer Sasse kauern und den rechtzeitigen Absprung verpassen. Dann hilft auch kein Hakenschlagen. Frischlingen wird in der Regel eine angemessene Schonzeit gewährt, während überflüssige Überläufer rechtzeitig erlegt werden sollen.

Auch degenerierte *Aufsichtsräte* werden vor die Flinten getrieben, wenn sie durch Amtsanmaßung oder -vernachlässigung als Bedrohung für das betroffene Unternehmen erkannt werden. Zu ihnen gehören Aufsichtsratsvorsitzende, die als Platzhirsche durch unberechenbare Alleingänge den Bestand des Rudels gefährden, oder Aufsichtsratsmitglieder, die wie lahmende Hirtenhunde ihrer Überwachungsaufgabe nicht mehr nachkommen.

In Ausnahmefällen wird versucht, *Abschlussprüfer* abzuschießen. Sie sind in dem allgemeinen Jagdgetümmel wegen der für sie typischen grauen Tarnkleidung schwer auszumachen, zumal sie - trotz der ihnen auferlegten Redepflicht, die zu ihrer Schweigepflicht reizvoll kontrastiert - meist keinen Laut von sich geben. Gegenüber den Topmanagern verhalten sie sich zahm und freundlich, solange sie nicht übermäßig gereizt werden. Auf der anderen Seite werden speziell abgerichtete Wirtschaftsprüfer bei erheblichen Wildschäden der Topmanager als Stöberhunde eingesetzt.

3. Die Hege der Topmanager

Die Hege der *Topmanager* ist in erster Linie den *Aufsichtsräten* anvertraut, die jedoch sehr häufig an chronischem Zeitmangel und geschickt getarnter Unaufmerksamkeit leiden. Die unzureichende Bemutterung kann bei Topmanagern, die schon bei ihrer Geburt auf die Mitwirkung des Aufsichtsrates angewiesen sind, zu traumatischen Dauerschäden führen.

In vielen Fällen drückt sich der Aufsichtsrat vor der Verantwortung, nicht zu bändigende Vorstandsmitglieder auszuwildern oder abzuschießen. Diese unterdrückte Aufgabe wird durch das Allgemeine Gleichbehandlungsgesetz noch bedrückender. Bewerber(innen) und Inhaber(innen) von Vorstandsposten dürfen „beim Zugang zur Erwerbstätigkeit“ und bei ihrem Abgang nicht diskriminiert werden. So stellt sich die Frage, ob man einem Topmanager wegen unverschuldeter Inkompetenz die Wiederbestellung zum Vorstandsmitglied verweigern oder einen Topmanager allein wegen Erreichen einer Altersgrenze in den Aufsichtsrat abschieben darf.

Um die Population der Topmanager konstant zu halten, sollen sich Aufsichtsrat und Vorstand regelmäßig mit der *Nachfolgeplanung* für die Vorstandsmitglieder befassen[2]. Dies fällt etablierten Topmanagern schwer, weil sie sich nicht für normale Sterbliche halten und sich einen geeigneten Nachfolger überhaupt nicht vorstellen können. Hier muss der Heger ggf. eine Kastration vornehmen.

Zur allgemeinen Erleichterung der Aufsichtsräte ist es zulässig. vorhandene Vorstandsmitglieder nach Ablauf ihrer Amtszeit automatisch wiederzubestellen. Diese allgemein angewandte Regel wird nur bei totalem Zusammenbruch des Unternehmens, nachhaltiger Verärgerung des Vorstands- oder Aufsichtsratsvorsitzenden oder bei Erreichen des Pensionsalters gebrochen.

Die vom Hochwild der Unternehmen nicht selten praktizierte Selbstbefruchtung, die durch die automatische Entsorgung des Vorstandsvorsitzenden als Vorsitzender des Aufsichtsrates eingeleitet und durch rechtlich unzulässige Alleingänge des Aufsichtsratschefs vollendet wird, führt meist zu Missbil-

---

2 Deutscher Corporate Governance Kodex, Rz. 5.1.2

dungen. Der angekränkelte Nachwuchs wird zwar von seinem revierstarken Erzeuger unter die Fittiche genommen, wird aber beim ersten Anzeichen verminderter Subordination rasch zum Abschuss freigegeben.

Die Treibjagd auf die seiner Hege anempfohlenen Spitzenmanager beobachtet der Aufsichtsrat in typischer Gelassenheit von seinem Hochsitz aus, damit Jäger und Treiber nicht seine Witterung aufnehmen können. Der auf in hoher Stellung ruhende Aufsichtsrat erregt spätestens dann die Aufmerksamkeit der Jagdgesellschaft, wenn die Unternehmenskrise den Hochsitz zusammenbrechen lässt.

4. Die Jagdgründe

Spätestens an dieser Stelle wird dem vorgebildeten Leser klar, dass man über Unternehmen und ihre Zustände nicht ernsthaft diskutieren kann, ohne auf das mit Mutwillen aktuell gehaltene Thema „Corporate Governance“ einzugehen. Es handelt vom *Chaos der Unternehmensleitung und Unternehmensüberwachung*, an das sich die Vorstands- und Aufsichtsratsmitglieder gewöhnt haben. Die seriöse Fachliteratur beschreibt Corporate Governance mehr oder weniger deutlich als die *Kunst*, durch lange Leitung und distanzierte Überwachung die Aufgaben als Vorstand oder Aufsichtsrat unangefochten hintanzustellen.

Im normalen Zustand dieses Nervensystems körperschaftlich organisierter Unternehmen werden deutlich absehbare Unternehmenszusammenbrüche von den zuständigen Unternehmensorganen erst dann wahrgenommen, wenn die Katastrophe nicht mehr aufzuhalten ist. Dann geraten die Verantwortlichen plötzlich ins Schwimmen, nachdem sie vorher glaubten, auf dem Wasser gehen zu können.

Kommentiert werden ihre verzweifelten Schwimmübungen von hellseherischen Finanzanalysten oder Wirtschaftsjournalisten, welche die Misere schon lange hatten kommen sehen und jetzt verdrängen, dass sie die betroffenen Spitzenmanager, die sich als „*Master of Disaster*“ einen Namen machen, kurz zuvor zum „*Manager des Jahres*“ gekürt haben.

Angesichts spektakulärer Unternehmenszusammenbrüche hat die Bundesregierung - wie bei allgemeiner Ratlosigkeit üblich - eine *Expertenkommission* berufen, die – ohne Rücksicht auf das eigene Tun - akzeptable Verhaltensmuster für die Verwaltungsorgane börsennotierter Unternehmen entwickeln soll. Solche Idealvorstellungen wurden erstmals 2002 im Deutschen Corporate Governance Kodex schriftlich niedergelegt. Diese *Regimentsordnung für börsennotierte Unternehmen* wird in jährlichen Abständen fortgeschrieben, damit die Unternehmen in ihrem Bemühen um gute Corporate Governance nicht nachlassen.

Zu ihrer Beruhigung und zur Verwirrung der Zuschauer haben die Experten neben der internen die *externe Corporate Governance* entdeckt. Sie beruht auf den unkalkulierbaren Impulsen des Kapitalmarktes, deren Teilnehmer als Bären, Bullen oder Heuschrecken das Gehabe der Leitungs- und Überwachungsorgane der Unternehmen mit ihrer Hektik beeinflussen. Die mit strengen Empfehlungen sparsame Kodex-Kommission erwartet, dass dadurch wesentliche Missstände und Fehlentwicklungen der Corporate Governance in absehbarer Zeit, d. h. in acht bis zehn Jahren korrigiert werden[3]. Aufgeweckte Topmanager hätten längst gelernt, dass intensive Kontakte zu Finanzanalysten und Investoren wichtiger sind als gute Beziehungen zu Kunden, Arbeitnehmern und Lieferanten.

Bei näherem Hinsehen lässt sich die Praxis von den Kodexempfehlungen wenig beeindrucken[4]. In Führungskreisen börsennotierter Unternehmen gehört es zum guten Ton, jede Empfehlung als sachgerecht zu loben, bevor man selbst wegen besonderer Umstände davon abweicht. Die Appelle der Kodex-Kommission bleiben wohl deshalb ungehört, weil der Kodex nicht als Hörbuch zu bekommen ist[5]. Nicht wenige prominente Beispiele zeigen, dass der Kodex der Deutschland AG und ihren Epigonen genügend Lebensraum lässt[6].

---

3 *Krumme*, Erziehung braucht Zeit, Düsseldorf 2005, S. 34.

4 Vgl. Börsenzeitung vom 12.1.2007: Kodex-Unlust

5 *Plötzke-Lüdersen*, Hörbücher für Analphabeten – eine Bildungsoffensive, Konstanz 2004, S. 121 f.

6 *Winkelzieher*, Aufsichtsratstätigkeit nach Gutsherrenart, Hannover 2006.

Über die Stärken und Schwächen der Topmanager wird bis heute gerätselt. Die Annahme, dass die Schwächen überwiegen, ist eine reine Spekulation. Nur geschulte und erfahrene Waidmänner, die ihren Wildbestand sorgfältig beobachten, erkennen seinen echten Zustand und die oft verborgenen Behinderungen.

Laien halten Manager für *Entscheidungsträger*. Der Fachmann weiß, dass sie entscheidungsträger sind als man annimmt. Topmanager sind eher als *Planungsgläubige* zu charakterisieren. Das gilt insbesondere für Spitzenmanager. Sie betreiben die Perfektion der Planung bis zum Niedergang des Unternehmens.

Wesentlicher *Auslöser* für das eigenartige Verhalten mancher Topmanager ist das belastende Eingeständnis, dass sich nicht logisch nachvollziehen lässt, warum sie auf die oberste Führungsebene verschlagen wurden. Diese Ungewissheit verursacht unheimlichen Stress, wenn man prominenten oder kompetenten Gesprächspartnern imponieren möchte.

Bei dieser Disposition muss sich der *Überwachungsdruck* verheerend auswirken, dem Topmanager in perfider Weise dadurch ausgesetzt sind, dass sie selbst die zuständigen Aufsichtsgremien über ihr Tun und Lassen informieren müssen. Die regelmäßigen Selbstanzeigen können leicht zur Überwachung der Managertätigkeit missbraucht werden.

5. Jagdwaffen und Sch(l)ussbemerkung

Gesetzgeber, Standardsetzer, Enforcer und Aufsichtskommissionen scheuen sich nicht, die ausufernden Rechnungslegungsvorschriften als *Jagdwaffen* gegen entfesselte Spitzenmanager zu benutzen. Bei der kaum abschätzbaren Streuwirkung dieser wenig waidgerechten Schießprügel, namentlich der International Financial Reporting Standards (IFRS), lassen sich unbeabsichtigte Verletzungen nicht vermeiden, sodass die Jagd auf Täter oder Dulder von Rechnungslegungsverstößen trotz Jagdaufsicht chaotische und unbarmherzige Züge bekommt.

Hege und Wildschutz für gesunde Rechnungsleger lassen sich bei großer Verbreitung von unberechenbaren Fair Values kaum durchführen. Immerhin könnte der *Grundsatz der Wesentlichkeit* eine Schutzzone bieten, um den lebensnotwendigen Bestand an Rechnungslegern zu retten. Allerdings ist der Schutzzaun dieses Reservats nicht so fixiert, dass wild gewordene Bilanzierer durch schmerzhafte Verletzungen an Ausbruchsversuchen gehindert werden.

Die Nützlichkeit der Topmanager ist trotz gelegentlicher Ausreißer unbestritten; sie sind für Wirtschaft und Unternehmen lebensnotwendig. Daher ist Vorsicht und Zurückhaltung geboten, damit die Jagd auf diese unentbehrlichen Geschöpfe nicht zum nicht mehr waidgerechten Volkssport wird. Nur kranke Exemplare sind zum Abschuss freigegeben. Wer sich vor wild gewordenen Topmanagern schützen will, muss für eine sorgfältige Aufzucht, artgerechte Hege und behutsame Auswilderung dieser Spezies sorgen.

B. Unternehmensstrukturen und ihre Figuren

I. Strategies follow Structures

II. Going Concern oder der Konzernierungsdrang

III. Hält die Holding, was von ihr zu halten ist?

IV. Der Aufsichtsrat – ein sensibles Organ

V. Corporate Governance oder die korpulente Gouvernante

VI. Shareholder's Value oder der Wert des Aktionärs

I. Strategies follow Structures

1. Einführung

Immer wieder erleben wir, dass scheinbar unerschütterliche Strukturen zerfallen. Auf der anderen Seite haben überholte Strukturen eine gefährlich lange Zerfalldauer, weil sie die schon länger schwelende Krise verbergen.

Zur Modernisierung der Struktur oder zur Krisenbewältigung werden vielfältige Strategien propagiert, die sich allerdings mit den gegebenen Unternehmensstrukturen nicht realisieren lassen. Für den Praktiker steht fest: Strukturen ändern sich nur im Katastrophenfall.

2. Der Charme des strategischen Managements

Jede anspruchsvolle Abhandlung über modernes Management beginnt mit der Feststellung, dass die Herausforderungen unserer Zeit durch eine diskontinuierliche Veränderungen der Umwelt geprägt sind, die neue Denkansätze und flexible Handlungsweisen erfordern[1]. Unternehmensberater und andere Theoretiker kommen so automatisch auf die überirdische Form des Managements zu sprechen, nämlich auf die strategische Unternehmensführung. Sie ist letztlich der obersten Führungsperson des Unternehmens oder Konzerns vorbehalten.

Die strategische Unternehmensführung wird von jedem aufstrebenden Jungmanager als berufliche Erfüllung angesehen, weil sie die von ihm anvisierte Berufung zum Topmanager voraussetzt. Mit natürlichem Instinkt setzt

---

1 So oder ähnlich werden die pathetischen Einleitungen zur strategischen Unternehmensplanung und modernen Unternehmensführung formuliert.

der Topmanager strategische Führung und strategische Planung gleich[2]. Das macht den besonderen Reiz der strategischen Planung aus. Eine Umsetzung der *strategischen Planung* durch strategisch motivierte Aktionen würde nämlich in die Niederungen operativer Entscheidungen und Maßnahmen führen, für die ein standesbewusster Topmanager keine Zeit verschwendet.

In Unternehmen feiner Lebensart ist die strategische Planung exklusiv dem Vorstandsvorsitzenden vorbehalten, der sie bis zum Untergang des Unternehmens perfektionieren und mit großer Überzeugungskraft gegen alle Realitäten verteidigen wird. Es ist daher nicht verwunderlich, dass Spitzenmanager die „strategische Planung" als Beruhigungsmittel für nervöse Aufsichtsräte einsetzen. Ihre Heilkraft beruht auf markant formulierten Packungsbeilagen wie der Hypothese „Structures follow Strategies".

Vereinzelt beansprucht sogar der Vorsitzende des Aufsichtsrats die Zuständigkeit für strategische Konzeptionen, die er dem frustrierten Vorstand für dessen strategische Unternehmensplanung vorgibt. Der damit angerichtete Schaden hält sich aber sonst in denselben Grenzen, wie sie bei der üblichen Zuständigkeit des Vorstandsvorsitzenden bestehen.

Anglo-amerikanische Begriffe strahlen in Politik und Wirtschaft große Autorität und oberflächliche Präzision aus. Für die moderne Wirtschafts- und Managementlehre sind sie unverzichtbar. Ihr Gebrauch ist für jeden angesehenen Ökonom zur Selbstverständlichkeit geworden.[3] Diese Begriffe sind im Vergleich zu deutschen Bezeichnungen zwar unschärfer oder abstruser, aber durch ihre Vieldeutigkeit den deutschen Termini weit überlegen. Das macht sie universell zur Anhebung des Gesprächsniveaus brauchbar, zumal sich ihre wörtliche Übersetzung meist einer sinnvollen Deutung verschließt oder sich sogar als irreführend erweist.[4]

Die Zweifel an der wissenschaftlichen Durchsetzungskraft der deutschen Fachsprache sind nicht ganz unberechtigt. Während sie z. B. „Kosten" un-

---

2 *Riesel-Kalck*, Natürliche Lebensweisen in den Topetagen großer Unternehmen, Frankfurt 2006.

3 Gin-Seng, Talking Global, Sprache und Ausdruck, Marburg 1989, Heft 5.

4 *Zanglgruber*, Die linguistische Herausforderung der modernen Wirtschaftswissenschaften, 4. Auflage, München 2001, S. 18 ff.

missverständlich als „Unkosten“ bezeichnet, wird es als ehrenrührig empfunden, wenn der Sinn von Managerentscheidungen als Unsinn tituliert wird. Mit der Mehrdeutigkeit des englischen „credit“ als „Kredit“ oder „Guthaben“ lässt sich viel mehr Verwirrung stiften.

Analog zur Überzeugungskraft einzelner Begriffe klingen anglo-amerikanisch formulierte Thesen wie „Structures follow strategies“ für jeden intellektuellen Wirtschaftler wahnsinnig logisch. Selbst Pragmatiker lassen sich auf diese Weise von realisierbaren Unmöglichkeiten faszinieren. Die deutsche Übersetzung der genannten These: „Die Strukturen passen sich den Strategien an“ erscheint dagegen blass und wenig glaubwürdig.

Es mag dahingestellt bleiben, ob die farblose deutsche Formulierung zur Verunsicherung geführt hat. Es gibt jedenfalls deutliche Anzeichen, dass in der Managementpraxis die Antithese „Praktizierte Strategien richten sich nach den vorhandenen Strukturen“ eher zutreffend ist. Wissenschaftlich und damit unangreifbar formuliert heißt das: „Strategies follow structures“. In dieser verschwommenen Prägnanz gewinnt die ungewohnte Gegenbehauptung erheblich an Überzeugungskraft, auch wenn renommierte Managementgurus ihre Abweichung von der herrschenden Lehre bemängeln und sie daher als unwissenschaftlich ablehnen. Diese engstirnige Abweisung wird sich totlaufen.

3. Der Status der Unternehmensstrukturen

Schon heute setzen im Trend liegende Managementphilosophen auf das Chaos als Grundlage weiser Managemententscheidungen.[5] Sie postulieren mit Nachdruck, von der Mystik der strategischen Planung Abschied zu nehmen und streiten darüber, welche Strategien erfolgreich ins Chaos führen. Vieles spricht dafür, dass die vorhandenen Strukturen das Chaos sind, an das wir uns gewöhnt haben. Insofern gehört chaotisches Management zum bewährten Repertoire vieler Unternehmen.

---

5 *Gerken,* Helden des Chaos, 2. Auflage, Düsseldorf 2004.

Der praktische Befund lautet am Ende, dass sich operable Unternehmensstrategien nur im Rahmen der vorhandenen Organisations- und Managementmuster realisieren lassen. Das aber beweist die Antithese „Strategies follow Structures“ oder in strenger, mit spitzer Zunge artikulierter deutscher Sprache: „Straffe Strukturen strangulieren strapaziöse Strategien“. [6]

Jede Unternehmensstruktur ist spätestens dann überholt, wenn es der Unternehmensspitze zu wohl wird. Sie verspürt dann einen unwiderstehlichen Expansionsdrang, den sie wegen seiner Richtungslosigkeit strategisch verbrämt als „gezielte *Diversifikation*“ bezeichnet, d. h. die Richtung ist egal, wenn es nur vorwärts geht. Mit anderen Worten: Diversifikation ist der richtige Schritt in die falsche Richtung oder umgekehrt.

Einzelunternehmer, die sich ihrem Steuerberater ausliefern, gründen im Zustand wohliger Verwirrung eine GmbH & Co. KG nach der anderen. Wenn sie die Übersicht vollends verloren, aber noch Kredit übrig haben, kaufen sie ein Hotel, das entlegen genug ist, um nicht ausgelastet zu sein.

Großunternehmen erzielen mit der Akquisition von Unternehmen dasselbe Resultat, nämlich rasant wachsende Überschuldung und zunehmende Verluste.[7] Sie beschäftigen hochrangige Projektgruppen, die unter Dauerstress die Spreu vom Weizen trennen, um die Spreu als strategische Neuausrichtung verkünden zu können. Was der Praktiker als Aufeinanderprallen verschiedenartiger Unternehmenskulturen empfindet, rechtfertigen strategische Köpfe als Synergieeffekte.

Obwohl die zur Bewältigung der ungesichteten Ausweitung von namhaften Managementexperten empfohlene *Matrixorganisation* praktisch nie funktioniert hat, sind viele Diversifikationen gescheitert. In diversifizierten Unternehmen und Konzernen wurden die ursprünglichen Strukturen in Annäherung an eine Matrixorganisation so weit verbogen, dass niemand merkte, dass der Überblick total verloren ging. Die Folge war, dass nach dem Scheitern der Diversifikation der einhellig empfohlenen Besinnung auf das Kerngeschäft neue strukturelle Schwierigkeiten entgegenstanden.

---

6 *Stotterle*, Die „Str^{5}“-These, Stuttgart 1999, Seite 21.

7 *Gaitanides*, Mischkonzerne und ihr Schuldenberg, München 2006.

4. Die Immunität der Strukturen

Die hohe *Widerstandskraft vorhandener Strukturen* hat ihre Gründe. Veränderungen der Strukturen verändern nämlich den Status seiner Glieder und – was praktisch viel gravierender ist – die Statussymbole. Es wundert daher nicht, dass sich Umstrukturierungen der Führungshierarchie nur mit einer großzügigeren Dienstwagenregelung durchführen lassen. Empirische Studien der Internationalen Pförtner-Vereinigung[8] belegen, dass eine Veränderung der Prioritäten auf dem Firmenparkplatz ein größeres Durcheinander im Unternehmen auslöst als ein Großbrand.

Struktur- und Statusgefährdung gebären selbst in scheintoten Organisationen ungeahnte Kreativität. Karriereverbissene Manager entwickeln ein Arsenal von *Abwehrstrategien* gegen strukturelle Veränderungen. Besonders beliebt sind:

- die Einrichtung von Projektgruppen, für die man mangels Zeit keine Sitzungstermine findet,
- die Ausdehnung des Problemkreises auf unbeherrschbare Ebenen,
- die Behandlung ungefährlicher Teilaspekte bei gleichzeitiger Eliminierung der echten Problemfelder,
- zeitraubende Auswahlverfahren für letztlich ungeeignete Berater.

Bestehende Strukturen sind weiter dadurch geschützt, dass in den Spitzengremien wie Führungskreis, Vorstand, Aufsichtsrat oder Präsidium rationale Entscheidungen erst dann getroffen werden, wenn alle anderen Möglichkeiten erschöpft sind. Ein Topmanager, der die einzige Lösung kennt, aber davon nichts wissen will, wird entweder eine Projektgruppe zur verzögerten Entscheidungsfindung installieren oder einen Unternehmensberater einschalten, der die unerfreuliche Angelegenheit professionell und Manager schonend bereinigt.

Das *bewahrende Element* der Strukturen bildet die solide Grundlage für die Windstille in den Topetagen vieler Unternehmen und für die Idylle der strategischen Planung. Unternehmenskrisen können so ungestört bis zur Katast-

---

8 *International Gatemen Association (IGA)*, In Search of Evidence, Kongressbericht, Baltimore 2002, S. 127.

rophe heranreifen, die das strategische Kartenhaus einstürzen lässt. Nur aus seinen Ruinen entstehen neue Strukturen. Nur dann gelangt die Hypothese „Structures follow strategies" in Wirklichkeitsnähe, was sie intellektuell so attraktiv macht wie die Empfehlung, gegen Zahnschmerzen Zyankali zu schlucken.

Sieht man von solchen apokalyptischen Ausschweifungen ab, so muss man für eine realistische Strategie die Unantastbarkeit vorhandener Strukturen akzeptieren. Allenfalls lassen sich Pseudoveränderungen applizieren, wie z. B. die Abspaltung einer Strategie-Holding, die man wegen ihrer Sterilität besser als „Frustrationstreibhaus" bezeichnen sollte.[9]

5. Das Tabu der Managementstruktur

Ein absolutes Tabu gilt für die Managementstruktur, genauer für die oberste Führungsebene und ihre Spitze. Wie an lesenswerter Stelle schon ausgeführt, ist die steile Karriere vom Studium zum Frührentner durch das Peter-Prinzip[10] geprägt, nach dem jeder Angehörige einer Hierarchie dazu neigt, bis zur Stufe seiner Unfähigkeit aufzusteigen. Die Selbstheilungskräfte des Unternehmens sorgen dafür, dass unfähige Mitarbeiter dorthin verbannt werden, wo sie den geringsten Schaden für das Unternehmen verursachen können, nämlich auf eine höhere, ggf. bis auf die höchste Managementebene[11].

Zur *Erreichung von Spitzenpositionen* reicht allerdings der Unfähigkeitstrieb allein nicht aus. Steilheit und Endpunkt der Karriere beruhen vor allem auf der Gunst des Vorgesetzten oder höherrangiger Personen. Mit ihrer Hilfe kann die Hierarchie aus einem Idioten ein Genie machen. Eine solche hierarchische Evolution ist nicht auf Unternehmen beschränkt, sondern auch in Parlamenten, Parteien, Kirchen, Gewerkschaften und anderen Institutionen zu beobachten.

---

9 *Sühner,* Von der Strategieholding zu Holdingstrategien, Wiesbaden 2008.

10 *Peter/Hull*, Das Peter-Prinzip, Reinbek, 1970.

11 Man nennt dieses Phänomen „Dilbert Prinzip" (*Scott Adams*, Das Dilbert Prinzip, München 1999, S. 21)

Spitzenkräfte, die den Höhepunkt ihrer Karriere systemgerecht geschafft haben, beanspruchen kraft Amtes politischen Instinkt oder unternehmerische Intuition, d. h. sie können eine Lage in Sekundenschnelle falsch beurteilen. Sie verteidigen ihre Position in der existierenden Managementstruktur mit allen Mitteln.

Ihre Dynamik beweist eine verantwortungsbewusste Spitzenkraft dadurch, dass sie hin und wieder einen untergebenen, aber in der Hierarchie möglichst hoch gestellten Manager feuert. Besonders beliebt sind Manager, deren Fähigkeiten befürchten lassen, dass die Lücke, die sie hinterlassen, sie nicht ersetzen kann. Immerhin werden mit solchen Maßnahmen den jüngeren Führungskräften Aufstiegschancen im Unternehmen demonstriert. Zugleich wird allen Managern bewusst gemacht, dass ihre Position keine durch Leistung absicherbare Pfründe darstellt. Fähige Führungskräfte werden nicht zur Unternehmensspitze, sondern auf die Palme getrieben.

Zur Bewahrung eingesessener Strukturen trägt nicht unerheblich bei, dass man in vielen Unternehmen zum Topmanager erst in einem Alter avanciert, in dem sich Weisheit und Mäßigung ballen. Das Temperament der obersten Führungsgremien ist daher so ausgeglichen, dass sie denselben Fehler wiederholen können, ohne nervös zu werden. Bei Ratlosigkeit werden sie nicht gleich sachlich, wenn es auch emotional geht. Etablierte Spitzenmanager werden ohne Not keine Entscheidungen fällen, wenn deren positive Auswirkungen erst die nachfolgende Führungsgeneration ernten kann.

Management-Development, Peter-Prinzip und Sponsorentum verhindern nicht, dass auch fähige Köpfe in das Topmanagement gelangen, die wegen der begrenzten Zahl der Rangstufen ihre hierarchische Endplatzierung im Unternehmen nicht erreichen können. Das vereinzelte Auftreten fähiger Topmanager hat zur Folge, dass in Ausnahmefällenstrukturbedingte Unternehmenskrisen auch in der Chefetage erkannt werden können.

6. Die Struktur erhaltenden Aufgaben des Topmanagements

Der durch Business Schools und MBA-Kurse vervollkommnete Manager hat gelernt, dass in modernen Unternehmen ein kooperativer Führungsstil angesagt ist, d. h. er muss nicht alle Fehler selbst machen, sondern sollte auch anderen eine Chance geben. Ein gut geschulter Topmanager wird sich auf jene Führungsaufgaben beschränken, die wesentlich zum Strukturerhalt beitragen, d. h., er konzentriert sich auf

- die Pflege seines Images,
- die strategische Unternehmensplanung,
- die tantiemeorientierte Rechnungslegung und auf
- die Zufriedenstellung des Aufsichtsrates bzw. dessen Vorsitzenden.

a) Imagepflege

Image beruht auf der Annahme, dass die Tube wichtiger ist als die Zahnpasta. Für den erfolgssüchtigen Manager ist Image als Parfum der Kompetenz. Ein Topmanager muss nicht immer an sein Image denken, aber wenn er denkt, denkt er an sein Image.

Image muss durch ständige Präsentation hart erarbeitet und mit Hingabe gepflegt werden. Es verwirklicht sich zunächst in der Reflexion der Artgenossen, die (neidvolle) Bewunderung, Anerkennung oder Respekt ausdrücken soll. Vor allem gegenüber prominenten oder übergeordneten Personen, aber auch in der öffentlichern Meinung kommt es hoch gestellten Imageträgern darauf an, als versierte und erfolgreiche Managerpersönlichkeit angesehen zu werden.

Der nach breiter Anerkennung strebende Topmanager wird immer das Image anvisieren, das von ihm situationsbedingt erwartet wird.

Bei kritischer Lage des Unternehmens setzen die Kapitalgeber auf den *knallharten* Manager. Sein Image entspricht dem Solei: beknackt und hartgesotten. Während willensschwache Kollegen Struktur gefährdenden Vorschlägen ihr „Das haben wir immer so gemacht“ entgegenhalten, killt sie der unerbittliche Managertyp mit dem wuchtigen Argument „Das kann ich mir gar nicht vorstellen“.

Ein *unnachgiebiger Manager* irrt nie, denn Irren wäre zu menschlich. Von Kollegen und Untergebenen wird er anfangs bewundert, dann gefürchtet. Am Ende muss er sich fragen lassen, was er als Außenstehender von der Intelligenz hält.

Für den *extrovertierten Manager* ist die größte Sünde, nicht erreichbar zu sein. Er stellt sein I-Phone auch nicht im Flugzeug ab und lässt sich regelmäßig in Flughafenterminals oder First-Class-Lounges ausrufen. Seine Bedeutung unterstreicht er durch die Mitteilungen vertraulicher Interna seines eigenen oder eines anderen Unternehmens, die er vor wildfremdem Publikum, z. B. in Zügen, Bussen oder in gut besuchten Restaurants laut und vernehmlich ausbreitet.

Banker sind berühmt für ihre diesbezügliche Mitteilsamkeit, mit der sie wichtige Kundengesprächen oder Diskussionsbeiträge bei großen Konferenzen einleiten. Ihre beruflich vorgesehene Verschwiegenheit wahren sie dadurch, dass sie nur Andeutungen machen, aus denen der Rest leicht erraten werden kann.

Der *sportliche Managertyp* optimiert den Einsatz selbstbräunender Gesichtscreme. Sein Motto ist: Lieber von Picasso gemalt, als vom Stress gezeichnet. Zu PR-Zwecken lässt er sich nur mit einem Sportgerät abbilden.

Ein *fröhlicher Topmanager* weiß entweder, dass ein anderer für Misserfolge verantwortlich ist, oder kennt noch nicht das Unheil, das bereits hereingebrochen ist.

Der *Finanzchef* eines Unternehmens lebt von dem Image, das kaufmännische Gewissen des Unternehmens zu sein. In vielen Unternehmen ist es ein reines Gewissen, weil es so selten benutzt wird. Bei drohender Überschuldung wird der geniale Finanzchef den Kreditrahmen dadurch erweitern, dass er die Zahl der Bankverbindungen erhöht. Bei guter Ertrags- und Finanzlage vertritt der vorausschauende Finanzmanager die Überzeugung, dass die beste Stellung für das Unternehmen die Rückstellung ist.

b) Unternehmensplanung[12]

Bei der Unternehmensplanung beschränkt sich die Unternehmensspitze auf die *strategische Planung*. Sie fühlt sich dabei durch Manager-Bestseller bestätigt. Die strategische Planung hilft, die kleinen Irrtümer zu vermeiden, während man dem großen Trugschluss entgegen treibt. Sie ist Irrtum auf lange Sicht.

Dennoch dürfen Topmanager die operative Planung nicht völlig übersehen. Im Krisenfall müssen sie damit rechnen, dass höhere Instanzen wie Aufsichtsrat oder Konzernleitung danach fragen. Zur Vorbereitung auf solche extremen Situationen, darf die von subalternen Unternehmensangehörigen erstellte operative Unternehmungsplanung nicht ohne zielorientierte Korrekturen des Topmanagements bleiben. Die wegen einer zu großen Realitätsnähe dilettantisch anmutende Planungsrechnung muss zu einer hoffnungsvollen Unternehmensplanung veredelt werden.

Unternehmensplanungen sind Märchen der Vernunft. Das bevorzugte *Kriterium für ihre Akzeptanz* durch Vorstand und Aufsichtsrat ist die größte annehmbare Unwahrscheinlichkeit (GAU). Während Topmanagement und Aufsichtsrat bis zum Untergang des Unternehmens an der vorlagefähigen Unternehmungsplanung festhalten, ist für die Kompetenzträger im Unternehmen das Vertrauen in die Nichterfüllung der Planung eine verlässliche Grundlage für richtige Entscheidungen. Bei Aufsichtsräten hat sich diese Erkenntnis noch nicht durchgesetzt.

Wer nicht bereits beim Planen versagen will, strukturiert die Planwerte anders als die sonst vergleichbaren Istwerte. Das Absurde der zwangsläufigen *Soll-Ist-Abweichungen* eröffnet einen ausreichenden Interpretationsspielraum, der situations- und empfängerbedingt emotional einleuchtende Erklärungen zulässt. Auf diese Weise fallen strukturbedingte Krisen gutgläubigen Topmanagern, Überwachern und dem Abschlussprüfer nicht auf.

Im Übrigen gilt: Bei Erfolgen und Krisen ist sich jeder Manager selbst der Nächste. Daher nutzt ein Vorstand bei kritischem Zustand mit Anstand jeden Umstand zum Abstand vom Ergebnisrückstand.

---

12 Siehe auch den Beitrag „Die hohe Schule der Unternehmensplanung“.

c) Rechnungslegung

Neben der Planung erschließt die Rechnungslegung dem engagierten Topmanager ein reizvolles Betätigungsfeld. Rechnungslegung ist die immer weiter verfeinerte Methode, in aufwendiger Form wenig über ein Unternehmen auszusagen. Ihre Zwecksetzungen sind: Bestätigung des Vorstandes, Beruhigung des Aufsichtsrates, Tröstung der Kreditgeber und der Aktionäre. Mit anderen Worten: Erhalt der Strukturen.

Erstaunlich sind Energie und Phantasie, mit denen Manager versuchen, die hochgesteckten, aber nicht erreichten Ziele im Jahres- oder Konzernabschluss auszuweisen. Die Engländer haben diese Anstrengungen unter Berufung auf das flexible „True and Fair View“-Konzept als „Accounting for Growth“[13] gewürdigt. Dieses Konzept kommt der Performance-Mentalität der institutionellen Anleger sehr entgegen. Die jüngste Finanzkrise hat gezeigt, dass die ergebnisorientierte Kurzsichtigkeit den Finanzanalysten nicht zur exklusiven Benutzung überlassen ist.

Der weltoffene Rechnungsleger wird sich nicht durch Fakten vom gewünschten Ergebnisausweis abbringen lassen. Etwaige Übereinstimmungen mit der tatsächlichen Lage und Entwicklung des Unternehmens werden mutig in Kauf genommen werden. Einem widerspenstigen Abschlussprüfer muss man entgegenhalten, dass die Abschlussprüfung keine Dopingkontrolle ist.

d) Zufriedenstellung des Aufsichtsrates

Ein sensibles Element für die Erhaltung oder Veränderung der Unternehmensstruktur ist der Aufsichtsrat, die letzte Domäne der Amateure. Der Aufsichtsrat ist daher vom Vorstand mit allem Personal und sonstigen Mitteln durch Respektbezeugung, organisatorische und finanzielle Unterstützung bei Reisen und Unterbringung, noble Beköstigung und dauernde höfliche Betreuung zufrieden zu stellen. Der Aufsichtsrat soll das Gefühl bekommen unentbehrlich zu sein.

---

13 *Smith*. Accounting for Growth, London 1992.

Die Unterrichtung des Aufsichtsrates gehört zu den exklusiven Privilegien des Topmanagements. In Struktur bewahrender Sensibilität mutet der Vorstand dem Aufsichtsrat nur eine begrenzte Aussagekraft und Aktualität der Informationen zu. Unangenehme Nachfragen sollten mit einer zurückgenommenen Zeitnähe und einer eingeschränkten Vergleichbarkeit der Daten ausgebremst werden. Auch eine eindrucksvolle Darstellung künftiger Marktstrategien, die den Aufsichtsrat von den Realitäten ablenkt, kann über schwierige Zeiten hinweghelfen.

7. Schlussbemerkungen

Der Topmanager ist frei bei seinen strategischen Zielsetzungen. Schwierigkeiten ergeben sich nur bei der selbstzerstörerischen Absicht, entsprechende Strategien verwirklichen zu wollen. Strategien lassen sich nämlich nur dann realisieren, wenn sie die bestehenden Strukturen nicht antasten. In der Mitte dieser Strukturen steht der Topmanager und damit echten Reformen im Wege. Dennoch ist der Topmanager unentbehrlich, denn: Es geht nicht oben ohne! Zum Erhalt der Strukturen müssen manche Manager auf die höheren Hierarchiestufen befördert werden, weil sie unten Unheil anrichten würden.

II. Going Concern oder der Konzernierungsdrang

1. Einführung

Obwohl Topmanager alles zuzutrauen ist, darf bezweifelt werden, dass sie schon einmal von dem „*Going-Concern-Prinzip*" gehört haben. Dieser Ausdruck stammt aus dem Bilanzwesen, das sie nur als lästiges, leider notwendiges Instrument zur Berechnung von Tantiemen oder Bonifikationen betrachten. In seiner ursprünglichen Bedeutung heißt „going concern" Forführung des Geschäfts oder Unternehmens.

Wegen ihrer generellen Abneigung gegenüber der Rechnungslegung kommen Topmanager ernsthaft erst bei Verlust- oder anderen kritischen Situationen des Unternehmens darauf zu sprechen. Intuitiv erkennen sie, dass das im Bilanzrecht verankerte Going-Concern-Prinzip als „Grundsatz ewiger Unternehmensfortführung" interpretiert werden muss, damit eingetretene Wertminderungen des betrieblichen Vermögens trotz des geltenden Stichtagsprinzips ergebnisfreundlich über mehrere Jahre verteilt werden können. Spitzenmanager versuchen so, ihren Ruf als erfolgreiche und kompetente Konzern- oder Unternehmensleiter über die beiden nächsten Bilanzstichtage zu retten.

Von solchen lichten Momenten abgesehen, verstehen Spitzenkräfte der Wirtschaft „Going Concern" als ständige Aufforderung zur Konzernbildung. Die latente *Konzernierungspsychose* bricht spätestens dann aus, wenn das Topmanagement die Scheu verliert, die Ertragslage und Zahlungsfähigkeit des Unternehmens nachhaltig zu schmälern. Dann überlegt der Spitzenmanager die Gründung von Tochterunternehmen im Ausland oder den Erwerb anderer Unternehmen. Als professionellster Weg in die Kreditklemme und die Erfolglosigkeit wird der Erwerb von größeren Unternehmen angesehen.

2. Die Diversifixion

a) Aktiv: Erwerb von Unternehmen

Der Eintritt in neue unbekannte Branchen und Märkte ist die schnellste Methode, um ein gesundes Unternehmen in ernste Schwierigkeiten zu bringen. Da von zehn Diversifikationsprojekten kurzfristig nur acht als totales Desaster enden und langristig bestenfalls ein einziges erfolgreich ist, ist der Mut zur Diversifikation ungebrochen. Wegen dieser starken Fixierung erscheint die Bezeichnung „Diversifixion" plastischer[1]. Diversifixion bedeutet, dass sich Unternehmen mit Übernahmen von Unternehmen übernehmen.

Der ruinöse Charme dieser Übernehmungen liegt im Zauber theoretisch möglicher Synergien. Als *positive Synergieeffekte* werden in erster Linie Rationalisierungsmöglichkeiten genannt, die auch dann überschätzt werden, wenn sie nicht das Topmanagement einschließen. Sie beziehen sich auf Kosteneinsparungen durch Zusammenlegung von Funktionen, Unternehmensbereichen und Örtlichkeiten. Im Übrigen werden positive Synergien aus einer Steigerung der Nachfragemacht (kartellrechtlich nicht unbedenklich) und aus der Ballung von Know-how erwartet.

b) Passiv: Abwehr von Übernahmen

Die Übernahme von Unternehmen gehört inzwischen in Deutschland zu den alltäglichen Ereignissen. Von *„feindlichen Übernahmeangeboten"*[2] spricht man dann, wenn der Vorstand des zu übernehmenden Unternehmens um seine Kontinuität oder um die Höhe seiner Abfindungen fürchten muss. Gewinner feindlicher Übernahmen sind gemeinhin Börsenhändler, Finanz- und Rechtsberater, zufällig und äußerst selten die „freien Aktionäre" und fast nie das übernommene Unternehmen. Potentielle Objekte für feindliche Übernahmen sind Unternehmen mit ungenutzten Ertragsquellen, z. B. hohe stille Reserven, große Liquiditätsreserven oder ein im Ruhezustand befindliches Topmanagement.

---

1 *Humbuck,* Das lustorientierte Management – ein hedonistischer Ansatz oder ein religiös fundierter Utilitarismaus? Tübingen 1989; vgl. auch *Buggert,* Was hat Controlling mit Lust-Ethik zu tun, Controller Magazin 1994, S. 15 ff.

2 Die historische Perspektive veranschaulicht *Brechtel,* Vom Hunneneinfall zum feindlichen Take-over, Frankfurt 1989.

Die schon früh empfohlenen *Abwehrmaßnahmen*[3] wie Realisierung der stillen Reserven, Einführung vinkulierter Namensaktien, Stimmrechtsbeschränkungen, Kauf eigener Aktien sowie wechselseitige Beteiligungen mit verlässlichen Unternehmen sind für einen selbstbewussten Vorstand zu simpel. Wesentlich anspruchsvoller ist eine Übersteigerung des unternehmerischen Risikos, zu der jedes Vorstandsmitglied Entscheidendes beitragen kann. Der Erwerb von anderen Unternehmen oder Geschäftsbereichen zu überhöhten Preisen ist ein gangbarer Weg. Als probates Verteidigungsmittel erweist sich auch eine Selbstzerstümmelung durch übereilten Verkauf attraktiver Unternehmensbereiche in Kombination mit verzögerter Abgabe von problematischen Geschäftsfeldern.

Von feindlichen Übernahmeangeboten dünkeln sich jene Topmanager besonders betroffen, die bei sinkenden Unternehmenserträgen vor allem um eine Anhebung ihrer Bezüge und eine Verlängerung ihrer Amtszeit besorgt sind[4]. Wird diesen Wünschen aus falscher Fürsorge nachgegeben, bedeutet das eine starke Motivation des Managements zur Kontinuität glückloser Unternehmensverwaltung.

3. Das Leiden von Konzernen

a) Der Stil

Nach Abschaffung der Gladiatorenkämpfe entwickelte sich als Alternative im Christentum das kaufmännische Topmanagement, das im Konzernmanagement seinen Höhepunkt erreicht hat. Das Konzernmanagement ist nach allgemeiner Auffassung das entscheidende Element eines Konzerns. Juristisch gesehen soll es die Konzernunternehmen einheitlich leiten. Den juristischen Anforderungen an die Konzernführung ist Genüge getan, wenn sich die *einheitliche Leitung* auf Fragen der allgemeinen Geschäftspolitik der

3 Vgl. u. a. *Otto,* Übernahmeversuche bei Aktiengesellschaften und Strategien der Abwehr, DB-Beilage 12/1988.

4 *Dünnemann,* Verdienste sind gut, Bezüge sind ist besser, Barbados 1992; *Duhse,* Der tantiemeabhängige Lustgewinn – Vergütung und Verhütung, Flensburg 1989.

Konzernunternehmen beschränkt, z. B. auf den Erlass einer konzerneinheitlichen Reisekostenordnung.

Zur Organisation der einheitliche Leitung mehrerer Unternehmen sind die Strategie- und die Managementholding besonders beliebt.[5] Sie erlauben der Konzernleitung, eine strategische Führerschaft ohne operative Enge auszuüben. Ihre systemimmanenten Informationsdefizite deckt die Holdingspitze durch taktischen Tiefgang und an Nebensächlichkeiten ausgerichtete Entscheidungsfreude.

Eine fortschrittliche Konzernführung pflegt sich *kooperativ und dezentral* zu geben. Den kooperativen Führungsstil kennzeichnet, dass die Konzernleitung den Konzernunternehmen Ziele vorgibt und diese kooperieren. Dezentrale Führung bedeutet, dass wichtige Entscheidungen fern vom Zentrum des Geschehens getroffen werden.

Idealerweise besteht das Konzernmanagement aus dem imponierenden Konzernchef und seinen von ihm beeindruckten Kollegen. Den selbstbewussten Konzernmanagern stehen die unentbehrlichen Manager der abhängigen Tochterunternehmen gegenüber. Für den guten Konzernerfolg ist allein der *Konzernchef* verantwortlich, der dementsprechend nur in der Ich-Form spricht. Das einzige, was sich ein smarter Konzernchef vorhalten lässt, ist ein Mikrofon.

Die meist aufwendige Haltung von *Kollegen* dient dazu, die für solche Vorhaltungen zweckmäßigen Unterlagen bereitzuhalten. Diese Secundi inter Pares beschäftigen die Manager der abhängigen Unternehmen mit der Beschaffung solcher Akten und halten sie damit vom Geschäft ab.

Die Manager der Tochterunternehmen sehen ihren konstruktiven Beitrag zum Konzernerfolg darin, dass sie sich mit subtilen Mitteln dem Informationsbegehren der Konzernleitung als Eingriff in ihre Geschäftsführung widersetzen.

---

5 Siehe den Beitrag „Hält die Holding, was von ihr zu halten ist?“

b) Die konzerninternen Spannungen

Ohne vertragliche Grundlagen führt die einheitliche Leitung der Konzernunternehmen juristisch gesehen zum *faktischen Konzern* und dann leicht zum „qualifiziert faktischen", in betriebswirtschaftlicher Sicht zum „praktisch malifizierten" Konzern. Diese Konzernart verdankt ihre Existenz dem fanatischen Glauben von Juristen, dass jeder Nicht-Vertragskonzern von Grund auf böse ist[6] und durch Verlustausgleichspflicht oder gar Durchgriffshaftung ausgerottet werden muss.

Diesem Justizmord kann die *Konzernspitze* dann entgehen, wenn sie sich mit einer unzulänglichen Konzernleitung begnügt[7], d. h. ihre Leitungsmacht nur in dem Umfang ausübt, der die Aufstellung eines Konzernabschlusses unter erheblichen Schwierigkeiten gerade noch möglich macht.

Die *Geschäftsführung eines abhängigen Unternehmens* richtet ihr Hauptaugenmerk darauf, dass die Konzernvorteile für das Unternehmen nicht durch persönliche Nachteile in Frage gestellt werden. So ist z. B. erhöhte Wachsamkeit gefordert, wenn die Sitzungstermine für Aufsichtsratsitzungen nicht von der Geschäftsführung, sondern von der Konzernleitung koordiniert werden. Die Problematik dieses Beispiels wird dadurch unterstrichen, dass hier das Ausgleichssystem der §§ 311 ff. Aktiengesetz versagt.

Das *natürliche Spannungsverhältnis* zwischen Konzernleitung und Management der Tochterunternehmen hängt, was Konzernrechtler nicht gern wahrhaben wollen, nur in Ausnahmefällen mit divergierenden Unternehmensinteressen zusammen[8]. In der Regel liegt die Verspannung einfach darin, dass zumindest eine Partei durch ihre ureigenen Aufgaben schlicht überfordert ist, aber jede Partei davon ausgeht, dass dies bei der anderen der Fall ist. Problematisch wird es, wenn jede Partei ihre Behauptung unter Beweis stellen will.

---

6 Siehe u.a. *Emmerich/Sonnenschein,* Konzernrecht, 3. Auflage, München 1989.

7 *Semmelhoff,* Der lockere Konzern mit freier Hand der Untergesellschaft als Folge des gesetzlichen Haftungssystems, Festschrift für Malte Gallenstein, Köln 1989, S. 264-305.

8 *von Gleichen.* Die konstitutionell bedingte Abneigung von Konzernunternehmen, 3. Auflage, München 2007.

Wenn die galaktische Attitüde des Konzernmanagements durch die globale Dominanz der Manager der Konzernunternehmen überstrahlt wird[9], werden die vielfach beschworenen vorteilhaften Konzernsynergien schnell absorbiert. Die Manager der Tochterunternehmen wissen stets, auf welchen Fehlern die von der Konzernleitung vorgegebenen Zielsetzungen beruhen. Nur sie begreifen die Markt-, Wetter- und sonstigen Widrigkeiten, die das von ihnen beeinflussbare Ergebnis mit konstanter Vehemenz beeinträchtigen, während die Resultate der Konkurrenz durch kontinuierliche Imponderabilien offenbar begünstigt werden. Sie sind die unermüdlichen Mahner, dass man das strategische Management nicht übertreiben darf.[10]

Auf der anderen Seite bemängeln die Konzernmanager die mangelhafte Übersicht und die lokale Engstirnigkeit der Geschäftsführer der Tochterunternehmen. Sie versuchen mit ebenso regelmäßigen wie aufwendigen Konzerntagungen, ihre übergeordnete Bedeutung den untergeordneten „Kollegen" beizubringen.

c) Die postakquisitorische Phase

Die sich an die Akquisition eines Unternehmens anschließende Integrationsphase gestaltet sich oft schwieriger als die Akquisition selbst, weil sie durch folgende Maßnahmen des Erwerbers verdorben wird:

- konzernweite Durchsetzung der Managementerfahrungen des Mutterunternehmen, d. h. Anwendung bewährter Fehler in allen Konzernbereichen;
- konzerneinheitliche Ausrichtung des Planungs- und Informationswesens[11], d. h. zusätzliche Formulare und Dateien neben den vorhandenen und zweckmäßigen, aber eben unvollkommenen Statistiken und Berichten;
- Besetzung von Schlüsselpositionen mit eigenen Vertrauensleuten[12], d. h. Organimplantation, die als Fremdkörper entweder eingekapselt oder abgestoßen wird;

---

9 *Sprottenkopf,* Stil und Hofhaltung in Handel und Gewerbe, Wiesbaden 1987.

10 *Von Moltke,* Strategie - ein System von Notbehelfen, Berlin 1885.

11 *Wetterbraus,* Mess- und Regeltechnik moderner Konzernführung, 3. Auflage, Köln 2007.

12 Bevorzugt werden Verwandte des Konzernvorstands, doch sollte man Verwandte 3. Grades vermeiden, um nicht den Vorwurf der Vetternwirtschaft zu riskieren.

- Zentralisierung von Stabsabteilungen, wobei von den operativen Tochterunternehmen insbesondere Marktanalysen und Marketingempfehlungen einer strategisch denkenden Holding-Zentrale geschätzt werden;
- Einheitliche Rechnungslegung, d. h. Wechsel der Bilanzpolitik und des Abschlussprüfers sowie umständliche Richtlinien und enge Termine;
- Konzerntagungen, Management-Development-Systeme und ähnliche Rituale, um die Narben der Konzernzugehörigkeit zu pflegen ;
- Fixierung und jährliche Erhöhung von Konzernumlagen, um das Konzernmanagement und seine Eskapaden zu finanzieren[13].

4. Konze(r)ntration in der Wirtschaftsprüfung

a) Der Nachahmungstrieb der Wirtschaftsprüfer

Im Rahmen eines vom „Institut für absonderliche Curiositäten" (IFAC) geförderten Forschungsprojektes unter dem unverfänglichen Kennwort „Vision 2010" ist der Nachahmungstrieb der Wirtschaftsprüfer eingehend erforscht worden. Die in Berufskreisen allgemein verbreitete Kopierkunst bei der Erstellung des Prüfungsberichtes[14] und die aufrechte Ganghaltung der Wirtschaftsprüfer ließen bereits vermuten, dass der Nachahmungstrieb bei dieser Berufsgruppe stark ausgeprägt ist. Zusätzliche Indizien für den Imitationsdrang des Wirtschaftsprüfers sind: WP-Gesellschaften fusionieren wie gemeine Industrie- und Handelsunternehmen, Abschlussprüfer werden verhaftet wie ausgeflippte Devisenhändler und Berufsangehörige ergötzen sich an unernsten Fachaufsätzen wie ein gewöhnliches Publikum an lasterhaften Texten eines Liedermachers.

Da der Nachahmungstrieb zugleich eine Lernfähigkeit ausdrückt, ist er grundsätzlich positiv zu beurteilen[15]. Daher sollte auch untersucht werden, ob in jedem Wirtschaftsprüfer neben der Imitatkraft auch die Potentialkraft

---

13 *Bock-Gaertner*, Gruppale Effekte im faktischen Konzern, ZKR 1989, S. 121-189.

14 Siehe dazu den Beitrag „Der Prüfungsbericht als sprachliches Kunstwerk".

15 *Grauganz*, Der Nachahmungstrieb als treibender Faktor der Evolution, Greifswald 1997.

zu eigenständigen Verwicklungen schlummert. Es gibt deutliche Anzeichen, dass der Berufsstand der Wirtschaftsprüfer ähnliche Entwicklungen durchmacht, wie sie andere Branchen bereits vorweggenommen haben.

b) Der Hang des WP zur Größe

Der Nachahmungstrieb hat dem ursprünglich rein mental angelegten Größenwahn der Wirtschaftsprüfer eine neue Dimension gegeben. Was für Industrie- und Handelsunternehmen rechtlich bedenklich und teuer ist, nämlich durch *Akquisition oder Fusion* Marktführerschaft und theoretisch Wirtschaftlichkeit der Betriebsgröße zu sichern, muss den Wirtschaftsprüfern und WP-Gesellschaften recht und billig erscheinen. Wer als WP nicht in der Provinzialität vereinsamen will, schließt sich mit anderen Sozietäten oder WP-Gesellschaften zusammen, bis endlich über Treuhand, Treuhand-Vereinigung, Treuarbeit und Treuverkehr die Treueinigkeit[16] erreicht ist. Der ungeheure Fortschritt zeigt sich darin, dass die „Big Eight" der WP-Gesellschaften heute zu den „Big Four" zusammengeschmolzen sind.

Als Frühfolge des anhaltenden Konzentrationsprozesses konnte eine wesentlich *verbesserte Redundanz der Vorstandsmitglieder* von WP-Gesellschaften diagnostiziert werden. In besonders günstigen Fällen stehen bereits je Mandant zwei Vorstandsmitglieder zur Disposition[17]. Die bei Fusionen unvermeidliche Erweiterung des Vorstandes lässt sich mit der betriebswirtschaftlichen Maxime der vertretbaren Leitungsspanne begründen[18]. Ein Vorstandsmitglied sollte nicht mehr als sechs Partner betreuen.

Respektable WP-Gesellschaften besitzen darüber hinaus eine Mindestausstattung von 6 weiteren Vorstandsmitgliedern, um die unentbehrlichen Ressorts wie

1. IFRS-Rechnungslegung,
2. Kontakte zu Standardsetzern, IDW u. a.,
3. Internationale Kooperation, Kongress- und Verbandswesen,

---

16 *Mullenkopp,* Die eilige Treueinigkeit, Band 1: Der Aufbruch, Köln 1988; Band 2: Der Fortgang, Köln 2008.

17 *Buddel/Klemmt,* Die siamesische Patentlösung, München 1989, insbesondere Abschnitt IV.

18 *Bratengeier,* Die angespannte Leitungsspanne als Organisationsprinzip, Stuttgart *1989*.

4. Reisedienst und Fuhrpark,
5. Berufsrecht und Haftpflicht, sowie
6. Publikationen

abdecken zu können. Um eine unnötige Aufblähung des Vorstandsgremiums zu vermeiden, können die weniger wichtigen Aufgabenbereiche „Prüfungswesen, betriebswirtschaftliche Gutachten, Steuerberatung und Fortbildung“ der nächsten Führungsebene überlassen werden.

Die Tatsache, dass 100 % der Wirtschaftsprüfer ihren eigenen Kopf haben, verbietet es, bei dem generellen Expansionsdrang von einem Herdentrieb zu sprechen. Da Wirtschaftsprüfer zu einsamen Auffassungen neigen, könnten hier eher Anzeichen eines eigensinnigen strategischen Managements vermutet werden. Für die Konzentrationswelle der WP-Gesellschaften werden mit „Globalisierung“ und „Full Service“ durchschlagende Gründe geltend gemacht[19].

Die *Globalisierung* soll verhindern, dass der Mandant im Ausland dem einnehmenden Wesen seines einheimischen Abschlussprüfers entkommen kann. Die früher üblichen internationalen Korrespondenzfirmen erwiesen sich als unzweckmäßig, weil sie bei Bilanz- und Honoraransätzen zu eigenständigen Wertvorstellungen neigten.

Die Globalisierung stimuliert außerdem die unterentwickelte Weltgewandtheit der Wirtschaftsprüfer. Bezeichnenderweise konnten im Rahmen der erwähnten Untersuchung erstmals Golf spielende Berufsanhänger in freier Natur und Flanellhosen beobachtet werden, die sich in Begleitung potentieller Mandanten trotz beachtlichen Handikaps bis zum 18. Loch durchgeschlagen hatten.

„*Full Service*“ zielt auf ein All-Bilanzkonzept der Wirtschaftsprüfer analog zum All-Finanzkonzept der Banken und Versicherungen. Während das All-Finanzkonzept kläglich gescheitert ist, ist das All-Bilanzkonzept dank der Bescheidenheit ihrer Vertreter noch im Schwange. Mit dem Zusatz „All“

---

19 Siehe dazu *Sesselfurz,* Die Worthülse als Gerüst erfolgreicher Unternehmensführung, Beiträge zum Management (Lose-Blatt-Sammlung), Freiburg 2006.

sollen keine Allerweltstätigkeiten angesprochen werden. Gemeint sind vielmehr Bilanzierung und Bewertung nach allen möglichen Normen sowie Beratung in allen weltlichen Angelegenheiten. Darüber hinaus sollen auch durch eigene Kenntnisse unbelastete Dienstleistungsangebote eingeschlossen sein.

Es ist damit zurzeit auch nicht beabsichtigt, exterrestrische Bereiche einzubeziehen, da angesichts der dort herrschenden Schwerelosigkeit das fachliche Gewicht der Wirtschaftsprüfer wenig Wirkung entfalten würde.

III. Hält die Holding, was von ihr zu halten ist?

1. Problemstellung

Der modische Trend avantgardistischer Unternehmensstrategen zielt hinsichtlich moderner Organisationsformen unbeirrt auf die Holdinggesellschaft (nachfolgend kurz „Holding“ genannt). Sie wird von agilen Beratern als Patentlösung empfohlen, um mit der zunehmenden Dynamik der Umwelt fertig zu werden.[1] Viele Unternehmen haben sich in den letzten Jahrzehnten der Holdingstruktur ergeben. Die Holding ist zum Inbegriff moderner Konzernführung geworden.

Die hohen Erwartungen einerseits, die Hochschullehrer, Unternehmensberater, Konzernstrategen und andere Theoretiker an die Holdingkonzeption knüpfen, und die Zweifel oder Frustrationen vieler Praktiker andererseits sind darauf zurückzuführen, dass man sich bisher nicht intensiv genug mit dem Ursprung und dem Wesen der Holding auseinandergesetzt hat.

2. Ursprung und Wesen der Holding

Der Ursprung des Begriffes „Holding“ ist bisher ungenügend erforscht worden. Er ist daher vage und fragwürdigen Spekulationen ausgeliefert. Erst in jüngster Zeit konnte ein interdisziplinäres Forschungsprojekt über Herkunft und Sinngehalt des Begriffes „Holding“ abgeschlossen werden, das endlich Klarheit in den dunklen Sprachgebrauch bringen kann. Mit hohen For-

---

1 „A holding company is the wave of the future“. Global Finance. November 1991, S. 85. Siehe auch *Bühner*, ZfO 1990, S. 299-308.

schungsaufwendungen konnten Sprach-, Geschichts- und Wirtschaftswissenschaftler in gemeinsamer Anstrengung nachweisen, dass der Begriff „Holding“ – entgegen landläufiger Meinung, die einen englischen Ursprung vermutet – dem deutschen Sprachschatz entlehnt worden ist.[2] Lediglich hinsichtlich des Bedeutungsinhaltes sind noch unterschiedliche Auffassungen verblieben.

Die *Germanisten* führen den Begriff „Holding“ auf das mittelhochdeutsche „hold“ zurück, das u. a. in „Holda“ und „Frau Holle“ steckt.[3] Frau Holle ist ursprünglich die Führerin einer primitiven Geisterschar, die sich dann zur dämonischen Einzelpersönlichkeit und weiter zum bald freundlichen, bald strafenden Jenseits-Wesen entwickelte.[4] Die Parallelen zur Entwicklung der Holding bleiben dem Kenner der Holdingpraxis nicht verborgen. Holding heißt also in freier Übersetzung „Kopf(kissen) schüttelnde jenseitige Führung, die sich gern aus dem Fenster lehnt“ – nach Expertenmeinung eine zutreffende Beschreibung der real existierenden Holding.

In diesem Zusammenhang beweist sich auch der symbolhafte Wahrheitsgehalt unserer Volksmärchen. Das Märchen von Frau Holle[5] macht in eindringlicher Form deutlich, dass Töchter, die der Frau Holle, in Realität also der Holding, fleißig dienen und beherzt heiße Sachen anfassen (im Märchen die brennenden Brote im Ofen), mit Gold überschüttet werden. Jene Töchter aber, die arrogant sind und die Holding nicht als der Weisheit letzter Schluss akzeptieren, werden vom Pech verfolgt oder gar verstoßen.

Die *Historiker*[6] verweisen auf die Verwendung des Begriffes im frühen Mittelalter und belegen damit ebenfalls den deutschsprachigen Ursprung des Holding-Begriffes. Die Wahl zum deutschen König war für den Gewählten

---

2 *Kaiser/Lüthi*, Holding oder Hohlding?, Forschungsbericht 1357/9 1 zur Erforschung und Deutung des modernen Sprachschatzes. Ergänzend *Reis-Wolff*, Wirtschaftswissenschaftliche Anmerkungen zum Forschungsbericht 1357/91.

3 *Mackensen*, Percht, Holda, Holding, Ibbenbüren 1986.

4 *Brockhaus*, Enzyklopädie Band 10, Wiesbaden 1989, S. 188. Der Freudenruf „Holdrio“, der namentlich in den Alpenländern verbreitet ist, ist offenbar aus dem·Dank für die holden (= guten) Gaben der Frau Holle entstanden.

5 *Brüder Grimm*, Frau Holle, Volksmärchen, nacherzählt von Oma Hakelmacher, Föhr 1991.

6 *Heinrichsen*, Die historische Entwicklung der Holding seit Otto I., Dissertation Frankfurt 1991.

„ein hold Ding“[7], weil das Amt zwar keine materiellen Rechte (potestas), wohl aber einen Vorrang an Würde und Hoheit (auctoritas) verlieh. Materielle Rechte hatten die gewählten Könige nur durch ihre Hausmacht, die jedoch von den Landesfürsten immer wieder in Frage gestellt und begrenzt wurde.[8] Eine verblüffende Übereinstimmung mit dem Herrschaftsgefühl des Holding-Managers. Holding bedeutet demnach „Hochwürdigkeit ohne Macht“.

Eine hochqualifizierte Minderheit von *Wirtschaftswissenschaftlern* sieht sich aufgrund empirischer Studien in der Ansicht bestätigt, dass der Begriff orthographisch richtig als „Hohlding“ zu schreiben wäre, weil er „einen auf tönernen Füßen stehenden Führungsanspruch“ beschreibt. Seit der 13. Gesamtschulreform von Nordrhein-Westfalen[9] würde das phonetisch überflüssige Dehnungs-H allgemein weggelassen[10], so dass die Schreibweise „Holding“ selbst im Abitur nicht zu beanstanden sei.

Dagegen behauptet die anglo-amerikanisch beeinflusste Betriebswirtschaftslehre in professionellem Trotz, dass der Begriff aus dem englischen „to hold“ (= (fest-)halten, nicht fallen lassen) abgeleitet wurde.[11] „Holding“ bedeutet danach lediglich das Halten von Beteiligungen an anderen Unternehmen. Die zahlenmäßig überlegenen Anhänger der anglo-amerikanischen Etymologie gestehen allenfalls zu, dass „Holding“ auch mit „Haltung“ interpretiert werden kann, weil viele eine solche bewahren, wenn in nicht so seltenen Extremsituationen die Holdingorganisation in einem Scherbenhaufen endet.[12]

---

7 *Puhvogel*, Die Königswahl im frühen und mittleren Mittelalter, Tübingen 1981, S. 17. *Heinrichsen*, Die historische Entwicklung der Holding seit Otto I., Dissertation Frankfurt 1991.

8 *Boockmann*, Das Reich im Mittelalter in: Deutsche Geschichte, Berlin 1984, S. 86 ff.

9 Selbst diese Schulreform konnte nicht verhindern, daß die Kinder etwas lernen bzw. gelernt haben.

10 *Schmitz*, Ortogravie unt Zeichensätzunk als Hinterniss der Schangsengleichheid, Düsseldorf 1987.

11 *Shocking*, To hold or not to hold – The Empire of British Holding Companies since 1858, Oxford 1987.

12 So schon *Mattes-Scheibe*, Die Folgen der Holding für Gemeinwirtschaft, Frankfurt 1982. *Brown*: „The whole problem was a hole problem“ UNS-Holding, Washington 1982, S. 197.

Der nunmehr nachgewiesene deutsche Sprachursprung des Begriffes „Holding“ führt zu neuartigen betriebswirtschaftlichen Erklärungsmodellen, mit denen sich das Phänomen der Holding wirklichkeitsnäher erläutern und wissenschaftlich logischer und vollständiger untermauern lässt.

3. Die Holding in Theorie und Praxis

a) Holdingarten

Die Betriebswirtschaftslehre kennt in der für sie typischen Streubreite der Begriffe zahlreiche Holdingarten. Sie spricht z. B. von Beteiligungs-, Regional-, Landes-, Funktions-, Zwischen-, Auslands-, Führungs-, Verwaltungs-, Familien-, Branchen-, Dach- und Mega-Holdings, die sowohl rein wie gemischt auftreten können.[13] Nach Maßgabe des Holdingzwecks lässt sich die Vielfalt auf drei Arten von Holdings reduzieren. Man unterscheidet:

- Finanzholding,
- Strategieholding,
- Managementholing

Die *Finanzholding* hält lediglich Beteiligungen an anderen Unternehmen und große Stücke auf sich selbst. Ihre aktive Tätigkeit beschränkt sich auf die Ausübung der gesetzlichen oder satzungsmäßigen Gesellschafterrechte bei den Tochterunternehmen sowie auf die Verbuchung der Beteiligungsverluste oder Dividenden. Der publizitätsscheue Höhlen- und Hohldingforscher *Jens-Olaf Diepenbagger* bezeichnet die Finanzholding wegen ihrer Enthaltsamkeit gegenüber den Tochterunternehmen als „Entsagende Holding“[14]. Präziser definiert *Marcus Lümmler* unter Verwendung der etymologischen Abteilung die Finanzholding als „ein durch Beteiligungen ausgehöhltes Finanzgebäude“[15].

---

13 Vgl. *Theisen,* Der Konzern, Stuttgart 1991, S. 51 ff.

14 In dieser Art beschreibt er das konzernleitende Stammhaus als „Unholding“. Siehe *Diepenbagger.* Die Holding in allen Not- und Schieflagen, Passau 2008

15 Die Hohlräume in den Konzernstrukturen, Leipzig 2006, S. 151.

Die Finanzholding ist die Passiv- oder Leideform der Holding. Ihr Gedeihen ist der Geschäftsentwicklung der Tochterunternehmen ziemlich hilflos ausgesetzt, was sich für die Beteiligten unter glücklichen Umständen als Segen, in der Regel aber als Existenzbedrohung auswirkt. In dieser fatalistischen Ausprägung kommt die Holding der immer noch präferenzierten angloamerikanischen Sprachquelle im tragischen Sinn von „Haltung bewahren“ oder „Stillhalten“ am nächsten.

Die *Strategieholding* ist die rechtliche Verselbständigung der operativen Windstille, die in den Chefetagen größerer Unternehmen herrscht. Sie verdankt ihre attraktive Bezeichnung dem Umstand, dass sich ihre geschäftliche Tätigkeit in der strategischen Unternehmens- und Konzernplanung erschöpft.[16] Der kaum zu überschätzende Vorteil der Strategieholding liegt darin, dass die strategischen Ambitionen ihrer Führung nicht die operativen Betriebsabläufe stören und somit die Existenz der Tochterunternehmen nicht unmittelbar gefährden.

Dennoch ist auch die Strategieholding problembehaftet, nämlich dann, wenn ihre Aufwendungen die Beteiligungserträge nachhaltig übersteigen. Wenn auch noch die Zahlungseingänge nachhaltig hinter den Auszahlungen zurückbleiben, spricht man vom „Crashflow"[17]. Die Strategieholding gerät leicht in einen kritischen Zustand, wenn der triebhafte Wille ihres Managements und die Chance zum Beteiligungserwerb unerwartet aufeinandertreffen und trotz fehlender Kapitalausstattung die zuvor effektvoll publizierten strategischen Ziele der Holding mit den Erwerbsgelegenheiten in Einklang gebracht werden.

Von einer *Managementholding* spricht man, wenn die gewöhnliche Windstille der Chefetage der Holding durch Böen ehrgeiziger Holdingmanager erschüttert wird. Diese Winderzeugung soll den Tochterunternehmen, die ihre Ohren gern auf Durchzug stellen, die Konzernzugehörigkeit eindringlich bewusst machen. Damit wird der strategische Tiefgang der Holding ergänzt durch operative *Geduldsproben für die Tochterunternehmen*. Erst mit der Managementholding wird die Verwirrung im Konzern komplett, denn ihre

[16] Zu den theoretischen Ansätzen siehe *Bühner*, Management-Holding, DBW 1987, S. 40-49.

[17] *Hakelmacher*, Das vergessene Crashflow-Statement als Ursache der Insolvenzverschleppung, Hamburg 2009.

Beweggründe werden allenfalls von Holding-Angehörigen verstanden. Es verwundert daher nicht, wenn die meisten Tochterunternehmen jeden Informationswunsch der Holding als störende Einflussnahme ansehen.

Diese bedenkliche Gemütskrankheit der Holdingtöchter wurde leichtfertig von Konzernjuristen gefördert, die wider die Sünde des faktischen Konzerns zu Felde zogen und ständig das Unheil des qualifizierten faktischen Konzerns predigten.[18] Vom faktischen Konzern spricht man, wenn die rechtliche Eigenständigkeit der Konzernunternehmen faktisch ignoriert und der Konzern ohne vertragliche Absicherung und Skrupel von der Holding einheitlich geleitet wird.

Eine solche bedauerliche Fehlentwicklung ist angesichts der etymologischen Abteilung des Holding-Begriffes schlicht auf mangelndes Sprachbewusstsein zurückzuführen. Auch die Managementholding ist im Regelfall harmlos. Sie ist der verzweifelte Versuch, die Zentrifugalkräfte einer dezentralen Führungsstruktur zu bändigen.[19] Damit wird der Holdingkonzern zum organisierten Wettlauf zwischen der einsamen Spitze visionärer Strategen und den Ballungszentren mittelmäßiger Entscheidungen bei den Tochterunternehmen.

b) Die Werkzeuge der Holding

Die wichtigste Insignie der Holding ist ihr Geschäftsführungsorgan, das unter der Bezeichnung „Vorstand“[20] seinen Autoritätsanspruch dokumentiert. Der Vorsitzende des Holdingvorstands darf den Titel „Konzernchef“ führen.[21] Ihm gebühren die höchsten Repräsentationsrechte und -spesen. Der ideale Konzernchef kümmert sich nur um übergeordnete Angelegenheiten wie das Erscheinungsbild des Konzerns auf Schriftstücken und anderen Werbeträgern oder wie die hierarchische Abstufung der Dienstwagen im Konzern.

---

18 Z. B. *Emmerich/Sonnenschein,* Konzernrecht, 3. Auflage, München 1989, § 18. Inzwischen hat sich die Aufregung gelegt; siehe *Emmerich/Habersack*, Aktien- und GmbH-Konzernrecht, 4. Auflage, München 2005, § 311 und Anhang § 318, Tz. 3.

19 *Düsterbruch,* Die Konzernleitung auf der Suche nach Spitzenleistungen, Berlin 2008.

20 „Vorstand“ und „Verstand“ unterscheiden sich nur durch einen einzigen Buchstaben – doch dazwischen können Welten liegen.

21 Bei großen Konzernen, die häufig in die Schlagzeilen geraten, tritt die Bezeichnung „Chef“ in Verbindung mit dem Firmennamen anstelle des Vornamens, z. B. „Bahnchef Mehdorn“, „Postchef Zumwinckel“ oder „Deutsche-Bank- Chef Ackermann“.

11,3 % aller Topmanager rechnen damit, ihre Karriere durch einen Vorstandsposten bei einer Konzern leidenden Holding zu krönen. Weitere 67,8 % haben den geheimen Wunsch, Vorstand einer solchen Holding zu werden.[22] Die Faszination der Holdingspitze erklärt sich hauptsächlich daraus, dass der am höchsten besoldete Manager als der qualifizierteste gilt. und daher am besten bezahlt wird. Da jeder Topmanager dem Streben nach höherer Inkompetenz verfallen ist, selbst wenn er die hierarchische Endplatzierung erreicht hat, kann auch die Holdingspitze mit unfähigen Topmanagern besetzt werden.

Ein aktiver Holdingvorstand übt seine Herrschaft wie die deutschen Kaiser im Umherziehen aus. Was im Mittelalter die Königspfalzen waren, sind heute die Sitze der Tochterunternehmen; der Pomp ist der gleiche geblieben. Entsprechend der germanistisch-historischen Sinndeutung des Begriffes „Holding" glänzt jede Holding durch ihren Hofstaat, der im modernen Sprachgebrauch mit „Zentralbereich" bezeichnet wird und in „Zentralabteilungen" gegliedert ist.

Machtanspruch und Tüchtigkeit des Holding-Vorstandes ergeben sich aus Anzahl, Personalstärke und Output der Zentralabteilungen. Generell tragen sie mit hoher strategischer Anmutung und auch sonst nur mäßig zum Konzernerfolg bei. Als unentbehrlich haben sich die folgenden Holdingämter erwiesen, deren Wesensgehalt hier nur dramatisch verkürzt wiedergegeben werden kann.

Die namentlich Strategie- und Managementholdings schmückende *Zentralabteilung „Strategische Planung"* zerbricht sich die strategischen Köpfe der Tochterunternehmen, definiert auf der Basis umfangreichen Literaturstudiums strategische Geschäftsfelder für den Konzern und ist Auftraggeber für schubladenfertige Markt- und Projektstudien zur Durchführung strategischer Manöver. Sie ist das Hauptopfer der verbreiteten Beratungsgier[23] großer Holdings, die die Lebensgrundlage für viele Unternehmensberater darstellt. Die große Stunde schlägt für diesen Brain-Trust bei akutem Diversifikationsdrang der Holding.

---

22 Der Boss als Mensch, in Empirische Studien zur Führungspsychologie, Harzburg 1987.

23 *Kalkfuss*, Symptome der Aviditas consultationis, Marburg 1969.

Als ebenso unverzichtbar erweist sich eine permanente Öffentlichkeitsarbeit zur Imagepflege für Holding und Konzern, so dass sich jede Holding von Format eine *Zentralabteilung „Public Relations*“ leistet. Da sich Konzerndaten viel zu selten für positive Signale eignen, konzentriert sich die PR-Tätigkeit häufig auf die musischen oder sportlichen Qualitäten des Holding- oder Konzernchefs. Relativ erfolgreich sind Holdings mit fotogenen Konzernchefs, deren regelmäßig publiziertes Konterfei in einschlägigen Gazetten Damen jeglichen Geschlechts zur erotischen Raserei treibt.[24]

In wohl etablierten Holdings ist eine *„zentrale „Rechtsabteilung*“ zur Lähmung des Managements unabwendbar. Der Justitiar der Holding begleitet als Chefbedenkenträger jeden Schritt der Konzernleitung, lässt Gutachten zur rechtlichen Irrelevanz der Konzernleitung anfertigen und erarbeitet Entlastungspapiere für den Holdingchef, wenn dieser irgendeine Verantwortung übernehmen soll. Er protokolliert die spärlichen Entschlüsse von Holdingvorstand und Aufsichtsrat in juristisch unbedenklicher Form.

Das ebenfalls als unvermeidlich eingestufte *„Konzern-Controlling*“ wird am besten als behinderte Kontrolle der Konzernunternehmen mit systemimmanentem Informationsdefizit charakterisiert. Es wird mit zunehmender Konzerndauer bis zur Unwesentlichkeit immer weiter verfeinert. Die große Wertschätzung für den Konzern-Controller beruht auf dem aristokratischen C im Begriff „Controlling“, weil es mit „Contenance“ und „Couture“ assoziiert wird. Der Controller hat erstere zu bewahren, wenn ihm die Tochterunternehmen unvollständige, zumindest aber unübersichtliche oder unheilverkündende Informationen gnädig und verspätet überlassen. Seine eigentliche Aufgabe gleicht der des Couturiers: Er muss aus unzulänglichen Materialien elegante und passende Managementberichte schneidern.

In reifen konzernleidenden Holdings ist zur Konzernüberwachung zusätzlich die *„Konzernrevision*“ als mobile Eingreiftruppe angesiedelt. Diese durch Überlebenstraining abgehärtete Elite soll durch Beunruhigung der operativ tätigen Mitarbeiter den Holdingsvorstand und seinen Aufsichtsrat beruhigen. Im Übrigen arbeitet eine moderne Konzernrevision als interne Unternehmensberatung: störend, aber mit zum Teil beachtlichen Zufallstreffern.

---

24 *Gordon*, The Man of Sexcellence, London 1991, S. 6.

Das *Konzern-Finanzwesen* kann von einem durchsetzungsstarken Finanzchef der Holding zur mächtigsten Holdingabteilung ausgebaut werden. Es beginnt damit, dass die Holding mit aufreizender Selbstverständlichkeit das Konzernmonopol für alle *Kontakte zu Kreditinstituten* beansprucht. Begründet wird dies durch die Vorteile, die sich aus der Bündelung der Kreditnachfrage und der Finanz- und Geldanlage ergeben können.

Besonders attraktiv ist ein *zentrales Cashmanagement*, mit dessen Hilfe die Holding alle flüssigen Mittel aus den Tochterunternehmen abzieht, um waghalsige Diversifikationsprojekte finanzieren und aus Berechnung oder Gnade den Geldbedarf geliebter Töchter decken zu können. Ehemals höchst liquide Töchter, die bei einem Bittgang leer ausgehen und dadurch Verluste erleiden, werden damit getröstet, dass ihr Geld nicht weg sei, es habe nur ein anderes Unternehmen.

Solche Banalitäten vermögen profilneurotische Tochterunternehmen nicht zu überzeugen, selbst dann nicht, wenn die zentrale Finanzwirtschaft der Holding erfolgsumwittert und energisch als „Corporate Finance“ firmiert.

Konzernabschlussprüfer bestätigen auf Anfrage bereitwillig, dass es sachdienlich ist, wenn die *Konzernrechnungslegung* durch eine zentrale Fachabteilung der Holding erledigt wird. Daher haben selbst eigenwillige Tochterunternehmen eine Zentralabteilung „Bilanzwesen und Konzernrechnungslegung“ zähneknirschend akzeptiert. Die dem gesunden Menschenverstand schwer zugänglichen Jahres- und Konzernabschlüsse gelten allgemein als unentbehrlich zur Disziplinierung der Aktionäre oder Gesellschafter, wobei Konzernabschlüsse in besonders hohem Maße zu irritieren vermögen, weil sie die Ungereimtheiten der Einzelabschlüsse potenzieren.

c) Holdings in der Praxis

Holdings entstehen aus vielen Gründen, z. B. aus Nachahmungstrieb, Naivität oder Zufall, um nur die ehrlichsten zu nennen. Praxis und einschlägige Literatur sprechen hauptsächlich von mehr Flexibilität und Synergiegewinnung. Die Befreiung von rechtlichen und branchenmäßigen Restriktionen gibt der Holding einen größeren Entscheidungsspielraum. Die größte Verlockung für Holdingkonzerne wird jedoch in den unermesslichen *Synergiemöglichkeiten* gesehen.

Synergie bedeutet den nicht ausrottbaren Verdacht, dass 1 + 1 wirtschaftlich mehr als + 1 ergibt. Holdingprotagonisten gehen in ihrer Annahme sogar so weit, dass in Konzernen 1 + 1 mehr als + 2 ausmacht. Ihre komplizierten Experimente lassen sich in der Zielvorstellung vereinfacht so beschreiben: Legt man einen guten und einen faulen Apfel zusammen, so erhält man mindestens die doppelte Menge gesundes Obst. Bei diesen Versuchen siegt immer wieder die Neugierde über die Erfahrung.

Wie andere wirtschaftliche Zusammenhänge wird auch die Holding von tonangebenden Gewerkschaftlern nicht verstanden. Der teure Ausflug in die Gemeinwirtschaft lässt zumindest vermuten, dass die Gewerkschaftsholding GBAG als ein „Ding“ betrachtet wurde, bei dem es nur was zu „holen“ gibt. Die „Hol-Ding“ wäre demnach ein Selbstbedienungsladen. Diese Auslegung entspricht zwar den Neidlinien sozialistischer Politik, ist aber nach den jüngsten Erkenntnissen schon sprachlich eine verhängnisvolle Missdeutung. Die GBAG lässt sich dem Typ nach als „Hohlding“ einstufen.

Als praktisches *Beispiel* für den Typus „Hold Ding“ sei die Sovereign Holding Inc., Texas (SHIT) erwähnt, die als Strategieholding konzipiert ist. Zu ihren hoffnungsvollsten Tochterunternehmen gehört das große Warenhausunternehmen Stockpiler & Co., Dover/Delaware. Die hoch dotierten Strategen von SHIT haben für dieses Tochterunternehmen, aufwendig unterstützt von der Boss Consulting Group, eine als bahnbrechend einzustufende Strategie erarbeitet, die unter dem neuartigen Motto „Der Kunde ist König“ zu gewaltigen Umsatz- und Gewinnsteigerungen führen sollte.

Das Management von Stockpiler widersetzte sich der Realisierung mit dem durchschlagenden Argument „Wir sind nicht für Monarchie“. Das traditionelle Konzept von Stockpiler „Wir wissen, was der Kunde braucht“ und eine hartnäckige Standortexpansion führten nicht nur zu einem enormen Anstieg des Vorratsvermögens, sondern auch dazu, dass das Eigenkapital den größten Aktivposten in der Bilanz des Unternehmens darstellt.

Der verbreitete Glaube, dass sich wirtschaftliche Probleme durch Quantität lösen lassen, führt u. a. zu *Mega-Holdings*. Als Beispiel kann die Treuhandanstalt in Berlin angeführt werden. Qualitativ lässt sie sich als Frau Holle-Typ charakterisieren. Ihre entscheidende Komponente wird durch politische

Einflüsse bestimmt, die sachgerechte Entscheidungen nicht unbedingt ausschließen. Die Treuhandanstalt ist allen Dementi zum Trotz in flagranti eine konzernleidende Holding. Dies manifestiert sich u. a. in zeit-, aber praxisfernen Weisungen an Vorstände und Aufsichtsräte der ihr gehörenden Unternehmen, z. B. zum Abschluss von Sozialplänen, zur DM-Eröffnungsbilanz oder zur Aufstellung von Abhängigkeitsberichten.

Die aufgeführten Beispiele könnten einen naiven Betrachter zu dem voreiligen Schluss verleiten, dass *Mischkonzerne* wenig erfolgreich sind, obwohl sie eine klare Linie mit vielen Abzweigungen verfolgen. Ursache für Enttäuschungen sind oft überzogene Synergieerwartungen, die nicht nur verwandten Branchen wie Stahlproduktion und Softeisherstellung schonungslos abverlangt werden.

Auf der anderen Seite führt in branchenreinen Konzernen die von Managementgurus propagierte dezentrale Führung dazu, dass der Wettbewerb mit Schwestergesellschaften den Konzernunternehmen oft mehr zu schaffen macht als der mit Konkurrenzunternehmen. Da in Konzernen die Überforderungen der Konzernführung und die der Geschäftsführungen der Tochterunternehmen ein Gleichgewicht anstreben, lässt sich das Durchhaltevermögen des Konzerns und seiner Manager schwer abschätzen.

4. Zusammenfassung und Testfragen

Zum Abschluss stellt sich die Frage: Hält die Holding, was von ihr zu halten ist? Nach althergebrachtem Sprachgebrauch wird man diese Frage ohne Zögern bejahen: Sie hält Beteiligungen. Der erst jetzt entdeckte wahre sprachliche Ursprung des Holdingbegriffes eröffnet neue Perspektiven. Um tiefschürfend zu erklären, was von der Holding zu halten ist, drückt die moderne Betriebswirtschaftslehre das – noch etwas unbeholfen – so aus: Die Holding ist ein komplexes Paradigma zur Komplexitätsreduktion mit Kriterien der größeren Flexibilität, Dezentralisation, Innovation und Motivation.

Der Konzernpraktiker *Markus Mümmelmann* hat das so beschrieben: „Nur wer die Holding kennt, weiß, was ich leite.“[25]

Zur Lernerfolgskontrolle für Wirtschaftsprüfer und andere Eliten sind die folgenden Prüfungsfragen entwickelt worden (Multiple-Joy-Verfahren):

> Was ist ein Geschäftsführungsorgan?
>
> a) eine Betriebszeitung
> b) ein notwendiges Teil einer Körperschaft
> c) ein Spürelement für Führungsqualitäten
>
> Was nennt man Konzernleitung?
>
> a) den Draht zur Konzernspitze
> b) die Wasserversorgung in einem Konzern
> c) ein juristisch zweifelhaftes Bemühen
>
> Was ist Strategie?
>
> a) eine geologische Schicht
> b) eine Kriegskunst
> c) ein griechischer Geigenbauer
>
> Was ist Controlling?
>
> a) ein Happening von Trollen (= Unholden)
> b) eine neuartige Rebsorte
> c) Navigation im Nebel
>
> Was bezeichnet man mit Holding?
>
> a) einen entkernten Müsliriegel
> b) einen Haltegriff auf Fährschiffen
> c) eine gewagte Konstruktion

---

25 Überlebenstraining in internationalen Konzernen, Detroit/Frankfurt 2009, S. 14.

IV. Der Aufsichtsrat – ein sensibles Organ

Über die irdische Herkunft der Aufsichtsräte wird immer wieder gerätselt, da über ihr geheimnisvolles Wesen und Treiben wenig bekannt ist. Daher sollen mit der durch Takt gebotenen Ungenauigkeit nachfolgend die Ergebnisse mehrjähriger Forschungsarbeit über das unbekannte Wesen der Aufsichtsräte vorgestellt werden.

1. Was ist der Aufsichtsrat?

Der Aufsichtsrat gilt als hochstehendes und sensibles Organ, das vor allem bei Kapitalgesellschaften als sekundäres Gefechtsmerkmal entwickelt ist.[1] In seiner nützlichen Form, nämlich als *fakultativer Aufsichtsrat*, ist er dem Beirat von Personen- und Familiengesellschaften verwandt und mit unternehmerischen oder betrieblichen Fragestellungen befasst. Bei zweckmäßiger rechtlicher Grundlage und vernünftiger Besetzung kann er viel zum nachhaltigen Unternehmenserfolg beitragen.

Beim *obligatorischen Aufsichtsrat* ist das nur selten gegeben. Er lässt sich von unternehmensbezogenen Fragestellungen nicht von seinen Ritualen ablenken. Er ist daher für Forschung und Praxis ergiebiger ist der obligatorische Aufsichtsrat. Erst in dieser Ausprägung entfaltet der Aufsichtsrat formale Würde und abnehmende Effizienz, die mit der qualifizierten Mitbestimmung ihre komplizierte Vollendung erreichen.

---

1 *Sauerbrot,* Organogenese, 9. Auflage, Berlin 1998; *von Reitzenstein,* Die Intimstruktur prominenter Organe unter besonderer Berücksichtigung der Leberzirrhose, 2. Auflage,München 2002.

Namentlich anglo-amerikanische Wirtschaftskreise preisen die *Mitbestimmung* wie der Teufel das Weihwasser. Ihre positiven Wirkungen sind in der Tat nicht zu übersehen. Die Mitbestimmung hat das Durchschnittsalter der Aufsichtsratsmitglieder erheblich gesenkt und die Frauenquote in dem sonst patriarchalisch geprägten Gremium außergewöhnlich stark angehoben.[2]

Der Sprachgebrauch bezeichnet mit „Aufsichtsrat" nicht nur das Organ als Ganzes, sondern auch das einzelne Glied. Denn der Aufsichtsrat setzt sich nicht nur in Sitzungen, sondern auch aus natürlichen Personen zusammen. Aufsichtsratsmitglieder können so tun, als wissen sie alles. Daher möchten Topmanager und andere Spitzenleute gern Aufsichtsrat in anderen Unternehmen werden.

Der durchaus geläufige *Begriff „Aufsichtsrat"* ist keineswegs durch einheitliche Interpretation gefestigt. Die gemeinhin verbreitete Ansicht, dass sich seine Bedeutung aus den Wortstämmen „Aufsicht" und „Rat" ableiten lässt, wird von kritischen Geistern als irreführende Beschreibung oder als unzulässige Simplifizierung abgelehnt. Sie übersehen allerdings, dass „Rat" in seiner ursprünglichen Bedeutung „Mittel, die zum Lebensunterhalt wichtig sind" bezeichnet[3], so dass „Aufsichtsrat" analog zu Vorrat, Hausrat oder Unrat als „auf Sicht unentbehrlich" zu deuten wäre.

Eine als gekünstelt bemängelte Lehrmeinung besagt, dass der Aufsichtsrat eigentlich „Aufsehensrat" heißen müsste, weil er mit der Vernachlässigung seines Amtes Aufsehen erregt; der Verschleiß durch die Umgangssprache habe zu dem unpräzisen Ausdruck „Aufsichtsrat" geführt.[4] Gegen diese Auslegung spricht, dass der Skandal erst beim Ruin des Unternehmens bemerkt wird und dass üblicherweise das (meist unbeaufsichtigte) Topmanagement sehr viel mehr Aufsehen erregt als der Aufsichtsrat.

Der volksetymologischen Auslegung, dass der Aufsichtsrat „auf Sicht rät", blieb eine wissenschaftliche Anerkennung bisher ebenfalls versagt. Obwohl kein Aufsichtsrat beim Wahrsagen mit Kristallkugel oder beim Kaffeesatzle-

---

2 Bei der Mehrzahl einer Unzahl von Aufsichtsräten fiel das Durchschnittsalter von 62,56 Jahren auf 50,21 Jahre zurück. Die Frauenquote erhöhte sich von 0,6 % auf 12,8 %.

3 *Wahrig*, Deutsches Wörterbuch, ohne Ortsangabe 1980, Spalte 2992; *Duden*, Etymologie der neuhochdeutschen Sprache, Duden Band 7, Mannheim 1963, S. 551.

4 *König,* Haplographie als Wortschöpfung, München 1983, S. 318.

sen beobachtet werden konnte[5], gestehen Eingeweihte bei Kamingesprächen freimütig, dass hiermit ein wesentlicher Teil der Aufsichtsratstätigkeit zutreffend beschrieben wird.

Als unanfechtbar und universell gültig erweist sich in Theorie und Praxis die folgende Definition: Der Aufsichtsrat ist eine Gruppe von Interessenvertretern, die als Interesse des Unternehmens ihre Interessen vertreten.

2. Auftreten des Aufsichtsrates

Nach dem Gesetz ist der Aufsichtsrat eine *irdische Einrichtung*. Dennoch wird in der Öffentlichkeit über sein verborgenes Wirken gerätselt. Die legale Geheimhaltung, die alle Aufsichtsratstätigkeiten umgibt und die nur bei Hintergrundgesprächen mit Journalisten, zur Abstimmung in Gewerkschaftskreisen sowie beim Gedankenaustausch mit prominenten Personen preisgegeben wird, stand einer näheren Beschreibung des Aufsichtsrates und seines Treibens lange Zeit im Wege.[6] Die starke Aufblähung und Vermehrung der Aufsichtsräte, die offenbar keine natürlichen Feinde haben, führten in den letzten Jahren zu Indiskretionen in repräsentativem Umfang. Sie erlaubten kaum bemerkte Aufklärungen in größerem Umfang.

Es gilt heute als empirisch abgesichert, dass die Mitglieder des Aufsichtsrates nicht als Einzelgänger, sondern herdenweise in dem Dickicht der Unternehmensverfassung leben. Ihre Ansammlung nennt der Fachmann wegen der dominierenden Beanspruchung des Sitzfleisches „Sitzung".[7] Studien von anerkannten Biologen belegen, dass bei mitbestimmten Aufsichtsräten die Meute in zwei Rudel zerfällt, die sich in den Sitzungen häufig angreifen,

---

5 Es gibt auch keine Hinweise in der Fachliteratur. Siehe u. a. *Wetterer,* Der heiße Draht zur Zukunft, München 2006.

6 Zur Problematik einschlägiger Ermittlungen siehe besonders *Von Knitterfels,* Geheimbündelei und rechtsstaatliche Ordnung, Karlsruhe 1982. Zum aktuellen Stand der Erkenntnisse sei u. a. verwiesen auf *Merkpöstle.* Ich sage nichts – Beredte Memoiren eines Geheimrates, Stuttgart 1989.

7 *Berlichinger,* Gesäßorientierte Kontrolle in Politik und Wirtschaft, 3 Bände, München, im Erscheinen seit 1984.

aber stets zur Nahrungsaufnahme wieder friedlich zusammenfinden. Letztere scheint die natürliche Rechtfertigung für jede Sitzung zu sein.

Art und Weise der *Fortpflanzung von Aufsichtsräten* liegen noch im Dunkeln, obwohl häufig das Ritual des Balzens beobachtet werden konnte. Hinweise auf nepotistische oder feudale Formen der Arterhaltung müssen als Spekulationen zurückgewiesen werden. Die geringe Frequenz der Aufsichtsratssitzungen – bisher wurden im Durchschnitt nur zwei bis vier Sitzungen pro Jahr registriert – macht weitere Langzeituntersuchungen erforderlich.

Die *Zahl der Aufsichtsratsmitglieder* ist ohne Rücksicht auf vernünftige Alternativen gesetzlich festgeschrieben (§ 95 AktG). Sie kann zwischen 3 und 21 schwanken, wobei mit steigender Mitgliederzahl die Kampfkraft des Aufsichtsrates im Quadrat abnimmt. Die für Gremien aller Art geltende Effizienzformel lautet $e = 1/n^2$, wenn n die Anzahl der Mitglieder ausdrückt.[8] Als tragfähiger Kompromiss hat sich außerhalb des Gesellschaftsrechts der Elferrat etabliert.[9] Bei Aufsichtsräten mit höherer Mitgliederzahl versucht man, ein Absinken der Effizienz unter Null durch Ausschussbildungen zu verhindern.

3. Die Zusammensetzung des Aufsichtsrates

Aufsichtsrat wird man ohne Ansehen der Person wegen seiner hohen hierarchischen Position in anderen Organisationen. *Topmanager*, die anstelle der Führung ihres Unternehmens echte Herausforderungen suchen, haben gute Chancen vom Vorstand eines anderen Unternehmens als Aufsichtsratsmitglied vorgeschlagen zu werden. Gemeinsame Unzulänglichkeiten verbinden stärker als gemeinsame Überzeugungen.

---

8 *Wurzelzier.* Vom indianischen Palaver zu modernen Boardsitzungen, Harvard Business Studies Vol. LXXV 2001, S. 101 bis 154.

9 Die mit etwa 8 % berechnete Effizienz dieses Gremiums wird durch laute Fröhlichkeit erheblich gesteigert. So schon *Grazzini,* Trionfi, canti e mascherate carnascialeschi, Florenz 1559.

Den Vorwurf, dass manche Aufsichtsratsmitglieder vom Geschäft des zu überwachenden Unternehmens keine Ahnung haben, versucht man dadurch zu entkräften, dass sie zugleich Mitglieder anderer Aufsichtsräte sind, wo sie vom Geschäft des Unternehmens ebenfalls nichts verstehen. Je mehr Mandate die einzelnen Aufsichtsratsmitglieder wahrnehmen, umso professioneller ist der Aufsichtsrat besetzt. Daher sammeln manche Topmanager Aufsichtsratsmandate wie andere Leute Tassen, die sie nicht im Schrank haben.

Morphologisch gliedert sich der Aufsichtsrat in den Vorsitzenden, dessen Stellvertreter und die gemeinen Aufsichtsratsmitglieder. Der Vorsitzende und sein Stellvertreter tragen die Hauptverantwortung für Ablauf und Pathos der Aufsichtsratssitzung. Im Übrigen unterteilt man die Mitglieder nach ihrer Abstammung in Anteilseigner- und Arbeitnehmervertreter.

Der *Vorsitzende des Aufsichtsrates* stammt in alter Regel aus den Greisen der Aktionärsvertreter. Golfspieler sind ideale Vorsitzende, weil sie gewohnt sind, einfache Spaziergänge durch komplizierte Regeln zum Ritual oder zum Problem zu machen. Auch der stellvertretende Vorsitzende sollte um sein Handikap wissen. Bei mitbestimmten Aufsichtsräten ist er ein Vertreter der Gewerkschaften, manchmal auch der Arbeitnehmer. Als stellvertretende Vorsitzende reifen begnadete Arbeitsnehmervertreter zu episkopalen Würdenträgern, denen nicht das Wasser, sondern nur Champagner gereicht werden kann.[10]

Die auserwählten *Aktionärsvertreter* tragen mehr durch Prominenz als durch Präsenz zum Erfolg der Aufsichtsratstätigkeit bei. Prominent wird man durch häufiges Zusammentreffen mit Journalisten sowie durch wiederholte Begegnungen mit Prominenten und der gegenseitigen Empfehlung für vielseitigen Einsatz. Prominente begegnen ständig ihres gleichen (was sie nach einiger Zeit frustriert), um sich öffentlich gegenseitig Beifall zu zollen (was ihrem dringenden Bedürfnis entspricht).

---

10. Vgl. *Rülpsnagel,* Anstandsregeln für Manager, 3. Auflage Berlin 2007.

Zappen/Duster haben in ihrer glänzend gelungenen ethologischen Abhandlung[11], die auf einer bahnbrechenden Untersuchung von etwa 3.128 Kapitalgesellschaften beruht, folgende *Typologie der Aufsichtsratsmitglieder* herausgearbeitet:

Bei konzernabhängigen Unternehmen ist ein Aufseher aus der *Konzernleitung* als Vorsitzender des Aufsichtsrates kaum vermeidbar. Die übrigen Anteilseignervertreter sind häufig von gleicher Provenienz, damit ein möglichst großer Teil des Aufsichtsrates die allgemein unverständliche Berichterstattung des Managements unter konzerneinheitlichen Wahnvorstellungen begreift.

Das Missverständnis dezentraler Führung ist vermutlich Ursache, wenn in Ausnahmefällen *Vertreter von Minderheitsaktionären* im Aufsichtsrat belassen werden. Bei ihnen muss damit gerechnet werden, dass sie sich in der Ohnmacht ihres Kapitalanteils zu haarsträubenden Kommentaren hinreißen lassen und den reibungslosen Ablauf der Aufsichtsratssitzung stören.

Bei konzernunabhängigen Gesellschaften galten lange Zeit *Vertreter von Banken* als Aufsichtsratsvorsitzende prädestiniert. Sie gelten als neutral und objektiv, weil sie nur die Interessen ihres Anlage- und Kreditgeschäfts vertreten. Banker gelten allgemein als verschwiegen, aber mitteilsam. Bei einem Missstand heben sie nicht die Stimme, sondern nur die Brauen.

Im Übrigen schmücken Bankiers jeden Aufsichtsrat mit ihrem dezent-eleganten Äußeren, ihrem globalen Flair und börsenbestimmten Charme. Außerdem glänzten sie bis zur Finanzkrise mit ungefragten konjunkturpolitischen Äußerungen. Damit der Aufsichtsrat Unternehmenskrisen wenigstens bei Eintritt wahrnimmt, sollte ihre Zahl nicht die absolute Mehrheit der Aktionärsvertreter im Aufsichtsrat übersteigen.

Pensionierte *Vorstandsmitglieder* der Gesellschaft qualifizieren sich als Aufsichtsratsmitglieder durch eine zurückhaltende Distanz zu früheren Fehlentscheidungen des Topmanagements. Prominente Topmanager anderer Unternehmen, die angeblich als solche noch aktiv sind, denken immerhin zweimal nach, bevor sie aus Kollegialität nichts fragen.

---

11 Verhaltensforschung bei prominenten Organen – erste Ansätze für eine umfassende Organtheorie, Frankfurt 1990.

Bei *Politikern* muss mit regelmäßiger Abwesenheit, bei Freiberuflern und Hochschullehrern mit unerschöpflicher Neugier hinsichtlich der Unternehmenspraxis gerechnet werden. Das hält auf und verzögert den Beginn des gemeinsamen Festmahls.

Bei mitbestimmten Aufsichtsräten sind *Gewerkschaftsfunktionäre* als Aufsichtsratsmitglieder unausbleiblich. Um ihre Klientel zufrieden zu stellen wünschen sie in regelmäßigen Abständen Korrekturen des letzten Sitzungsprotokolls, weil sie kapitalistische Gräuel der Anteilseigner oder den Beitrag der Arbeitnehmer zur sozialistischen Marktwirtschaft vermerkt sehen wollen.

Die *Arbeitnehmer* des Unternehmens sind die einzigen, die das Geschäft des Unternehmens und die Schwächen des Vorstandes im Detail kennen. Hier bedarf es der starken Hand des Vorsitzenden, um die Geschlossenheit des Aufsichtsratsplenums zu wahren.

Unternehmen mit feiner Lebensart leisten sich ihren Chefjuristen als *Aufsichtsratssekretär*, um mit juristischem Sachverstand die Zitate prominenter Aufsichtsratsmitglieder protokollieren zu lassen. Zu Ausbildungszwecken und Unterstützung des Vorstandsvorsitzenden wird auch dessen Assistent als Protokollant oder Beobachter zur Sitzung des Aufsichtsrates zugelassen.

4. Die Aufsichtsratssitzung

Im Geheimen und in Sitzungen überwacht der Aufsichtsrat seinem Auftrag gemäß die Geschäftsführung und darf für bestimmte Geschäfte vorschreiben, dass sie seiner Genehmigung bedürfen. Abgebrühte Aufsichtsräte wissen, dass sie bis auf den Vorstand nichts zu bestellen haben. Der Aufsichtsrat kann aber zur Aufsicht eine Durchsicht der Bücher der Gesellschaft vornehmen, wovon aus Einsicht wegen mangelhafter Übersicht meist abgesehen wird.[12] Damit seine Tätigkeit nicht zur Routine ausartet und keine Amtsmüdigkeit aufkommt, ist die übliche Sitzungsdauer auf maximal drei Stunden begrenzt.

---

12 *Orgelweide,* Wegweiser durch die Bücherstube der Unternehmung, Frankfurt 1985.

Die Aufsichtsratssitzungen werden vom Vorstand organisiert und vorbereitet. Der perfekte Vorstand weiß um die große Bedeutung von Sitzordnung und Raumatmosphäre für gelungene Beschlüsse des Aufsichtsrates. Eine gediegene Ausstattung des Sitzungsraumes mit schallschluckenden Teppichen, bequemen Sesseln, anheimelnder Beleuchtung und Temperatur sowie – je nach Bedarf – anregende oder beruhigende Getränke und exquisite Tabakwaren oder edles Naschwerk verhelfen zu jener entspannten Atmosphäre, in der Konzentration und etwaige Beschlüsse des Aufsichtsrates reifen können.

Kaum zu überschätzen ist die hohe Wertigkeit der *Sitz-Ordnung für Aufsichtsräte (SOFA)*. Während die herausragende Positionierung des Vorsitzenden und seines Stellvertreters verhältnismäßig wenig Kopfzerbrechen bereitet, bleibt die schwerwiegende Abwägung, ob die übrigen Aufsichtsräte nach „Bänken", nach dem Alphabet oder nach ihrem Seh- und Hörvermögen platziert werden sollen.

Jede Sitzordnung weist situationsbedingte Vor- und Nachteile auf. Andererseits gestattet das ungeschriebene Gesetz der Sitzstetigkeit Manipulationen nur in begründeten Ausnahmefällen. Als Entlastungsstrategie wird eine variable Platzzuteilung beim anschließenden Festessen empfohlen.[13]

Das kultische *Ritual der aufgeklärten Mitbestimmung* verlangt ein strikt geregeltes Vorspiel: in getrennten Vorbesprechungen der Anteilseigner- und der Arbeitnehmervertreter werden alle anstehenden Sachfragen entscheidungsreif zerredet, damit die an sich überflüssige, aber formell notwendige Plenumssitzung bis zum obligatorischen Höhepunkt, dem Abschlussmahl, zügig abgewickelt werden kann. Bei dieser sinnvollen Reduktion bleibt als Hauptgegenstand der eigentlichen Aufsichtsratsitzung der Versuch der Mitglieder, sich auf das Datum der nächsten Sitzung zu einigen.

In Krisensituationen ist anzuraten, Vorbesprechung und Aufsichtsratssitzung jeweils nach einem üppigen Essen anzusetzen.[14]

---

13 *Wehrhahn*, Die überragende Bedeutung von Zeit- und Sitzordnungen bei Aufsichts-, Betriebs- und Elferratsitzungen, Köln/Mainz 1988. Praxisnäher *Orloffky*, Bei mir sitzen sie richtig – aus dem Hort meiner Erfahrungen, Weimar 1990.

14 Eine rheinische Managerweisheit lautet: Ein voller Aufsichtsrat moniert nicht gern.

Die Prunksitzung des Aufsichtsrates gliedert sich wie andere klassische *Tragödien in fünf Akte*.[15] Sie ist dramaturgisch so zu inszenieren, dass die gemeinen Aufsichtsratsmitglieder während des gesamten Dramas stillschweigend ausharren. Für die dazu notwendige Spannung genügt jene breite Ahnungslosigkeit, die ein wesentlicher Bestandteil jeder dramatischen Situation ist.[16]

Nach dem Prolog mit Begrüßung und Eröffnung wird im ersten Akt das Protokoll der letzten Sitzung genehmigt oder korrigiert. Als Zwischenspiel werden dann die Vorstandsmitglieder des Raumes verwiesen, damit im zweiten Akt allfällige Vorstandspersonalia abgehandelt werden können. Als retardierendes Moment folgt im dritten Akt der Bericht des Präsidialausschusses des Aufsichtsrates, knapp, aber unpräzise. Im vierten Akt lässt sich der wieder zur Sitzung zugelassene Vorstand über die Geschäftsentwicklung aus, um die zur Erhöhung der Spannung notwendige Verwirrung zu stiften.

Schließlich kommt es im fünften Akt zum dramatischen Kulminationspunkt „Verschiedenes“. Da alle Tagesordnungspunkte verschieden sind, wird unter „Verschiedenes“ „Sonstiges“ behandelt.[17] Notwendige Beschlussfassungen sollten im vierten oder fünften Akt zügig, aber stilgerecht über die Bühne gehen. Als dramatische Ausnahme mit spritzigen Dialogen hat sich die Übereinkunft über künftige Sitzungstermine erwiesen.

Für Aufsichtsratssitzungen, in denen man seine eingeschlafenen Füße beneidet, machen sich kreative Unternehmen den Spieltrieb der Aufsichtsratsmitglieder zunutze, indem sie die sonst eher spärlichen Sitzungsvorlagen durch anspruchsvolle Aufmerksamkeiten wie Füllhalter mit Radio oder Feuerzeug mit Reisewecker bereichern. Das Studium der meist japanischen Gebrauchsanweisungen verlangt volle Aufmerksamkeit. Die unausbleibliche Betätigung der unbekannten Bedienungsknöpfe garantiert eine starke Belebung jeder Aufsichtsratssitzung. Das gilt insbesondere, wenn die „Aufmerksamkeiten“ ungewollt starke Geräusche von sich geben und niemand weiß, wie der Lärm abgestellt werden kann.

---

15 *Müller*. Dramaturgie des Theaters, des Hörspiels und des Films, Würzburg 1962, S. 23.

16 *Müller*, a. a. O., S. 82.

17 Das Verdienst, auf diese wichtige Tatsache hingewiesen zu haben, gebührt *Ehret*, Wer oder was ist verschieden? Ratgeber für Beiräte und ähnliche Gremien, Hamburg 1989.

5. Der Umgang mit Aufsichtsräten

Der Vorstand kann zwar Vieles, aber er kann nicht umhin, den Aufsichtsrat zu *informieren*. In einer Zeit der Reizüberflutung wird ein verantwortungsvoll handelnder Vorstand dies behutsam in homöopathischen Dosen tun. Er wird auf jeden Fall vermeiden, dass Aussagekraft oder Aktualität der Mitteilungen beim Aufsichtsrat Stress oder gar Panik auslösen. Probleme wird der Vorstand, der um eine entspannte Atmosphäre bemüht ist, erst dann ansprechen, wenn alle anderen Möglichkeiten erschöpft sind, es sei denn, dass man sie verschweigt, indem man ausführlich über sie redet.

Der Aufsichtsrat sieht in regelmäßigen, anspruchsvoll gestalteten Berichten des Vorstands einen ihm geziemenden Achtungserweis. Andererseits darf man den Aufsichtsrat nicht durch monotone *Berichterstattung* apathisch stimmen. Zeitliche Verzögerungen, kleinere Druck- und Rechenfehler, gezielte Unvollständigkeit und dergleichen bieten genügend Abwechslungen.

Relativ unbedenklich ist die Bekanntgabe der Umsatzentwicklung bis zum vorangegangenen Quartalsende, wobei allerdings ein etwaiger Vergleich mit der Vorjahresperiode Fingerspitzengefühl erfordert. Bei Ergebniszahlen ist dagegen große Zurückhaltung geboten; insbesondere darf ihre Mitteilung nicht zur Gewohnheit ausarten. Ein nicht vermeidbarer Einzelfall lässt sich mit einer zurückgenommenen Zeitnähe und einer eingeschränkten Vergleichbarkeit der Ergebnisse leidlich durchstehen.

Planzahlen dürfen dem Aufsichtsrat wegen ihres prognostischen Charakters nicht zugemutet werden. Es wäre fatal, wenn neben dem Vorstand ein weiteres Organ der Gesellschaft verunsichert würde. Besteht ein uneinsichtiger Aufsichtsrat dennoch auf der Mitteilung von Plangrößen, sind vom Vorstand anstelle unprofessioneller Realitätsnähe strategische Visionskraft und operative Sorgfalt gefordert.

Als prominentes Organ hat der Aufsichtsrat Anspruch auf elegante Berichtsbroschüren in schrankfertiger Aufmachung. Ohne Aufgabe der obigen Grundsätze bieten Presseausschnitte über das Unternehmen und seine Branche nahezu unbeschränkte Möglichkeiten der Anreicherung.[18] Dennoch wird ein selbstbewusster Vorstand von Format nicht darauf verzichten, eigene Fantasien zur Unternehmensentwicklung dem Aufsichtsrat vorzutragen.

Die frühzeitige Versendung von *Sitzungsunterlagen* an den Aufsichtsrat zeugt von Gedankenlosigkeit. Sie können leicht verlegt werden oder in unberufene Hände geraten. Daher sollten die Unterlagen erst so spät zugehen, dass der Aufsichtsrat sie allenfalls auf dem Weg zur Sitzung zur Kenntnis nehmen kann. Dann ist ihr Inhalt frisch in Erinnerung. Aus Gründen der Aktualität sind bei wichtigen Beschlüssen Tischvorlagen zu bevorzugen. Damit kann die Diskussion so flach gehalten werden, wie man sich die Unternehmenshierarchie wünscht.

Bei mündlicher Berichterstattung haben sich bunte, erwartungsgerechte Trenddarstellungen in Kombination mit unlesbaren, aber graphisch als angenehm empfundenen Zahlenaufstellungen als Sedativa für den Aufsichtsrat bewährt. Zur Abwechslung werden auch Farbdias von Produkten, Warenauslagen u. a. sowie Werbefilme gern zur Kenntnis genommen.

Die grundlegenden, heute noch gültigen *Ratschläge für den persönlichen Umgang* mit Aufsichtsräten hat *Wilhelm Busch* bereits 1865 formuliert.[19] Wer einem Aufsichtsrat angemessen begegnen will, „der sei höflich und bescheiden, denn das mag der Onkel leiden". Man „bringt ihm, was er haben muss: Tabak, Pfeife, Fidibus". Für den Vorstand heißt es ergänzend: „gleich ist man mit Freudigkeit dienstbeflissen und bereit".[20]

---

18 Als vorbildlich gelten bei Insidern die Monatsberichte der Schock-AG, die bei einem Gesamtumfang von 45 Seiten neben den wichtigen Presseausschnitten maximal 2 Seiten Detailangaben zur Umsatzentwicklung des Unternehmens enthalten.

19 *Busch,* Max und Moritz, München 1865, 5. Streich. (Zur internationalen Bedeutung vgl. *Dietzler,* Max und Moritz – Eine Bilderbuchgeschichte nicht nur für Kinder, Braunschweig 1980).

20 Die weithin unbekannte Tatsache, dass Onkel Fritz Aufsichtsrat war, wird durch folgende Indizien zweifelsfrei erhärtet: 1. Er ist – abgesehen von der verständlicherweise berufslosen Witwe Bolte – in der Bilderbuchgeschichte der einzige Erwachsene ohne Berufsangabe (Geheimhaltung der Aufsichtsratstätigkeit!). 2. Ein unübersehbarer Hinweis findet sich in den Versen „Seine Augen macht er zu, hüllt sich ein und schläft in Ruh" (Konzentrationsfähigkeit des Aufsichtsrates). 3. Rechtsgutachtlich muss Onkel Fritz bescheinigt werden, dass er trotz seiner Notlage keine strafbare Handlung begangen hat *(Günther,* Der Fall Max und Moritz, Frankfurt 1988, S. 75 – Integrität des Aufsichtsrates).

Aus diesen schlichten Umgangsformen schöpft der Aufsichtsrat die Genugtuung, im Unternehmen nicht nur zufälliger Besucher zu sein. Darüber hinaus sind Pförtner und Empfangsdamen mit Nachdruck anzuhalten, jedes Aufsichtsratsmitglied persönlich und korrekt anzusprechen und mit der gebotenen Hinwendung und dem gebührenden Vorzug vor anderen Besuchern und Unternehmensangehörigen zum Sitzungssaal zu geleiten.

Ein um Selbsterhaltung bemühter Vorstand wird die Aufsichtsräte so zu erziehen versuchen, dass sie ihren Aufgaben in Milde nachkommen können, ohne anzuecken oder zu verzweifeln.[21] Die pädagogische Herausforderung liegt darin, dass der Aufsichtsrat von den Erziehungsversuchen nichts merken darf. Folgende *Verhaltensregeln* sind daher zu beherzigen.[22]

1. Nie widersprechen! Widerspruch würde beim Aufsichtsrat Zweifel an seiner Unfehlbarkeit auslösen. Der Vorstand muss nicht alle Fehler selbst machen, er sollte auch dem Aufsichtsrat eine Chance lassen.

2. Nie etwas besser wissen! Belehrungen jeglicher Art sind mit dem Weltbild des Aufsichtsrates nicht zu vereinbaren. Der feinfühlige Vorstand überlässt es dem Aufsichtsrat selbst, durch Einsicht zu richtigen oder besseren Erkenntnissen zu kommen.

3. Nie etwas mit Argumenten begründen! Aufsichtsräte haben kraft ihres Amtes die besseren Argumente. Um den Aufsichtsrat in Unsicherheit und Beweiszwang zu bringen, bleibt der Vorstand in seinen Handlungsmotiven rätselhaft und verhält sich gegenüber Argumenten des Aufsichtsrates erkennbar skeptisch bis ungläubig.

4. Immer nur staunen und bewundern! Engagierte Aufsichtsräte lassen den Vorstand gern an ihren unternehmerischen Erfahrungen teilhaben. Auch wenn sie Irrelevantes oder nichts Neues erzählen, wird der karrierebe-

---

21 *Fesch,* Zucht und Ordnung von Aufsichtsräten im Wandel, Schriften zur Verhaltensforschung, Band 57, Hamburg 2008, vor allem S. 1205-1541. Frühe, aber unvollständige Beobachtungen über das Abrichten von Aufsichtsräten finden sich bereits bei *Nichtzig* (Verhalten beim Verwalten und Veralten, Düsseldorf 1980, Kapitel VI. Anmerkung 107), der jedoch die Konsequenzen nicht übersehen hat.

22 Sie werden ähnlich für die Preußenerziehung in Bayern empfohlen. Vgl. *Burger/Fischer/Riehl-Heyse,* Bayerns Preußen sind die besten, München 1979, S. 71-73.

wusste Vorstand dem Aufsichtsrat mit anerkennenden Worten helfen, sich auf die Schulter zu klopfen.

5. Schlafende Aufsichtsräte nicht wecken! Geschlossene Augen sind Ausdruck erhöhter Konzentration oder meditativer Versenkung. Weckversuche des Vorstandes sind nicht nur kontraproduktiv, sondern auch karrierefeindlich. Den Aufsichtsratsmitgliedern bleibt es überlassen, schnarchende Kollegen zu geräuschloser Konzentration zu mahnen.

Obwohl ein guter Aufsichtsrat unbezahlbar ist, darf der Frage nach seiner Vergütung nicht ausgewichen werden. Vergüten heißt durch Oberflächenbehandlung verbessern.[23] Neben den schon erwähnten oberflächlichen Behandlungen des Aufsichtsrates in Form von mageren Informationen und üppigen Beköstigungen stellen die Diäten in Form von Tantieme und Sitzungsgeld das wichtigste Vergütungsmittel dar.[24]

Angesichts der unschätzbaren Verdienste der Aufsichtsräte darf weder ihr Amateurstatus noch das reiche Kandidatenangebot hohe Aufsichtsratstantiemen verhindern. Da nicht selten Tantiemen an Dritte abzuführen sind, wie z. B. an die Hans-Boeckler-Stiftung, an das Unternehmen des Aufsichtsratsmitgliedes oder an die Gattin, sorgen fortschrittliche Unternehmen mit sogenannten Sitzungsgeldern vor, die diskret und in bar den sonst dürftigen Sitzungsvorlagen beigefügt werden.

---

23 *Lichtmann,* Die Vergütung von Objektiven und Subjekten – Synoptische Blätter der Steiss-Stiftung, Jahrgang 12, Cochem 1979.

24 Dazu kritisch *Duse,* Der Gebrauch von Vergütungsmitteln im interkonfessionellen Vergleich, Flensburg 1988.

V. Corporate Governance oder die korpulente Gouvernante

1. Die Vorgeschichte

Moderne Wirtschaftswissenschaftler geben wirtschaftlichen Banalitäten ihre tiefere Bedeutung durch anglo-amerikanische Begriffe, die in immer kürzer werdenden Zyklen produziert und global vermarktet werden.[1] Beliebt sind dabei Worte oder Worthülsen, die in den üblichen Wörterbüchern nicht zu finden sind und die jede wörtliche Übersetzung sinnlos erscheinen lassen.

Ein solcher Glücksfall ist das Wort „Governance"; ein englischer Ausdruck für „Herrschafts-, Verwaltungsstruktur"[2] mit dem *Beigeschmack internationaler Wertschätzung*. In der Kombination mit „Corporate" verspürt der in der Wirtschaft tätige Akademiker ein körperliches Bedürfnis, sich den Begriff „Corporate Governance" zu Eigen zu machen.

Weltgewandte Manager mit echtem Imponiergeist reden selbstbewusst von „Corporate Governance", wenn sie mit Distanz für ihre Person auf mangelhafte Überwachung und Kontrolle im Unternehmen zu sprechen kommen. Der Charme dieser Bezeichnung, die den Laien nicht ganz sachfremd an „korpulente Gouvernante" erinnert, liegt darin, dass sie ihren Benutzer als profunden Kenner der nebulösen Materie ausweist und ihm zugleich bei aller Betroffenheit jegliche Befangenheit nimmt. Außerdem ist sie eine ideale Barriere, um aus Mängeln notwendige Konsequenzen zu ziehen.

---

1 Körtzel, Produktzyklen verbaler Erzeugnisse für Marketing und Imageförderung, Münster 2003. *Blender*, Zeitgemäße Fachausdrücke als Grundlage moderner Wirtschaftsforschung und Unternehmensberatung, Hamburg 2008.

2 Der Begriff ist ausnahmsweise zu finden bei *Dietl/Lorenz*. Wörterbuch für Recht, Wirtschaft und Politik, 5. Aufl. München 1990.

Die spektakulären Unternehmenszusammenbrüche der letzten Jahre von Hochtief bis Arcandor haben scheinbar undenkbare, aber dennoch latente Management- und Überwachungsfehler offenbart. Zuletzt hat die von Banken und anderen Spekulanten ausgelöste Finanzkrise das Vertrauen in bis dahin angesehenen Führungs- und Aufsichtspersonen sowie ehemals renommierte Institutionen erschüttert. Nicht immer, aber immer öfter stellen leidende Frauen und Männer der Wirtschaft die Frage, ob die in Deutschland üblichen Herrschafts- und Verwaltungsgefüge aus den Fugen geraten sind.

Balsam auf wunde Stellen der Corporate Governance vermochte die Flut einschlägiger Veröffentlichungen in Fach- und anderen Zeitschriften kaum zu liefern. Immerhin bezeugt die zunehmende Anzahl von Tagungen und Seminarveranstaltungen für ungezogene Topmanager, gefallene Aufseher oder haltlose Abschlussprüfer eine erwachende Problemverdrängung. Zur letzten Beruhigung wurde eine *Regierungskommission* „Deutscher Corporate Governance Kodex" eingerichtet, die seit 2002 eine Regimentsordnung für brave Unternehmensleiter und -aufseher auf dem Laufenden hält, die börsennotierte Unternehmen befolgern sollen.

2. Lückenerkenntnisse

a) Historische Vorbilder

Konservative Wirtschaftswissenschaftler, die trotz Einführung des Bachelor- und Master-Studiums an der umfassenden Betriebswirtschaftslehre festhalten, reden nicht von „ungenügender Corporate Governance", sondern nicht weniger eindringlich von „Mängeln in der normativen Unternehmensführung"[3] und von „Kontrolldefiziten". Ihre literarisch engagierte Avantgarde führt diese Unzulänglichkeiten auf verschiedene Arten von Lücken zurück, welche die Existenz der Unternehmen bedrohen.

Ein großer Trost liegt in der *Bezeichnung „Lücke"*, die im Gegensatz zum „Loch" nicht bodenlos, sondern nur eine Stelle ist, an der etwas fehlt. Lü-

---

3 Vgl. *Bleicher,* Das Konzept integriertes Management, Frankfurt/New York 1991, S. 73 ff.;

ckenweise diagnostizierten kritische Beobachter im ausgehenden zwanzigsten Jahrhundert beim Aufsichtsrat die „Überwachungslücke", bei Kreditgebern zunächst eine „Kontrolllücke", dann eine „Kredit- und Vertrauenslücke" sowie beim Abschlussprüfer die „Erwartungslücke". Das Tragische ist, dass die genannten Lücken den Betroffenen erst bei Unternehmenskrisen auffallen.

Lücken sind etwas Unheilvolles. Die *Tücke der Lücke* musste schon 1865 Meister Böck schmerzlich erfahren. In diesem historisch interessanten Fall[4] ermöglichte mangelhafte Überwachung die Entstehung der Lücke: Ein Steg über ein Wasser mit Gebrause wurde nicht hinreichend beaufsichtigt.[5] So konnte voller Tücke eine Lücke in die Brücke gesägt werden, die dem Meister Böck zum feuchten Bad verhalf. Die Katastrophe endete bekanntlich dank energischen Einschreitens des weiblichen Haushaltsvorstandes[6] glimpflich. Das ist wohl der Grund, warum erst in der 2. Hälfte des 20. Jahrhunderts – zunächst im Rahmen der abgehobenen strategischen Unternehmensplanung – die sogenannte „Gap-Analysis" theoretisch ausgebaut und sogar populär wurde.[7]

b) Lücken bei der Corporate Governance

In Bezug auf die Corporate Governance hat das Ergebnis der Lückenanalysen selbst Insider überrascht: Einzelne spektakuläre Unternehmenspleiten, aber auch verbreitete kleinere Mängel der Corporate Governance wurden vorurteilsgerecht zum Makel des Ganzen.[8] Mit gesundem Sensationsinstinkt und profunder Ahnungslosigkeit wurde dabei als wahre Lücke bei der Corporate Governance die Gesetzeslücke ausgemacht.

---

4 *Busch,* Max und Moritz, München 1865, 3. Streich.

5 Darauf aufmerksam gemacht hat zuerst *Kracker,* Lücken als Folge von Lücken, Paderborn 1958, S. 136.

6 S. dazu *Sauerbauch,* Die bügeleiserne Wärmetherapie bei Unterkühlung des Bauches in klinischer Versuchsanordnung, Leipzig 1927.

7 Siehe statt vieler *Kreikebaum,* Strategische Unternehmensplanung, Stuttgart 1981, S. 59 ff. – Grundlegende Ansätze finden sich schon bei *Casanova,* Die Zahnlücke und andere Schönheitsfehler – geheime Kehrseiten ungezügelter Leidenschaften, posthum veröffentlicht, Venedig 1799, S. 6 ff.

8 *Krakelmeyer,* Das Debakel mit dem Makel, Wien 2008.

In unserer Demokratie, die zur Diktatur der organisierten Minderheiten neigt, verblieb nach der Liberalisierung des Drogenkonsums und der Tolerierung extremistischer Randgruppen ein vordringlicher Regelungsbedarf für alles, was rechts von der Hafenstraße in Hamburg liegt. Während dort akzeptiertes Chaos herrscht, lassen sich bei der Unternehmensüberwachung Einzelfälle als generelle Schlamperei identifizieren, der gesetzlich Einhalt geboten werden musste. Als gesetzgeberische Maßnahmen sind insbesondere das Gesetz zur Kontrolle und Transparenz im Unternehmensbereich (KonTraG) und das Transparenz- und Publizitätsgesetz (TransPuG) zu erwähnen.

Die *Lücken bei der Leitung* von Unternehmen und Konzernen sind so artenreich, dass sie den Rahmen des vorliegenden Buches sprengen würden. Sie sollen daher nicht näher behandelt werden. Die für Aufsichtsräte und Abschlussprüfer angedeuteten Lücken sollen in den nächsten beiden Kapiteln auf ihre Leere hin geprüft und die populistischen Vorschläge zu ihrer Überwindung kritisch beleuchtet werden.

c) Lücken bei Kreditgebern

Die „Kontrolllücken" bei Kreditgebern, die dort Zahlungslücken hinterlassen, verlieren ihre Unfassbarkeit, wenn man sie – modernen Trends in diesem Metier folgend – als derivativ charakterisiert.[9] Darüber hinaus - so wird in Bankkreisen argumentiert - beruhen sie auf Missverständnissen einer ignoranten Öffentlichkeit, sodass staatliche Unterstützung der Kreditinstitute angesagt ist.

Es sei einerseits selbstverständlich, dass vor einer *Kreditgewährung* der Kreditnehmer überprüft werden soll. Andererseits müsse aber auch dem Laien einleuchten, dass man von Schuldner zu Schuldner differenzieren muss. Kreditwissenschaftlich unterscheidet man zwischen „Peanuts" und „Coconuts".[10]

Bei relativ unbedeutenden Kreditbeträgen und unscheinbaren Kreditnehmern sind zeitaufwendige Kreditwürdigkeitsprüfungen unverzichtbar, denn „Kre-

---

9 *Biesenwurz*, Die Derivativitätstheorie als Basis weltumspannender Finanzgeschäfte, London/Frankfurt 1993. Zur neueren Entwicklung s. *Ramsch/Bock,* Floptions, Zero-Fonds und Future Fate Agreements als Versuch der Risikoabsicherung, New York 2007.

10 *Flopper,* Peanuts and Coconuts in Financial Marketing, 3. Aufl., New York/Frankfurt 1994.

dit“ bedeutet in Bezug auf diese Klientel „schlummerndes Misstrauen“. Bei großen Kreditbeträgen und stark verschuldeten Kreditnehmern muss man „Kredit“ dagegen mit „Glauben, Vertrauen“ übersetzen. Wegen der strategischen Bedeutung der Großkredite wäre bei ihrer Gewährung kleinliches Misstrauen fehl am Platz. Wer sich das großartige Kreditgeschäft nicht entgegen lassen will, sichert den Großkredit durch gesellschaftliche Kontakte des Kreditnehmers mit renommierten Persönlichkeiten.

Inzwischen wurde als Folge der Finanzkrise die „Kontrolllücke“ durch die „Kredit- und Vertrauenslücke“ abgelöst. Die Banken vertrauen sich nicht mehr gegenseitig und sind daher nicht in der Lage, den Unternehmen in ausreichendem Umfang Kredite zu gewähren.

3. Der lückenhafte Aufsichtsrat

a) Die Überwachungslücke

Die Risiken und Nebenwirkungen des Aufsichtsrates lassen sich wie folgt skizzieren: Der Aufsichtsrat überwacht vorwiegend und abwägend anhand dürftiger Informationen und in wenigen Sitzungen die Geschäftsführung des Unternehmens. Die dazu notwendigen Daten und Unterlagen darf und muss allein der überwachende Vorstand liefern. Um die Überwachung für die Geschäftsführung weitgehend schmerzfrei zu gestalten, werden dem Aufsichtsrat keine Planzahlen zugemutet und die Ist-Ergebnisse in besänftigend verdichteter Form verabreicht. Über nennenswerte Probleme berichtet der Vorstand erst, wenn alle Kredite erschöpft sind.

Die Mitglieder des Aufsichtsrats dürfen sich nicht in die Geschäftsführung der Gesellschaft einmischen; sie dürfen dem Vorstand nicht ange-, sondern nur zu-hören. Dies geschieht vor jeder offiziellen Aufsichtsratssitzung in getrennten *Vorbesprechungen* der Anteilseigner- und Arbeitnehmervertreter, damit der Vorstand zielgruppenorientierte, nach dem Vertrauen in das Geheimhaltungsvermögen der Teilnehmer abgestufte Informationen mitteilen kann.

Wegen der separierten Diskussionen und Entscheidungen der Aufsichtsratsbänke wird diese Form der Unternehmensverwaltung als „duales System“ bezeichnet.[11] Mit ihrer Hilfe kondensiert sich die eigentliche Aufsichtsratssitzung auf eine Zusammenkunft, bei der die ausgehandelten Ergebnisse zu einem unvermeidbaren Beschluss zusammengedampft werden.

Beim Aufsichtsrat hat die „Gap-Analyse“ zwei spezifische Lücken offenbart. Eine „strategische Lücke“ wurde angesichts „vielfältiger unternehmenspolitischer Fehlentscheidungen“ bereits 1987 vermutet.[12] Sie wurde darin gesehen, dass selbst hochkarätige Aufsichtsratsmitglieder sich nicht für die strategischen Zielsetzungen und Planungen des Vorstandsvorsitzenden interessieren und sich trotzdem wenig um operative Ergebnisse oder Zwänge kümmern.

Von ernsterer Natur erscheint die *generelle „Überwachungslücke“,* der sich eine umfangreiche Diskussion von Betroffenen, Beteiligten und wenig nüchternen Zaungästen widmet.[13] Ein erster Grund für diese Lücke wird darin gesehen, dass der Aufsichtsrat seiner Überwachungsaufgabe zu wenig Zeit widmet. Dieser Vorwurf muss als voreilig missbilligt werden. Er ignoriert nicht nur den enormen Zeitaufwand für Vorbereitung und Organisation der An- und Abreise sowie für die regelmäßigen Vorbesprechungen.

Er wird außerdem dadurch ad absurdum geführt, dass die dem Aufsichtsrat zur Verfügung gestellten Überwachungsinformationen für mehr Zeit gar nicht ausreichen. Selbst das gemeinsame Essen der Aufsichtsratsmitglieder lässt sich schwerlich über drei Stunden hinaus ausdehnen. Die bei mehr Zeit entstehende Beschäftigungslücke wäre volkswirtschaftlich nicht vertretbar.

Aus ähnlichen Gründen ist der Vorschlag, dass Aufsichtsratssitzungen häufiger als zwei- bis viermal im Jahr stattfinden sollten, wenig hilfreich, auch

---

11 Der Begriff „duales System“ wird meist recht oberflächlich zur Kennzeichnung der zweigliedrigen deutschen Verwaltungsstruktur (Vorstand/Geschäftsführung und Aufsichtsrat/Überwachung der Geschäftsführung) im Gegensatz zu dem verklärten One-Board-System (Board, Verwaltungsrat) verwendet. (*Spartenwetzer,* Die Doppelgesichtigkeit des dualen Systems, Bonn 1994).

12 *Bleicher,* Der Aufsichtsrat im Wandel, Gütersloh 1987, S. 8.

13 *Motzenbichler,* Unkontrollierte Fehlzeiten der Kontrolleure, Bonn 2004.

wenn er wegen des üblichen Sitzungsgeldes[14] spontane Zustimmung finden dürfte. Der Vorschlag lässt aber den gesetzlich tolerierten Amateurstatus der Aufsichtsratsmitglieder unbeachtet. Das Aufsichtsratsmandat wird als Nebentätigkeit ausgeübt, die nur zu Lasten anderer Hobbys ausgeweitet werden kann.

Ebenso erweist sich der Vorschlag als kontraproduktiv, die *Zahl der Aufsichtsratsmandate* zu reduzieren, die eine Person wahrnehmen darf.[15] Die gewaltigen Synergieeffekte von Mehrfachmandaten würden verloren gehen. Sie sind zwar noch wenig erforscht, doch wird mit Sicherheit davon ausgegangen, dass der Aufsichtsrat umso professioneller besetzt ist, je mehr Mandate die einzelnen Mitglieder innehaben. Im Übrigen spricht eine hohe Anzahl von Aufsichtsratsmandaten für Seniorität.

Eine weitere *Ursache der Überwachungslücke* wittert man darin, dass sich der Aufsichtsrat – um im objektivierenden Jargon der Journalisten zu formulieren – „mit antiquierten Ist-Daten abspeisen lässt". Diese Sorge verkennt, dass Ist-Zahlen eine gewisse Grundlage, Planzahlen dagegen einen ungewissen Charakter haben. Es wäre fatal, wenn neben dem Vorstand ein weiteres Organ der Gesellschaft durch Planzahlen verwirrt würde.[16]

Ferner wird darüber spekuliert, dass die Zusammensetzung des Aufsichtsrates seine Funktionsfähigkeit beeinträchtigen könnte. In der Tat hängt die verbreitete Ineffizienz des Aufsichtsrates von seiner Größe und Zusammensetzung ab. Zur Konstruktion einer tragfähigen Überwachungslücke sind sie jedoch nicht geeignet.

Der Gesetzgeber hat klar entschieden, dass die Bedeutung des Aufsichtsorgans eine Größe verlangt, welche die eines arbeitsfähigen Gremiums übersteigt. Bei geringerer Mitgliederzahl lassen sich die verschiedenen für das

---

14 Diese leistungsabhängige Vergütung der Aufsichtsräte erfreut sich immer größerer Beliebtheit, weil sie als nicht abführungspflichtiger Betrag das Taschengeld des Empfängers aufbessert.

15 Der Vorschlag ist in seinen vielfaltigen Konsequenzen (Artenschutz, Sozialgefälle und anderem mehr) noch nicht zu Ende gedacht worden. Der berühmte Quellenforscher *Theisen* hat dankenswerterweise darauf aufmerksam gemacht, dass schon 1902 die soziale Bedeutung des Aufsichtsrates als „Bourgeois-Sinekure" erkannt wurde.

16 *Kummerschwund,* Informationsflut als stressauslösendes Ereignis, Heidelberg 1990.

Unternehmen wichtigen Interessengruppen nicht im Aufsichtsrat unterbringen, die dort im Interesse des Unternehmens ihre Interessen vertreten. Das Suboptimum für die Zusammensetzung des Aufsichtsrats[17] ergibt sich aus der üblichen Interessenverteilung, wie sie in Tabelle 1 dargestellt ist.

Der dominierende Anteil der Bankenvertreter im Aufsichtsrat lag ursprünglich bei 52 % und wurde in paritätisch besetzten Aufsichtsräten auf 41 % reduziert. Ihr Anteil wurde nur noch von den Gewerkschaftsvertretern mit 45 % übertroffen. Später haben sich die Banken zugunsten zu entsorgender Vorstandsmitglieder auf 31 % zurückfallen lassen. Aufgrund der Finanzkrise ist mit einem weiteren Schwinden zu rechnen. In jedem Fall kann das auf Dividende und Wertsteigerung ausgerichtete Interesse aufmüpfiger Aktionäre (5 %) in Grenzen gehalten werden.

Im politischen Raum wird zurzeit diskutiert, ob die Überwachungslücke durch eine vorgeschriebene Frauenquote verkleinert werden kann.

Tabelle 1: Zusammensetzung des Aufsichtsrates

Herkunft	**Anteil**		**Anzahl**			
	%	%	AR-Mitglieder			
Aktionärsvertreter						
Bankenvertreter	31		2	3	3	6
ehemalige Vorstandsmitglieder	15		2	1	1	1
Aktionäre	5	51	0	1	1	1
Arbeitnehmervertreter						
Gewerkschaftsfunktionäre	15		2	1	2	3
Gewerkschaftsmitglieder	30		2	3	3	6
Sonstige Arbeitnehmer einschließlich Leitende	5	50	0	1	1	1
		101	**8**	**10**	**12**	**20**

[17] *Kümül-Türk,* Der Minderheitenschutz in modernen Verwaltungsstrukturen, 2. Auflage, Berlin 2003.

Der unsinnig hohe Anteil der *Banker* war ein Phänomen, dessen nachteiliger Einfluss erst kürzlich durch eine probate Untersuchung empirisch belegt werden konnte.[18] Der wissenschaftliche Wert dieser Analyse liegt in der gelungenen Verbindung von ausgeklügelter Statistik, Annahmen aufgrund gewisser Präjudizien und zwangsläufigen Zirkelschlüssen. Die Untersuchung bestätigt, was jeder einseitig Interessierte, der sich nicht mit der Sache befasst hat, schon immer wusste. Banker verfügen über ein erhebliches Schadenspotential. Die Studie wurde in Großbritannien veröffentlicht, um britischen Lesern eine gute Entstellung von der deutschen Aufsichtsrats- und Bankenpraxis zu vermitteln.

Übrig bleibt schließlich die Befürchtung, dass die Überwachungslücke sich vergrößern könnte, wenn der Aufsichtsrat mit der Bestellung von unfähigen Vorstandsmitgliedern Managementlücken erzeugt.

b) Das Vorstands-Bestellobligo

Das Aktienrecht schreibt dem Aufsichtsrat die Bestellung von Vorstandsmitgliedern zwingend vor, sagt aber wenig Brauchbares über deren Qualifikation und gar nichts über geeignete Bezugsquellen. Erschwerend kommt hinzu, dass noch niemand die existenzielle Frage befriedigend beantworten konnte, warum jemand Vorstandsmitglied geworden und über mehrere Amtsperioden geblieben ist.[19]

Gemäß § 76 AktG soll allein der Vorstand die Gesellschaft leiten. Vorstandsmitglieder sind also „Leiter" oder zeitgemäßer ausgedrückt „Topmanager". Ein *Kandidat für den Vorstand* muss also das Potenzial zum Topmanager aufweisen, d. h., er muss ein älterer Manager sein, der relativ früh als „vielversprechender Jungmanager" sichtbar vom Boden der Realität abgehoben hat und den der Aufsichtsratsvorsitzende gut kennt.

Weitere untrügliche Kennzeichen für einen aussichtsreichen Vorstandsanwärter sind eine adäquate äußere Erscheinung und das Führen respektabler

---

18 *Perlitz/Seger,* The Role of Universal Banks in German Corporate Governance, Business and the Contemporary World, 1994, Heft 4, S. 49 ff.

19 Eine Erklärung sucht man vergeblich bei *Kräkel*, Beförderungsentscheidung und verdeckte Spiele in Hierarchien, ZfbF 1995, S. 25 ff.

Titel. Für einen sorgfältig handelnden Aufsichtsrat ist daher neben der eigenen Voreingenommenheit die Beobachtung vorstandsgemäßer Modetrends unverzichtbar.

Nach der ungeschriebenen Kleiderordnung für Topmanager sind Nietenhosen[20] , Kleinkariertes sowie Piercing und sichtbare Tätowierungen mit der noblen Erscheinung eines Vorstandsmitglieds nicht vereinbar. Einfühlsame Modeberater raten zum traditionellen dunkelblauen oder dunkelgrauen Eintöner mit eleganten Krawatten, deren Preise die eines Maßanzuges erreichen.[21] Bildhafte Krawattenmotive wie Enten oder Teddybären nehmen dem scharfkantigen Managerprofil seine notwendige Härte; bevorzugt werden dezente Streifen. Zunehmend setzt sich der Deckmantel als Berufskleidung durch.

Adels- oder akademische Titel sind Standardmerkmale aussichtsreicher Vorstandsanwärter, insbesondere wenn ihnen solche Titel aufgrund von Geburt oder eigenem Studium versagt geblieben sind. Ihre aufwendige Beschaffung durch passive Adoption bzw. auf dem 2. Promotionsweg beweist persönlichen Ehrgeiz und den vollen Einsatz Dritter. Da der Weg über den professionellen Titelhändler in letzter Zeit in Misskredit geraten ist,[22] bemühen sich ehrgeizige Führungskräfte um Ehrentitel.

Forschungsaufträge für einschlägige Lehrstühle und die Einstellung ausgebeuteter Hochschulassistenten sind erste zielführende Maßnahmen zur Erlangung akademischer Titel. Als nächster Schritt schließt sich ein Fachvortrag in der Hochschule an. In seinem Mittelpunkt sollten herausragende Erfolge des überreifen Managers stehen. Das durch eigene Mitarbeiter sowie mit Hilfe der erwähnten Assistenten erstellte Manuskript muss in eine wissenschaftliche, d. h. sprachlich umständliche Form gebracht werden. Wichtig ist, dass Banales mit Würde und Bedeutsamkeit vorgetragen wird. Banales erzeugt keinen Widerspruch und Bedeutsamkeit gibt Gelegenheit, den Vortrag als äußerst bemerkenswert zu loben.

---

20 *Ogger,* Nieten in Nadelstreifen (Dieses „Bieten von Halbwahrheiten" hat der Verfasser ausgeliehen und kann daher das Erscheinungsjahr nicht angeben.)

21 Zum internationalen Modetrend für Topmanager s. *Bennet,* The corporate Catwalk, Business Strategy International 2009, S. 6 ff; *Joppe,* Bosse im Blazer, Hamburg 1996.

22 Vgl. *Renner/Greiffen,* Wir kriegen sie alle – die Jagd nach Titeln aus kriminalistischer Sicht, Wiesbaden 1992. *Wadelzwicker,* Vom Kopfjäger zum Titeljäger, Düsseldorf 1991.

Mit der Veröffentlichung eigener, also von Mitarbeitern verfasster Fachbeiträge, wird die Verleihung der Ehrendoktorwürde überfällig. Nach weiteren 12 Monaten sollte der Professorentitel erlangt sein. Längere Zeitabstände geben zu denken.

Wenn verwandtschaftliche oder rotarische *Verbindungen*[23] zum amtierenden Vorstands- oder Aufsichtsratsvorsitzenden fehlen, wird ein unternehmensexterner Kandidat meist mit Hilfe eines renommierten Personalberaters ausgesucht. Dieser schlägt prompt Bewerber vor, die er vor einem Jahr einem anderen Unternehmen vermittelt oder die er in einem Branchenverzeichnis ausfindig gemacht hat. Unternehmenseigene Manager werden i. d. R. nur dann zum Vorstandsmitglied berufen, wenn sie im Sinne des Peter-Prinzips ihre Stufe der Inkompetenz bereits erreicht haben oder dies mit der Bestellung zum Vorstandsmitglied tun.

c) Der diplomierte Aufsichtsrat

Angesichts der lückenhaften Überwachungstätigkeit ist es naheliegend, dass de lege ferenda diplomierte Aufsichtsräte gefordert werden. Das Aufsichtsratsdiplom wird in Zukunft für die persönliche Existenzsicherung so wichtig sein wie das Jodeldiplom.[24] Früh pensionierte Topmanager könnten sich damit eine eigene Existenzgrundlage schaffen. Wegen der Zulassungsvoraussetzungen für die Diplomprüfung dürften es nicht berufstätige Partner in der Ehe oder Lebensabschnittgemeinschaft schwer haben.

Voraussetzung für die *Zulassung zur Diplomprüfung* wäre entweder eine vierjährige Tätigkeit als Topmanager eines anderen Unternehmens oder eine ebenso lange Betriebszugehörigkeit bei dem betroffenen Unternehmen. Amtierenden Aufsichtsratsmitgliedern, die nachweisen können, dass sie an mindestens vier Bilanzsitzungen aktiv teilgenommen haben, sollte eine erleichterte Übergangsprüfung zugestanden werden, um keine Überbrückungslücke auftreten zu lassen.

---

23 *Offer/Cousin,* Rotarische Brüder als notorische Kompetenzträger – ein Beitrag zur Vetternwirtschaft, Hamburg 1989.

24 *Loriot*, Die Jodelschule, Bremen 1984.

Vertreter von Banken sollten ursprünglich auf Antrag ohne Prüfung diplomiert werden. Im Zusammenhang mit der Finanzkrise sind anstelle dieser Erleichterungen verschärfte Prüfungsvoraussetzungen geschaffen worden, die bisher kein Banker erfüllen konnte. Von ihnen wird nicht nur verlangt, dass sie die Begriffe „Cashflow, Derivate und Fair Value" richtig interpretieren können, sie müssen auch von ihrem Hause vertriebene Finanzprodukte einem intelligenten Sparer erklären.

Mit der Ausbildung zum diplomierten Aufsichtsrat würde eine linksliberale Bildungslücke geschlossen: Jeder mündige Gesamtschüler soll die Chance haben, Aufsichtsratsmitglied werden zu können. Allerdings müssten reaktionären Kreisen wohl gewisse Zulassungsvoraussetzungen zugestanden werden.

Die Zulassung zum Diplomexamen sollte eine wirtschaftsbezogene Erfahrung von mindestens vier Jahren voraussetzen, wobei eine betriebliche Lehre voll, das Babyjahr mit neun Monaten, Geschäftsessen zu 20 % und die aufreibende Tätigkeit als Gewerkschaftsfunktionär, Beamter oder Student mit höchstens fünf Jahren anzurechnen wären.

Das *Diplomexamen* soll die Hauptfächer Management- und Aufsichtsbetriebslehre sowie ein Wahlfach umfassen. Als Wahlfächer sind vorgesehen Bilanz-, Aktien- oder höhere Wesen, die Soll-Ist-Paralyse oder die Kunst der Geheimhaltung. Die vorbereitenden Fern- oder Abendkurse sollen so angelegt werden, dass auch Volljuristen die Möglichkeit haben, das Aktienrecht kennenzulernen, Betriebswirte den Begriff „Cash-flow" in Ansätzen verstehen können und jede Hausfrau oder jeder Hausmann in die Lage versetzt wird, in ihrer/seiner Mußezeit Bilanzen richtig zu lesen.[25]

---

[25] Zur Grundlage vgl. *Scheffler,* Bilanzen richtig lesen, 8. Aufl. München 2009.

4. Der Abschlussprüfer als Lückenbüßer

Die *Unfehlbarkeit der Wirtschaftsprüfer*, die durch mehrbändige Kommentare in wiederholten Auflagen belegt ist,[26] begründete das blinde Vertrauen in die Richtigkeit und Wahrheit geprüfter Jahresabschlüsse. Im Gegensatz zu den meist schweigsamen Experten hatten Aufsichtsräte, Banker und andere Laien allerdings keine Ahnung, dass ein Unternehmen auch bei einem uneingeschränkten Bestätigungsvermerk für die verflossene Bilanz in Zahlungsschwierigkeiten geraten kann.

Nur Jungmanager, die noch nicht für den Aufsichtsrat ministrabel sind, wissen bei entsprechender Fächerwahl im Studium um die bedingte Verlässlichkeit eines uneingeschränkt testierten Jahresabschlusses. An deutschen Hochschulen wird schließlich seit Jahren gelehrt, dass der Jahresabschluss das Ergebnis willkürlicher Manipulationen ist und seine Aussagekraft gegen Null tendiert.

Die enttäuschten Erwartungen der Aufsichtsräte und anderer Kreise in die Garantieversicherung der Abschlussprüfung werden poetisch als „Erwartungslücke"[27] ausgemalt. Sie ergibt sich dadurch, dass der Abschlussprüfer nicht mehr das ist, was er noch nie war. Auch im depressiven Zustand muss er einen ordnungsgemäßen Jahresabschluss uneingeschränkt testieren, wenn sich die Krise des Unternehmens noch nicht zur Insolvenz verdichtet hatte. Ein standhafter Abschlussprüfer kennt schließlich weder Freund noch Feind, wenn es um sein Mandat oder die Grundsätze ordnungsmäßiger Buchführung geht. Insofern fühlt sich der Berufsstand an der Erwartungslücke unschuldig.

Intellektuellen Schmerz bereitet dem deutschen Wirtschaftsprüfer die offene Vorhaltung, dass der Gegensatz zwischen dem True-and-fair-view-Konzept in der anglo-amerikanischen Rechnungslegung und den spätgotischen Grundsätzen ordnungsmäßiger Buchführung die Erwartungslücke produziert oder zumindest vergrößert habe. Im angelsächsischen Raum kennt man näm-

---

26 Z. B. ADS = allen Deutungswünschen sachdienlich.

27 *Forster,* Zur „Erwartungslücke" bei der Abschlussprüfung, Festschrift Helmrich, München 1994, S. 613 ff.

lich nur einen „expectation gap", der sich zu existenzbedrohenden Schadensersatzforderungen ausgeweitet hat, denen sich die anglo-amerikanischen Kollegen ausgesetzt sehen.

Zur Überwindung der *Erwartungslücken* wird die Einrichtung eines Prüfungsausschusses des Aufsichtsrates leichtfertig mit „Audit Committee" übersetzt, nachdrücklich empfohlen[28] und eine stärkere Belästigung des Abschlussprüfers durch den Aufsichtsrat vorgesehen, die dadurch gemildert werden soll, dass Abschlussprüfer alle fünf Jahre ausgewechselt werden sollen. Der Prüferwechsel[29] vermeidet, dass sich beim Abschlussprüfer profunde Kenntnisse über das Unternehmen festsetzen. Da sich die Prüfungsarbeit nur entsprechend der verfügbaren Zeit ausdehnen kann, müssen die Prüfungshandlungen zur Vermeidung von Qualitätsverlust auf Berichtsschreiben und Testaterteilung zurückgeführt werden. Das bedeutet die Realisierung des Lean Auditing.

---

28 *Langbucher/Blaum,* Audit Committees – Ein Weg zur Überwindung der Überwachungskrise, DB 1994, S. 2197 ff. Siehe auch *Potthast,* Das große Entlücken der Corporate Governance, Wiesbaden 1994.

29 *Klimatzki,* Der Abschlussprüfer in den Wechseljahren, Wien 1994.

VI. Shareholder's Value oder der Wert des Aktionärs

1. Der wertvolle Kleinaktionär

Aktionär kann jeder werden, egal ob Banker oder Gewerkschaftsfunktionär, ob Topmanager oder Arbeiter. Man muss nur eine Aktie kaufen. Jede Bank wird dabei provisionspflichtig behilflich sein. Auch demjenigen, der nichts von der Börse versteht, gelingt der Aktienkauf zum überhöhten Kurs.

Bei dem anschließenden Kursverfall lautet die fachmännische Devise: „Durchhalten". Für den strategisch denkenden Aktionär gilt das jedenfalls so lange, bis sein professioneller Anlageberater den Aktienverkauf „zur Gewinnmitnahme" oder „zur Verlustminimierung" empfiehlt. Gewinnentnahmen werden dann empfohlen, wenn der Kurs über das zwischenzeitliche Kurstief leicht angestiegen ist, aber den ursprünglichen Anschaffungskurs noch nicht erreicht hat. Für den Aktionär bedeutet das einen Gewinn, der ihn mitnimmt.

Der *Wert des Aktionärs* oder – wissenschaftlich ausgedrückt – Shareholder's Value besteht darin, dass er der Aktiengesellschaft (AG) vorbehaltlos Eigenkapital zur Verfügung stellt. Vorstand und Aufsichtsrat haben ein großes Interesse daran, den Wert des Aktionärs zu steigern.[1] Die Steigerungsmöglichkeiten resultieren aus dem Nutzenpotential des Aktionärs zur Erleichterung der Verwaltung der AG. Mit Verwaltung der AG sind ihr Vorstand und Aufsichtsrat gemeint. Andererseits kann es zu Wertminderungen kommen, wenn der Aktionär über die Kapitalüberlassung hinaus Ansprüche an die Gesellschaft oder deren Vertreter stellt.

---

1 *Greedy*, Maximizing Shareholder's Value, Chicago 1986.

Im Gegensatz zum Gesellschafter einer GmbH, einer Kommanditgesellschaft oder einer offenen Handelsgesellschaft hat der Aktionär als solcher auf die Geschäftsführung der AG keinen Einfluss. Diese naturbelassene Aktionärsart bezeichnet man liebevoll mit „*Kleinaktionär*". Die Rolle des Kleinaktionärs entspricht der des Kleinbauern zur karolingischen Zeit oder der des Kleinbürgers in der vorindustriellen Gesellschaft. Jede AG-Verwaltung ist stolz auf eine große Zahl von Kleinaktionären, ist sie doch Sinnbild eines demokratischen Kapitalismus. Allerdings schließt diese Anerkennung die Erwartung ein, dass sich die Kleinaktionäre auf ihre originären Rechte und Pflichten beschränken.

Die originären Rechte und Pflichten des vollwertigen Kleinaktionärs beinhalten:

- Übertragung des Stimmrechts auf eine Bank oder störungsfreie Teilnahme an der Hauptversammlung (HV),
- vorbehaltlose Zustimmung zu den Vorschlägen der Verwaltung,
- bei eigener HV-Teilnahme dankbare Entgegennahme des Lunchpaketes und
- deutlicher Protest gegen längere Reden von Opponenten.

Der besondere Wert des Kleinaktionärs dokumentiert sich darin, dass er nicht über die von Vorstand und Aufsichtsrat zugestandene Dividende oder über den Ausschluss des Bezugsrechts hadert, sondern seinen Ärger für sich behält.

2. Sonstige Aktionäre

Neben der eher rührenden Gestalt des Kleinaktionärs fallen folgende rührige Arten von Aktionären ins Gewicht:

- Großaktionäre,
- Aktionärsvertreter,
- Opponenten.

Großaktionär ist, wer mindestens 5 % der Aktien der AG besitzt und damit einen *relativen Aktienanteil* von mehr als 0,25 hält. Der relative Anteil (RA) ergibt sich aus dem Verhältnis der eigenen Beteiligung (B) zum Gesamtanteil der drei größten Mitaktionäre (GAM).

$$RA = B / GAM$$

Haben z. B. die drei größten Aktionäre zusammen einen Anteil von 30 %, so beträgt bei 5 % Eigenbesitz der relative Anteil 0,17.

Bei einem absoluten Anteil bis zu 50 % nennt man den größten Aktionär „Hauptaktionär", bei über 50 % spricht man vom „Mehrheitsaktionär". Besonders kritisch ist der Alleinaktionär zu bewerten, also der Aktionär mit 100 % Anteilsbesitz.

Die Wertschätzung des *Großaktionärs* sinkt mit wachsendem relativem Anteilsbesitz; sie steigt mit seiner Zurückhaltung bei Ausübung der Aktionärsrechte. Negativ muss gewertet werden, wenn ein Großaktionär ohne Abstimmung mit dem Vorstand und ohne dessen wohlwollende Zustimmung aufgrund seines Aktienbesitzes einen Sitz im Aufsichtsrat der AG beansprucht. Der größte Aktionär verdient einen zusätzlichen Wertabschlag, wenn sein relativer Anteil 2,0 und mehr beträgt. Wertberichtigungen können nur bei finanzstarken und zahlungswilligen Großaktionären unterbleiben, die sich wie vollwertige Kleinaktionäre verhalten.

Besonders wertvoll sind gleich starke Großaktionäre, wenn deren Einfluss damit neutralisiert wird. Sich gegenseitig blockierende Aktionäre können zu nahezu unbegrenzten Freiheiten der Verwaltung führen.

Großaktionäre bedürfen einer ihrer Eigenart entsprechenden Behandlung durch den Vorstand. Eine Bank ist als Aktionär anders hinzunehmen als eine Konzernmutter, ein arabischer Staat oder ein konzernfreies Unternehmen.

Banken sind als gelernte Kapitalgeber relativ nützliche Aktionäre, weil sie weniger an Dividenden als an exklusiven und umfangreichen Kreditbeziehungen mit der Gesellschaft interessiert sind.[2] Bei überzogener Absicherung

---

2 Jüngste Beispiele lassen große Zweifel aufkommen, ob man den Banken als Großaktionär trauen kann

der Kredite (daher die Bezeichnung „Überziehungskredit") genügt ihnen die repräsentative Vertretung im Aufsichtsrat. Bankenvertreter wurden lange Zeit als universeller Ratgeber in allen Wirtschafts- und Managementfragen (daher der Begriff „Universalbank") toleriert. Ihr Wertsteigerungspotential konnten sie in Krisenzeiten beweisen, wenn sie für die Finanzlage der Gesellschaft Verständnis zeigten, humane Kreditkonditionen akzeptierten sowie bei der Ruhigstellung eines Kreditkonsortiums mitwirkten.

Großaktionäre, an denen die AG ihrerseits maßgeblich beteiligt ist, erfahren eine beträchtliche Aufwertung, wenn die Überkreuzverflechtung eine ausreichende Gewähr für ein störungsfreies Verwalten der AG bietet.

Mehrheits- oder Alleinaktionäre können wegen ihrer Beherrschung für die Verwaltung unangenehm werden. Sie haben daher als Aktionäre eine sehr geringe Wertanmutung, die ins Negative schlägt, wenn sie aufgrund des Aktienbesitzes die Konzernleitung beanspruchen. Wollen sie diese gar durchsetzen, so wird der damit verbundene Unwert auch nicht mehr dadurch ausgeglichen, dass der Vorstand der AG bei seinen sonst ungehemmten Entscheidungen ernsthaft nur mit einem Aktionär rechnen muss, was normalerweise als Erleichterung der Verwaltung empfunden werden würde.

3. Aktionärsvertreter

Aktionärsvertreter sind entweder Repräsentanten von Banken, Abgesandte von Aktionärsvereinigungen oder sonstige Personen. Banker beschränken sich in Übereinstimmung mit der legalen Zwecksetzung des Kleinaktionärs auf die Abgabe der Stimmkarten und auf die Interessenwahrung ihres Kreditgeschäfts. Dieses sogenannte Depotstimmrecht[4], d. h. Ablagerung der Stimmrechte, führt grundsätzlich zu einer positiven Bewertung der solchermaßen vertretenen Aktionäre, es sei denn, es enthielte ein „Nein" zu den Vorschlägen der Verwaltung.

Die übrigen Aktionärsvertreter vertreten mit vielen Worten wenige Kleinaktionäre. Sie sind daher die Entertainer der Hauptversammlungen. Zu ihrem unverzichtbaren Repertoire gehört die Feststellung, dass die Dividende für das abgelaufene Geschäftsjahr eigentlich erhöht werden müsste. Hartnäckigkeit und Akzent, mit der diese belanglose Tatsache vorgetragen wird, sind Maßstäbe für die Bewertung der vertretenen Aktionäre.

Ehrgeizige Aktionärsvertreter offenbaren sich gern als Bilanz-Feinmechaniker, indem sie ausgiebig aus dem Geschäftsbericht zitieren und unwesentliche Fragen zum Jahresabschluss stellen, dessen Inhalt trotzdem verborgen bleibt. Sie sind für die Verwaltung harmlos. Sie beruhigen die von ihnen vertretenen Aktionäre und unterhalten die Teilnehmer der Hauptversammlung. Sie können den Wert der von ihnen vertretenen Aktionären noch steigern, wenn sie ihre spontanen Fragen vorher mit dem Vorstand abstimmen.

Opponenten sind Aktionäre, die ihren Wert dadurch aufs Spiel setzen, dass sie in der Hauptversammlung gegen die fein gesponnenen Vorschläge der Verwaltung stimmen. Berufsopponent ist ein Aktionär oder Aktionärsvertreter, der immer „B“ ruft, wenn die Verwaltung „A“ sagt. Berufsopponenten genießen es, gefürchtet zu werden. Ihre wesentliche Funktion ist die strapaziöse Verlängerung der Hauptversammlung. Das geschieht vorzugsweise durch langatmige Ausführungen und Fragen, die mit der Tagesordnung der Hauptversammlung nichts zu tun haben.

Der chronische Rededrang vieler Berufsopponenten wird vor allem dadurch hervorgerufen, dass sie sich als Missionare für bessere Unternehmensführung berufen fühlen. Wenn diese Laienbewegung selbst bedenkenswerte Kritik durch professionelle Polemik paralysiert, lassen sich ihre anwesenden Seminaristen zu impulsivem Applaus hinreißen. Außerdem amüsieren sie die ansonsten desinteressierten Pressevertreter.

Das eigentliche Anliegen der Berufsopponenten ist neben der zeitlichen Ausdehnung der Hauptversammlung ein hoher Bekanntheitsgrad und der baldige Vorruhestand als etablierter Aktionärsvertreter. Etabliert ist der Berufsopponent dann, wenn er in der Presse so häufig zitiert wird, dass seine Umgangsformen als angenehm genug empfunden werden, um ihn zwecks Abstimmung in die Vorstandsetagen großer Aktiengesellschaften zu bitten. Damit erhöht sich natürlich der Wert der von ihm vertretenen Aktionäre.

C. Evolution der Wirtschaftsprüfung

I. Neue Wege der Wirtschaftsprüfung (1969)

II. Standortkalkulation für Wirtschaftsprüfer (1974)

III. Der integrierte Gesamt-Wirtschaftsprüfer (1980)

IV. Die bilanzielle Entsorgung für die 90er Jahre (1988)

V. Wirtschaftsprüfung 2000 – Risiken und Chancen für Wirtschaftsprüfer ohne Furcht und Tadel (1995)

VI. Aktuelle Umtriebe bei Corporate Governance und Rechnungslegung (2004)

Die folgenden Beiträge sind in den angegebenen Jahren in der Zeitschrift „Die Wirtschaftsprüfung“ erschienen. Sie zeigen, wie sich Wirtschaftsprüfung und Rechnungslegung in den letzten 40 Jahren entwickelt haben.

I. Neue Wege der Wirtschaftsprüfung (1969)

Auf der Fachtagung 1968 des Instituts der Wirtschaftsprüfer in Berlin sprach der Bundeswirtschaftsminister davon, dass in dem Pilgerzug der Wirtschaft in die goldenen 70er Jahre die Wirtschaftsprüfer dank ihrer besonderen Weihen einen hervorragenden Platz einnehmen werden, da ihnen seit jeher gestattet sei, im Allerheiligsten der Unternehmungen einzugehen. Es ist daher eine hohe Verpflichtung des Berufsstandes, auf diesem vorgezeichneten Weg würdevoll voranzuschreiten. Die folgenden Ausführungen setzen die Meilensteine für den fortschrittsträchtigen Pfad der Wirtschaftsprüfer in die Zukunft, die bereits verschiedentlich begonnen, in Einzelfällen sogar schon angefangen hat.

Mit Interesse muss vor allem die Aufgeschlossenheit der Wirtschaftsprüfer gegenüber der modernen Wirtschaftswissenschaft verzeichnet werden, die nachdrücklich dadurch dokumentiert wird, dass auch Wirtschaftsprüfer in zunehmendem Umfang den Mut finden, gesicherte wissenschaftliche Erkenntnisse der 20er Jahre durch anglo-amerikanische Ausdrücke in moderne Forschungsergebnisse zu transformieren. Modernem Forschungsgeist ist es zu verdanken, dass so primitive Bezeichnungen wie „Berechnung von Kostendeckungspunkten“[1] zu dem Begriff „Break-even-point-Analyse“ veredelt wurden.

1 1 Vgl. *Schär,* Allgemeine Handelsbetriebslehre, 5. Aufl., Leipzig 1923, S. 169.

1. Der Cash-Overflow

Die durch Anglizismen erreichte wissenschaftliche Präzision der deutschen Betriebswirtschaftslehre konnte in jüngster Vergangenheit neue Triumphe feiern, und das auf dem für den Berufsstand so wesentlichen Gebiet der Kassenprüfung. Nach langjährigen Versuchen ist es einem Wirtschaftsprüfer gelungen, den bisher unzureichend als Kassenmehrbestand bezeichneten Überschuss des Ist-Bestandes (I) gegenüber dem Sollbestand (S) als Cash-Overflow zu erkennen und mathematisch exakt zu formulieren:[2]

$$C=I-S$$

Damit ist der Bestand laut Kassenbuch eindeutig als negativer Bestandteil des Cash-Overflows definiert.

Der Cash-Overflow wird im Allgemeinen zum Nullwert hin tendieren. Seine Minimierung stellt die unternehmerische Zielsetzung auf dem Gebiet der Kassenführung dar. Dabei wird der pekuniäre Optimal-Zustand mit dem Phänomen der extremen Cash-Balance erreicht, wenn also $C = 0$ und somit $I = S$ ist.

Das Problem eines negativen Cash-Overflows lässt sich im Normalfall approximativ mit der Manko-Methode lösen, die auf der Empirie der Kassenrevision beruht, nach der die Wahrscheinlichkeit einer Veruntreuung im Normalfall geringer ist als die Möglichkeit eines Additionsfehlers im Kassenbuch oder bei der Bestandsaufnahme.[3]

2. Rationalisierung der Prüfungsarbeit

Die Arbeitsteilung im WP-Beruf wurde bisher als eine Funktion der Grundsätze ordnungsmäßiger Berufsausübung angesehen. Die – namentlich im

---

2 *Münzemann,* Der Cash-Overflow als integrierter Bestandteil des Kassenwesens, Band I und II, Mainz 1968.

3 S. dazu im Einzelnen *Fromm,* Die Pay-back-Periode des negativen Cash-Overflows als Problem und Aufgabe, Ansätze zur mathematischen Auflösung, Innsbruck 1969, S. 17 ff.

Hinblick auf die Erhaltung der Mandantschaft – flexible Handhabung der erwähnten Grundsätze eignet sich jedoch nicht als Basis für eine exakte, wissenschaftlich fundierte Ableitung. Daher waren alle bisherigen Rationalisierungsversuche, die irrtümlich an der genannten Funktion anknüpften, zwangsläufig zum Scheitern verurteilt.[4] Erst in jüngster Zeit wurde diese Fehlentwicklung erkannt. Die wissenschaftliche Forschung wurde namentlich durch die Arbeiten von *Korbinian Kontenspalt* auf eine neue Grundlage gestellt.

Für eine wissenschaftlich fundierte *Arbeitsteilung* ist von der im Beruf allgemein anerkannten hierarchischen Grundeinstufung WPA (Wirtschaftsprüfer, Prüfer, Assistent)[5] auszugehen. Durch marginale Betrachtung der genannten Grundfunktion ergibt sich die optimale Normal-Kombination (K) wie folgt

$$K = \sqrt{WP + \frac{P}{2 + A}}$$

Die Größen W, P und A sind dabei durch die Gehaltshöhe eindeutig bestimmt[6]. Die Normalkombination ist bei jeder rational begründeten Disposition zu berücksichtigen, da sie folgende optimale Arbeitsteilung[7] ergibt:

W (= Wirtschaftsprüfer) übernimmt die zwischenmenschlichen Beziehungen gegenüber dem Mandanten, um die Versorgung der Prüfermannschaft mit Kaffee und Zigaretten und gelegentlichen Einladungen zu besserem Essen sicherzustellen. Außerdem obliegt ihm das Einsetzen von Seitenzahlen in dem Berichtsentwurf. W bestimmt schließlich die Arbeitspausen, das Speiselokal sowie die Art der Feierabendgestaltung.

P (= Prüfer) ist für die fachgerechte Verwendung der Prüfungszeichen verantwortlich und überwacht sie in Anzahl und Ausführung. Außerdem errech-

---

4 Vgl. *Traugott,* Bilanzierung im Spiel der Praxis, 2. Aufl. Düsseldorf 1968.

5 Wegen der zwischenzeitlichen Vermehrung der Wirtschaftsprüfer hat die Grundhierarchie eine Aufstockung durch Partner (Pa) und Vorstandsmitglieder erfahren, so dass heute die Rangfolge V/Pa/WP/P/A gilt.

6 Aus Sicht des jahres 2009 sind statt der Gehaltskosten die Gesamtkosten der prüfenden person anzusetzen.

7 Bei der heute erweiterten Hierarchie übernimmt V (=Vorstand) den Besuch internationaler Fachkongresse, wenn sie in Übersee stattfinden, während Pa (= Partner) die Auftragsbeschaffung und Mandantenpflege zu besorgen hat.

net er die erforderlichen Durchschläge für den Berichtsentwurf und bestimmt die im Text aufzuführenden Satzzeichen.

Die Arbeit des A (= Assistent) ergibt sich nach der Subtraktionsmethode, d. h. er übernimmt die verbleibenden Arbeiten.[8] Neben dem Anfertigen der materiellen Berichtsteile ist er mit Prüfungen voll ausgelastet.

Unter Zugrundelegung der erwähnten Grundfunktion lässt sich die Anzahl der Prüfungshandlungen je Zeiteinheit (n) mathematisch genau wie folgt bestimmen:

$$n = A + 1/(W-P)^2$$

Ein weiterer Schritt auf dem Wege zur *Rationalisierung* ist die periodenweise Vereinheitlichung der Prüfungshandlungen, die auf *Nepomuk Kassensturz*, den langjährigen Prüfungsleiter bei der Wasserkopf AG, zurückgeht. Im ersten Jahr wird nur addiert, im zweiten werden die Belegprüfungen vorgenommen, im dritten die Gegenbuchungen überprüft und im vierten Jahr die erforderlichen Prüfungszeichen an den dafür vorgesehenen Stellen angebracht.

Bei Zeitdruck entfallen die an sich unbedeutenden Prüfungshandlungen eins bis drei. Damit konnte in 105,2 % aller Fälle eine bedeutende Kürzung der Prüfungszeit erreicht werden. In einigen Fällen konnten sogar die Konten für die nächsten zwei Geschäftsjahre bereits mit Prüfungszeichen versehen werden.

Weitreichende Rationalisierungserfolge wurden schließlich durch *Kürzung der Prüfungsberichte* erzielt. Die hierzu vom Arbeitskreis für fortschrittliche Eliminierung (AffE) erarbeiteten Grundsätze Nr. 1 bis 1487 bewirken den so genannten Schwundeffekt, der allgemein mit σ bezeichnet wird. Eine Aufzählung aller Grundsätze würde den vorliegenden Beitrag sprengen; daher nur zwei Beispiele:

Der 1. AffE-Grundsatz besagt, dass größere Zahlenzusammenstellungen nicht in den Berichtsanhang, sondern in die Anlagen gehören. Dem liegt die unbewiesene Annahme zugrunde, dass der Arbeitsaufwand für eine Zahlen-

8 *Kontenspalt.* Auditing by exception, Miesbach 1967. S. 311.

aufstellung in den Anlagen wesentlich geringer ist als für eine gleiche Zahlenaufstellung im Bericht.

Der 197. AffE-Grundsatz verlangt, dass für mehrere Posten des Jahresabschlusses geltende Erläuterungen zusammenzufassen sind. Dieses Kontraktionsprinzip kann in seiner Bedeutung nicht hoch genug eingeschätzt werden, bietet es doch endlich die Handhabe, die antiquierte Unterscheidung zwischen Rücklage und Rückstellung fortfallen zu lassen. Es kommt entscheidend darauf an, auf das geringste Gemeinsame der Bilanzpositionen abzustellen. Damit ist es z. B. sinnvoll, Vorräte, Bankguthaben und Grundkapital als sachlich zusammengehörig im Prüfungsbericht zusammenzufassen.

Auch der Schwund-Effekt lässt sich mathematisch genau ermitteln. Er ist abhängig von:

t = Anzahl der Prüfungstage

g = Anzahl der angewendeten Kürzungs-Grundsätze

a = Alter des Prüfers

s = Bilanzsumme des geprüften Unternehmens.

σ ist damit wie folgt definiert:

$$\sigma = g/a + t/s.$$

Zur Maximierung des Schwund-Effektes wurde von *Felix Rübenkees* das *„Line-off-Verfahren"* entwickelt.[9] Bei der einfachen Verfahrensanwendung entfällt jede zweite Zeile im Prüfungsbericht. Dadurch kann eine Kürzung von etwa 48,7 % und damit von fast 2 σ erzielt werden. Als Nebenwirkung dieser simplen Anwendung wird die allerdings ohnehin eingeschränkte Lesbarkeit des Berichtes beeinträchtigt, so dass beim Berichtsleser seelische Störungen nicht ganz ausgeschlossen werden können. Sensible Versuchspersonen ließen bereits eine primöse Zersetzung der Mibrollen durch die Vibromatik des Line-off-Verfahrens erkennen.[10]

---

9 Verschwundene Zeichen zwischen den Zeilen, München 1969, Kapitel IV.

10 *Wüst/von Jeher,* Aufsichtsräte unter der Belastung durch Prüfungsberichte, in: Quintessenz klinischer Tests, Hamburg 1968, S. 1412 ff.

Positiv ist dagegen zu werten, dass bei Anwendung des Line-off-Verfahrens die WP-eigene Berichtskritik zusätzliche Verantwortung bekommt, da zur einheitlichen Ausrichtung der Prüfungsberichte ihr die Entscheidung überlassen bleibt, ob die 1., 3.,5. Zeile oder die 2.,4., 6. Zeile zu streichen ist. Diese Entscheidung wird nicht unerheblich dadurch erschwert, dass sie für jede Seite neu zu treffen ist.

3. Ausblick

Es ist an der Zeit, mit den überholten Prüfungsmethoden zu brechen. Heute darf sich ein Prüfer nicht mehr mit Rechnen und Vergleichen sowie mit der Abfassung von umfangreichen Prüfungsberichten aufhalten. Untersuchungen von *Beatus Schlichtgut* haben u. a. ergeben, dass einer weiteren Steigerung des Schwundeffektes auf 3 σ nur in ihren Anforderungen übersteigerte Berufsgrundsätze entgegenstehen.

Wenn es gelingt, von der noch verbliebenen Praxisnähe der Wirtschaftsprüfer im Prüfungs- und Beratungswesen in vollem Umfang zu abstrahieren, wird der Wirtschaftsprüfer auf dem einleitend beschriebenen Weg der Wirtschaft in die goldenen 70er Jahre[11] gegenüber einem pragmatischen Vorangehen weitgehend sterilisiert werden.

---

11 *Schiller,* Allegorie und Symbolik als Motor des wirtschaftlichen Wachstums, Berlin 1969.

II. Standortkalkulation für Wirtschaftsprüfer (1974)

1. Das Eingeständnis der Steuerberatung

Aufgrund zügelloser Indiskretionen[1] lässt sich nicht länger leugnen, dass der Wirtschaftsprüfer wenigstens zeitweise auf dem Gebiet der Steuerberatung tätig ist. Daher müssen an dieser Stelle die in regelmäßigen Abständen diskutierten, aber stets illusorischen Steuerreformen angesprochen werden.

a) Sorgenvolle Betrachtung der Steuerreform

Das Kernproblem für die steuerberatenden Berufe liegt in der Befürchtung, dass die wiederholt angekündigten durchgreifenden Vereinfachungen des Steuerrechts die Steuerberatung weitgehend überflüssig machen würden. Der Realgehalt der beruflichen Sorge lässt sich an dem Beispiel „Wegfall der degressiven AfA für Gebäude“[2], augenfällig dokumentieren.

Der erfahrene Praktiker kann mit sicherem Fingerspitzengefühl genau ermessen, was allein diese Vereinfachung für den Beschäftigungsgrad der steuerberatenden Berufe bedeutet. Nach vorläufigen Erhebungen werden 38,6 % der gewerblich genutzten Gebäude degressiv abgeschrieben. Wie aufgrund einer portionellen Komplikationsanalyse schnell zu errechnen ist, ist bei einem Simplifizierungsquotienten von SQ = 0,7 ein Gesamtausfall von 26.000 Honorarstunden zu erwarten.

Jede Vereinfachung des Steuerrechts wird durch den „*nezessiven Konfusionsausgleich*“ zunichte gemacht, der seit jeher dem indogermanischen Fis-

---

1 Siehe als neuestes Beispiel: *Institut der Wirtschaftsprüfer* (Hrsg.), WP-Handbuch der Unternehmensbesteuerung, 2. Aufl., Düsseldorf 1994.

2 Vgl. Neckwerte zur Steuerreform 1974, Dokumentation des BMWF, Bonn 1971.

kalrecht systemimmanent ist.[3] Dieser Ausgleich dient dem Schutz der Finanzbeamten und -richter sowie der steuerberatenden Berufe. Sein Zweck ist die Verwirrung der Steuerpflichtigen auf immer höherem Niveau. Er wird durch scheinbar vernünftige Neuregelungen sichergestellt, die so kompliziert sind, dass auch Experten sie nur teilweise verstehen.

Neue Hoffnungen werden auf die schon oft diskutierte *Eigenständigkeit der Steuerbilanz* gesetzt. Der antiquierte Grundsatz der Maßgeblichkeit der Handelsbilanz für die Steuerbilanz, der bereits lange nicht mehr fiskalischen Überlegungen standhalten konnte, würde mit der Eigenständigkeit der Steuerbilanz aufgehoben werden. Fraglich ist, nach welcher Rechtsordnung die Buchführungsgrundsätze für die Steuerbilanz auszurichten sind.

Um einer Anlehnung an die handelsrechtlichen Grundsätze ordnungsmäßiger Buchführung wirksam entgegenzutreten, müssen bezüglich der Steuerbilanz „Grundsätze steuermäßiger Buchführung (GsB)“ entwickelt werden.[4]

Die Ausweitung des Begriffes „Wirtschaftsgut“, der noch eine gewisse Zurückhaltung zuzugestehen ist,[5] dürfte sich durch die genannten Grundsätze neu beleben. So ist streng vertraulich bekannt geworden[6], dass Rückstellungen für Prüfungs- und Beratungskosten künftig zu aktivieren sind. Die Aktivierungspflicht wird damit begründet, dass für die Gläubiger ein zu prüfendes Unternehmen einen höheren Wert besitzt als ein Unternehmen, das nicht zu prüfen ist.

Dieses Phänomen, das für die Wirtschaftsprüfer positiv zu beurteilen ist, ist im Fachschrifttum als „vorbeugende Wirkung der Abschlussprüfung“ zwar erwähnt worden, wurde aber nicht in seiner tragischen Konsequenz erkannt. Das mag zum Teil daran liegen, dass über Höhe und Dauer der Abschreibung dieses Postens keine Einigkeit erzielt werden konnte.

---

3 Vgl. *Koppmann,* Rudimente des indogermanischen Staatsrechts, Leipzig 1927, S. 276 ff.

4 Vgl. *Doller/Geissel,* Fiskalreduktion von Buchführungsgrundsätzen, 4. Aufl., München 1971, S. 27.

5 *Schulenfuß,* Die hyperdynamische Bilanz in der Praxis, München 1968, Abschnitt II.

6 *Kulissen,* Hinterzimmer der Finanzverwaltung, in: Brevier für Betriebsprüfer, Jahrgang 1972, S. 711 ff.

Zum Ausgleich für die erwähnte Aktivierungspflicht soll für ungewisse Schulden ein steuerliches Passivierungsverbot erlassen werden[7]. Die mit der eigenen Steuerbilanz verbundenen zusätzlichen Aufwendungen für die Unternehmen sollen durch die steuerliche Nicht-Abzugsfähigkeit dieser Aufwendungen neutralisiert werden.

b) Die Gefährdung der Kontrasttheorie

Allerdings darf nicht verkannt werden, dass infolge der Eigenständigkeit der Steuerbilanz die Kontrasttheorie für das Bilanzsteuerrecht[8] nicht mehr aufrechterhalten werden kann. Nach unständiger Rechtsprechung des Bundesfinanzhofes (BFH) konnte bisher davon ausgegangen werden, dass der BFH konträr zum Bundesgerichtshof und – in Fragen der Verfassungsmäßigkeit von Steuergesetzen – das Bundesverfassungsgericht konträr zum BFH entscheiden würde.[9] Die Kontrasttheorie[10] wurde zwar vereinzelt im Fachschrifttum kritisiert, doch entsprach ihre leichte Handhabung offenbar nach herrschender Meinung dem Grundsatz unkomplizierter Steuererhebung. Eine echte Steuerreform reißt also eine schwer zu schließende Lücke.

Was kann anstelle der Kontrasttheorie treten? Dem originellen Vorschlag, bei der Urteilsfindung primär vom Wortlaut des Gesetzes auszugehen, kann eine gewisse Naivität nicht abgesprochen werden. Ernsthaft zu diskutieren ist dagegen die konjunkturabhängige Etatlehre.[11] Hiernach bestimmt sich der Urteilstenor der Finanzgerichte in erster Linie nach der Haushaltslage der öffentlichen Hand.[12] Damit wäre die Durchschaubarkeit der steuerlichen

---

7 Aus Sicht des Jahres 2009 mag der Leser an die steuerlich nicht zugelassenen Rückstellung für drohende Verluste denken.

8 Die Kontrasttheorie geht zurück auf die Uneinigkeit der Steuereintreiber während der Gegenreformation. Vgl. *Cervus,* Ius in contrario, Nördlingen 1546, und *Krampus,* Fiscus in cumulus, Bamberg 1552.

9 Vgl. z. B. BGH-Urteil vom 11.7.1966, WPg 1966, S. 643 und BFH-Urteil vom 26.3.1969, DB 1969, S. 1378 sowie BFH-Urteil vom 3.12.1964, BStBI 1965 III S. 19 und BVerfG-Urteil vom 2.10.1968, BVerfGE 1969, S. 174.

10 Aus Sicht des Jahres 2009 ist anstelle der Diskrepanzen unter den Gerichten die einfache Nichtbeachtung oder stark verzögerte Anwendung höchstrichterlicher rechtssprechung durch die Finanzverwaltung getreten

11 *Trietschler,* Die Eigengesetzlichkeit des Steueraufkommens, Bonn 1971, S. 15 ff. Siehe *Heinmüller*, Die konjunkturabhängige Kassenleere, Berlin 2009.

12 *Lüthi,* Die offene Hand der öffentlichen Hand, Berlin 1958.

Rechtsprechung in gewohntem Umfang wieder erreicht, wobei andererseits die erwähnte Konjunkturabhängigkeit genügend Spielraum gewährt, um eine frustrierende Geradlinigkeit der Rechtsprechung zu verhindern.

2. WP internäschonell (WPi)

Allen Dementis zum Trotz ist die Entwicklung vom schlichten WP zum Super-WP nicht mehr aufzuhalten. Als Gipfel des Berufsstandes soll sich der WPinternäschonell (WPi) etablieren. Der WPi muss mindestens zwei der drei folgenden hervorstechenden *Qualifikationen* nachweisen:

- 14tägiger Auslandsaufenthalt unter beruflichem Vorwand (deutschsprachiges Ausland ausgenommen[13])
- Beherrschung der neogermanischen Fachausdrücke und Managersprüche sowie Vermischung deutscher und englischer Begriffe in Wort und Schrift (z. B. „der certified WP managed den Return des Cashflows")
- Abonnement einer fremdsprachigen Fachzeitschrift.

Ein entscheidender Mangel der beruflichen Fortbildung des WP liegt darin, dass der Berufsangehörige zwar immer noch zwischen Rücklagen und Rückstellungen differenzieren, in der Regel jedoch nicht ohne Weiteres zwischen schottischem und irischem Whisky unterscheiden kann. Der schlichte WP wird sich Erfolg und Nutzen internationaler Fachkongresse leichter erschließen können, wenn er die folgenden wertvollen Hinweise beherzigt.

Der routinierte WPi erscheint stets im partypolitisch optimalen Zeitpunkt[14] auf einem Empfang und erspäht mit dem abgeklärten Blick des hartgesottenen Abschlussprüfers sofort alle respektablen Funktionäre des Berufsstandes. Nach raschem, aber zielsicherem Zugriff zum kalten Buffet entfaltet der WPi seine eigentliche Kunst. Sie besteht darin, in möglichst kurzer Zeit allen Gesprächspartnern unaufgefordert klarzumachen, dass er wegen der entsa-

---

13 Deutsche Berufsangehörige machen sich bei Ausübung ihres Berufes in Österreich ohnehin strafbar.

14 Dieser Zeitpunkt richtet sich nach der Cocktail-Formel von *Parkinson* (Parkinsons Gesetz, Düsseldorf/Stuttgart 0.1., S. 98 ff.).

gungsvollen Verbundenheit mit seinen Berufskollegen gerade das Meeting mit seinen internationalen Partnern unterbrechen musste. Dabei wird er mehrmals exotische Fachbegriffe wie „Dollar“ und „SEC“ in seine leicht atemlos vorzutragende Präsentation einfließen lassen, bevor er mit flackerndem Blick die nächste Gesprächsgruppe heimsucht.

Die fehlende systematische Ausbildung zum WPi erklärt, warum unerfahrene Teilnehmer die Arbeitssitzungen internationaler Kongresse besuchen. Nach Beobachtungen des Verfassers[17] wird dieser schmerzliche Zustand durch bereitwillige Hinweise erfahrener Kongressbesucher rasch beseitigt. Die Arbeitsgruppen schrumpfen damit auf 5 % der ursprünglichen Anmeldungen von Teilnehmern zusammen. Da die Produktivität einer Arbeitsgruppe umgekehrt proportional zur Teilnehmerzahl ist, kann sie durchaus bei einer Diskussion von 34 der 186 vorgesehenen Fachfragen 136 qualifizierte Diskussionsergebnisse vorgelegen.

III. Der integrierte Gesamt-Wirtschaftsprüfer (1980)

1. Das Primat der Rechnungslegung

Der Beginn der 80er Jahre steht im Zeichen der Harmonisierung der Rechnungslegung in Europa und der entsprechenden nationalen Verformungsbemühungen.[1] „Harmonisierung" hat nichts mit „Gleichmacherei" und nur wenig mit „Vereinheitlichung" zu tun. Der aus der Musiklehre entlehnte Begriff „mit Begleitakkorden versehen" bedeutet hier „komplexer gestalten, zur Komplikation führen".

Die Dringlichkeit einer Aufwertung der Rechnungslegung wird durch alarmierende Untersuchungsergebnisse aus jüngster Zeit unterstrichen: Selbst namhafte Unternehmen glauben immer noch, mit vordergründigen Zielsetzungen wie Sicherung von Ertragskraft und Liquidität auf Dauer bestehen zu können, anstatt ihre eigentliche Aufgabe und Zwecksetzung in der Rechnungslegung und Bilanzierung zu sehen.

Darüber hinaus ist mit dem Beitritt Großbritanniens zur europäischen Gemeinschaft erschreckend deutlich geworden, dass verschiedene Staaten des europäischen Kontinents, namentlich die Bundesrepublik Deutschland, hartnäckig an Rechnungslegungsgrundsätzen festhalten, die deshalb unzulänglich und antiquiert sind, weil sie mit der anglo-amerikanischen Theorie und Praxis nicht übereinstimmen. Eine Schlüsselrolle spielt dabei das mit britischem Nachdruck geforderte „True and Fair View"-Konzept.[2].

---

1 Vgl. auch *Forster/Kaminski,* Zum Jahreswechsel 1979/80; in Fachnachrichten des IdW 1979 Heft 12.

2 Vgl. *Chastney.* True and FairView – History, Meaning and the Impact of the 4th Directive, 1975 sowie *Tubbesing,* A True and Fair View im englischen Verständnis und nach der 4. EG-Richtlinie, in AG 1979, S. 91 ff.

Wie verschwiegene Berufsvertreter in Brüssel lautstark versichern, soll auf Initiative Großbritanniens die Bundesrepublik Deutschland zum unterentwickelten Land auf dem Gebiet der Rechnungslegung erklärt werden. Die Vorlage stützt sich vor allem auf die Tatsache, dass den über 78.000 Chartered Accountants in Großbritannien einsame 3.800 Wirtschaftsprüfer in Deutschland gegenüberstehen.[3]

a) Das „True and Fair View"-Konzept

Die zahlreichen Versuche, den Begriff „True and Fair View" in deutschen Fachkreisen populär zu machen, scheiterten weniger an der mangelhaften Übersetzung in die deutsche Sprache[4] als an dem verfehlten Denkansatz, dass der Wortsinn eine entscheidende Bedeutung haben könnte. Der Begriff darf allein im engen Zusammenhang mit dem Prinzip der Maßgeblichkeit des Abschlussprüfers interpretiert werden, das als oberste Maxime moderner Rechnungslegung gilt: Jeder Jahres- oder Konzernabschluss muss dem „True and Fair View"-Konzept entsprechen, wie es von dem mit seiner Prüfung beschäftigten Abschlussprüfer aus seiner persönlichen Sicht individuell bestimmt wird.[5]

„True and Fair View" ist somit ein auf den Einzelfall reduzibler und subjektiver Begriff. Einheitliche Beurteilungsmaßstäbe, auch solche gesetzlicher Art, sind mit der Unabhängigkeit des Wirtschaftsprüfers nicht vereinbar.[6]

Die nach Einführung des „True and Fair View"-Konzeptes verbleibende Rationalität der Rechnungslegung wird durch ein ausgefeiltes „Inflation Accounting" endgültig beseitigt werden können. Hier hat das englische Institut der Chartered Accountants mit seinen zahlreichen Veröffentlichungen (Sandiland-Report, Hyde-Guidelines und ED 24 über Current Cast Accounting) bereits präjudizierende Vorarbeit geleistet.

---

3 Stand Ende 1979. Siehe auch *Meier-Riss,* Skorbut und andere Mangelerscheinungen, Leipzig 1927; insbesondere S. 98 ff. sowie o. V., Ein Berufsstand in Bedrängnis, in Capital 1978, Heft S. 135 ff.

4 Wie der Kenner der englischen Sprache und Materie sofort eingestehen wird, kommen Übersetzungen wie „reinrassiges und blondes Bild" oder „aufrichtige und heitere Ansicht" dem Wortsinn noch am nächsten.

5 *Hirsch,* Die Einzelfallgerechtigkeit als Mittel der Relevation und Revision, Leer 1979.

6 So ausdrücklich *Unerdl,* Das Prinzip der Maßgeblichkeit des Wirtschaftsprüfers als Dominante der Grundsätze ordnungsmäßiger Buchführung, Düsseldorf 1978, S. 131 ff. und S. 752 ff.

b) Der Rechnungslegungsnotstand in Deutschland

Der katastrophale Zustand der deutschen Rechnungslegung wurde erstmals von *Ernest Shocking* erkannt und durch sein bahnbrechendes QR-Theorem wissenschaftlich untermauert:[7] Die *Qualität der Rechnungslegung* einer Nation (QR) entspricht der Quadratkopfzahl der zu ihrer Prüfung bereitstehenden Berufsangehörigen (WP) dividiert durch die Anzahl der produktiv Beschäftigten (B):

$$QR = n^2 WP/B$$

Wie *Jammer* und *Harm*[8] scharfsinnig erkannt haben, ließe sich das deutsche Dilemma durch eine kurzfristige Vermehrung der Wirtschaftsprüfer weitgehend lösen. Der Verzicht auf Übergangsregelungen für Steuerbevollmächtigte und Steuerberater, die Wirtschaftsprüfer werden wollen, reicht als Sofortmaßnahme keineswegs aus.[10] Selbst die Einbeziehung der geprüften Bilanzbuchhalter in den Berufsstand der Wirtschaftsprüfer wird als unzureichend empfunden.[11] Andererseits konnten die berufsrechtlichen Bedenken gegen die Bestrebungen des Anwaltsvereins, einen „Fachanwalt für Bilanzrecht" einzuführen, auch durch den Referentenentwurf eines Abschlussprüfungsmißbrauchsgesetzes nicht ausgeräumt werden.

In Fortsetzung der gezwungenermaßen freiwilligen Schul- und Hochschulpolitik einiger Bundesländer soll daher Ende 1981 der integrierte Gesamt-Wirtschaftsprüfer eingeführt werden.[9] Studenten der Wirtschafts-, Sozial- und Politischen Wissenschaften können auf Antrag nach dem 5. Fachsemester durch Postwurfsendung zum WP grad. ernannt werden. Damit soll einer Entwicklung in Großbritannien entgegengewirkt werden, die die Qualifikation des „Chartered Accountants" erblich machen will, wobei allerdings von konservativen Berufsangehörigen ein Mindestalter von 16 Jahren gefordert wird. Als flankierende Maßnahme wird in Deutschland die weitgehende Eliminierung deutscher Fachausdrücke aus dem Bilanzrecht zugunsten anglo-amerikanischer Begriffe erwogen.

---

7 *Shocking,* The QR in Central Europe, Glasgow 1977; vgl. auch *Schade,* Qualitätsanforderungen im europäischen Rechnungswesen, Herne-Berlin 1978.

8 Krisenmanagement im Prüfungswesen, Frankfurt 1974-1978.

9 *Rötel*, Chancengleichheit als Orientierung für die soziale Liberalität der externen Revision, Bremen 1979.

2. Der Wirtschaftsprüfer der 80er Jahre

a) Die Berufspflichten

Die bisher nicht in Frage gestellte Unfehlbarkeit des Wirtschaftsprüfers in allen Angelegenheiten der Rechnungslegung verlangt danach, das Anforderungsprofil für den Wirtschaftsprüfer der 80er Jahre zu schärfen, damit er weiterhin in korrekter Kleidung und Gesinnung die klassischen Tugenden des § 43 WPO in einer unbarmherzigen Umwelt verteidigen kann. Als Merkposten sowohl für den überarbeiteten Berufsangehörigen als auch für den unerfahrenen Berufsanfänger wurde für die wesentlichen Berufspflichten der didaktisch erprobte Kurzbegriff „EUNUG" geprägt:[10] eigenverantwortlich, unabhängig, nichtssagend (= verschwiegen), unparteiisch und gewissenhaft.

Der Wirtschaftsprüfer hat in *eigener Verantwortung* alle wichtigen Angelegenheiten wie äußere Aufmachung der Prüfungsberichte (Umschlagsfarbe, Vervielfältigungsart u. ä.), Höhe der Honorarrechnung und Wahl der Bankverbindung zu entscheiden. Auch gut begründete Versuche des Mandanten, auf die Papierqualität des Prüfungsberichtes Einfluss zu nehmen, sind vom eigenverantwortlichen Wirtschaftsprüfer ebenso entschieden abzuweisen wie das Ansinnen, zu einem vereinbarten Termin mit Prüfungsarbeiten fertig zu sein. Lediglich bei der Erteilung des Testats sind im Interesse berufswürdigender Mandantenpflege Zugeständnisse möglich.

Gelegentlich geäußerte Befürchtungen, dass hohe Honorarzahlungen durch das geprüfte Unternehmen den WP vom Idealzustand der *Unabhängigkeit* wegführen können[11], sind durch die geschilderte Maßgeblichkeit des Wirtschaftsprüfers gegenstandslos geworden. In einer umfassenden Untersuchung konnte *Max Kinsey* die freie Wahl des Ehegatten als besonderes Merkmal der Unabhängigkeit des Wirtschaftsprüfers nachweisen.[12]

---

10 *Könterich,* EUNUG als Lernhilfe, Berlin 1978.

11 *UEC,* Empfehlungen zu den Berufsgrundsätzen Nr. 1 Unabhängigkeit, in: WPg 1979, S. 591.

12 *Max Kinsey-Report,* Aufzucht und Auslese des Wirtschaftsprüfers, Düsseldorf 1976.

Die *Verschwiegenheitspflicht* des Wirtschaftsprüfers ist durch das BGH-Urteil vom 15.12.1954[13], das dem Abschlussprüfer eine Redepflicht auferlegt, zwar schwer erschüttert worden, doch gilt unverändert die absolute Schweigepflicht über die Kalkulationsgrundlage des Prüfungshonorars. Sie wurde zwischenzeitlich sogar durch den strengen Grundsatz ausgeweitet, dass bei einer Aufgliederung von Aufwendungen im Prüfungsbericht die Prüfungskosten nicht gezeigt werden dürfen, auch wenn sie den bei weitem größten Einzelposten darstellen.

Leuchtende Beispiele für die *Unparteilichkeit* des Wirtschaftsprüfers haben in jüngster Zeit zwei hervorragende Berufsvertreter gegeben, die trotz Störungen von Kreislauf und Familienleben ihren Berufspflichten vorbehaltlos nachkamen:[14] WP *Josef Kontenspalt* verweigerte als eingetragenes CSU-Mitglied einer altbayerischen Brauerei das Testat für den Jahresabschluss, den er zuvor selbst erstellt hatte. Der der SPD nahestehende Berufsangehörige *Heiner Piepenbrink* legte im August vergangenen Jahres für eine Hamburger Werft Einspruch gegen den Gewerbesteuerbescheid 1974 ein, obwohl die Rechtsmittelfrist abgelaufen und die Mandantin vor 2 Jahren liquidiert worden war.

b) Das RoKoKo-Verfahren

Den gewissenhaften Wirtschaftsprüfer zeichnet ein ausgeprägtes Misstrauen gegenüber allen Prüfungsfeststellungen seiner Kollegen aus, die er als entgangene Honorarquellen betrachten muss. Dies gilt namentlich für den Konzernabschlussprüfer in Bezug auf Prüfungen innerhalb des Konzerns. Der penible Konzernabschlussprüfer hält es für berufliche Leichtfertigkeit, wenn sich er bei Übernahme der Prüfungsergebnisse anderer Kollegen mit der kritischen Durchsicht des Prüfungsberichts begnügt. Schon aus wirtschaftlichen Gründen ist er gehalten, eigene Prüfungsfeststellungen zu treffen, die ein Honorar von mindestens 86,4 % der originären Prüfungskosten des Einzelabschlussprüfers rechtfertigen.

---

13 BGHZ Band 16, S. 17 ff.

14 Vgl. Playboy-Journal, The WP of the Month, Heft Juli und November 1979.

Bei der Prüfung von internationalen Konzernen erfreut sich das von *Häskens/Pelz* entwickelte Verfahren der „Robusten Kollegen-Kontrolle“ (RoKoKo)[15] zunehmender Verbreitung und Bewährung. Sein Zweck ist die Maximierung der eigenen Prüfungstätigkeit innerhalb eines Konzerns. Häskens/Pelz konnten überzeugend belegen, dass damit die Wirtschaftlichkeit des Konzernabschlussprüfers erheblich verbessert werden konnte.

Ausgelöst wird das RoKoKo-Verfahren durch die chronische Frustration des Konzernabschlussprüfers bei der Verwendung von Prüfungsergebnissen anderer Abschlussprüfer. Seine *Instrumente* bilden subtile Prüfungsstandards des Konzernabschlussprüfers.[16] Mit ihrer Hilfe lässt sich ohne Schwierigkeiten nachweisen, dass der fremde Abschlussprüfer die kollegial geforderten Prüfungsstandards zeit- und kostengerecht nicht erfüllen kann. Durch weitere zweckdienliche Annahmen kann einer hofierten Konzernleitung die Vorteilhaftigkeit einer exklusiven Tätigkeit des Konzernabschlussprüfers bei allen Konzernunternehmen klar gemacht werden.

Leider ist zuzugeben, dass das RoKoKo-Verfahren nicht verhindert, dass Konzerne in Zahlungsschwierigkeiten oder die Abläufe der Abschlussprüfung ins Schlingern geraten. Derartige Fälle werden sich zwar durch die anhaltende Konzentrationswelle innerhalb des Berufsstandes letztlich von selbst lösen, doch ist bei vorsichtiger Abschätzung zu befürchten, dass das RoKoKo-Verfahren erst gegen Ende der 80er Jahre überflüssig werden könnte. An seiner Verfeinerung wird daher weiter gearbeitet werden müssen.

---

15 *Doolittle/Lloyds,* Außenseiter als Provokation im Hinblick auf die selbstgestellte Missionsaufgabe (deutsche Übersetzung: *Wullenkopp),* London 1976.

16 *Karstig,* Der Manierismus im internationalen Prüfungswesen, Hamburg 1977.

IV. Die bilanzielle Entsorgung für die 90er Jahre (1988)

1. Problemstellung

Mit der Verformung der vierten und siebten EG-Leidlinie zur Dämonisierung der Rechnungslegung in deutsches Recht ist die Wende zur rechnungslegenden Marktwirtschaft weitgehend vollzogen.[1] Angesichts der erstmals zum 31.12.1987 anzuwendenden neuen Vorschriften, die etwa 300.000 Kapitalgesellschaften treffen, fordern weitblickende Politiker anstelle nicht finanzierbarer Konjunkturprogramme solide Inventurprogramme. Sie werden bestärkt durch aktuelle Vorstellungen, dass reale Kostensteigerungen nicht durch Produktivitätszuwächse, sondern durch einen höheren Bürokratisierungsgrad kompensiert werden müssen.[2] Die konjunkturbelebende Wirkung durch gesteigerten Papier- und Druckfarbenverbrauch kann zur Zeit nur grob unterschätzt werden.

Für das unternehmerische Denken sind durch die *exhibitionistische Rechnungslegung* neue Impulse zu erwarten. Anstelle strategischer Erfolgspositionen bilden nunmehr Jahresabschlusspositionen die wesentliche Existenzgrundlage des Untemehmens.[3] Daher fragen sich dynamische Topmanager und vorausdenkende Wirtschaftsprüfer gleichermaßen, inwieweit die neuen Rechnungslegungsvorschriften einer Topmanagement-adäquaten Bilanzpolitik gerecht werden können und wie die bilanzielle Entsorgung unserer Repu-

---

1 Bilanzrichtlinien-Gesetz vom 19.12.1985, BGBl I S. 2355 (BiRiLiG)

2 *Brettkühler,* Überlebenskonzepte für die soziale Marktwirtschaft, Stuttgart 1987.

3 *Pagendarm,* Die Existenzsicherung des Unternehmens im auslaufenden 20. Jahrhundert, Essen 1986. *Pümper,* Die Rechnungslegung als strategische Erfolgsposition, Darmstadt 1987.

blik sichergestellt werden kann.[4] Ohne Zweifel bedarf es hierzu eines leistungsfähigen Berufsstandes der Wirtschaftsprüfer.

2. Die tragende Rolle des Wirtschaftsprüfers

a) Der priesterliche Hintergrund

Als Folge des existenziellen Primats der Rechnungslegung hat der Berufsstand der Wirtschaftsprüfer jene herausragende Stellung erobert, wie sie in früheren Hochkulturen dem Priestertum vorbehalten war. Die Harmonie von *Priester- und Prüfertum* unterstreicht eindrucksvoll eine 1985 entdeckte Handschrift aus der Bi-Lan-Dynastie.[5] In der kritischen Edition dieser altchinesischen Handschrift, die den Titel „Bi-Ri-Lig" oder „Die bilanzierende Nachtigall" trägt, lautet die entscheidende Textstelle in freier poetischer Übersetzung von *Radler-Dürer-Schmelz*[6] wie folgt:

Wenn abends nach des Tages Plage
die Nachtigall im Haine röhrt
und zieht Bilanz vom Tage,
prüft am Altar ganz ungestört
der Priester, welcher ohne Frage
von Bi-Ri-Ligs Gesang betört,
des Tempels finanzielle Lage.

Die Hermeneutik dieser ergreifend formulierten Symbiose von Priester- und Prüfertum schlägt interessanterweise einen Bogen zu der von *Shakespeare* 1593 literarisch verarbeiteten Feststellung: „Es war die Nachtigall und nicht

4 Erste Denkanstöße finden sich bei *Fegebank,* Die Verwertung der Geschäftsberichte, in: Beiträge zum Umweltschutz, Müllheim 1986.

5 *Lung Chen,* The Treasures of Xiang, New York 1986.

6 Dichtungen der Bi-Lan-Dynastie – Originaltext mit Übersetzung in Manadarin und Englisch sowie einem ausführlichen Glossar, 2. durchgesehene Aufl., München/New York 1987, 2. Band, S. 145.

die Lerche“[7]. Hiermit wird nicht nur in feiner Art auf die hohe hierarchische Stellung des Prüfers, sondern auch auf seine souveräne Vogelperspektive angespielt.[8]

Die Beschlüsse des Bundesverfassungsgerichtes vom 14.7.1987, mit denen das traditionelle *Honoratioren-Standesrecht* der freien Berufe zu Grabe getragen wurde[9], muss als Chance begriffen werden. Der geschichtliche Auftrag an die Repräsentanten der prüfenden Priesterschaft geht dahin, die herausragende Position der Wirtschaftsprüfer nachhaltig zu festigen und die testatverheißenden Opfergaben in Form von Prüfungshonoraren krisenfest, dauerhaft und dynamisiert zu gestalten. Dazu müssen die Ausschließlichkeit und die Unfehlbarkeit des Wirtschaftsprüfers in Fragen der Rechnungslegung unanfechtbar für alle Zeit manifestiert werden.

Da Quantität wichtiger ist als Qualität, wirkt in diesem Zusammenhang der ausgeprägte *Vermehrungstrieb* der Wirtschaftsprüfer sehr hilfreich. Wirtschaftsprüfer bestellen nämlich nicht nur die teuren Kommentare zum neuen Bilanzrecht, sondern ebenso leichtfertig Steuerberater und Rechtsanwälte zu ihresgleichen. Die bisher langwierige Aufzucht von Wirtschaftsprüfern konnte dadurch wesentlich verkürzt und vereinfacht werden.[10] Bei dem derzeitigen Trend dürften demnächst auf jedes publizierende Unternehmen 0,68 Wirtschaftsprüfer losgelassen werden.

b) Die Zukunft der Wirtschaftsprüfer

Die bilanzielle Entsorgung für das kommende Jahrhundert wird darüber hinaus durch die fortschreitende Konzentration im deutschen Prüfungswesen und durch die beschleunigte internationale Verflechtung perfektioniert werden. Nach demokratisch verklärter Überzeugung tendieren Effizienz und

---

7 Unter dem Druck des Zeitablaufs wurde diese Feststellung zwar widerrufen *(Shakespeare,* Romeo and Juliet, Act 3, Scene 5), sie hat aber durch eine spät entdeckte Handschrift von *Bacon* ihre Bestätigung erfahren *(Webster,* The Errors of Shakespeare, Oxford, 1987, S. 437)

8 *Wucherpfennig*, Vom Nachtigallenschmelz zum Adler/Düring/Schmaltz – ein kulturgeschichtlicher Abriss des Prüfungswesens, Düsseldorf 1987.

9 *Kornblum*, Abschied vom freiberuflichen Standesrecht, in: Blick durch die Wirtschaft vom 31.12.1987, S. 7.

10 Leere, Veränderung der Tragezeit bei Primaten – Evolution oder Revolution, Bonn 1985. Sie auch *Hütli*, Von der Nieder- zur Hochträchtigkeit, Bern 1978. Brant (Emanzipation und Revision, Frankfurt 1985) weist auf unveränderte Defizite beim weiblichen Nachwuchs hin.

Qualifikation von Gremien mit zunehmender Größe gegen unendlich. Demonstrative Beispiele liefern parlamentarische oder andere Ausschüsse.

Das Anforderungsprofil des erfolgreichen Wirtschaftsprüfers unterliegt gleichfalls einem spürbaren Wandel. Waren bisher betriebswirtschaftliche Kenntnisse und prüferische Erfahrungen wesentliche Voraussetzungen für den WP-Beruf, so zeichnet heute *Kommunikationsfähigkeit* den überlegenen Berufsangehörigen aus. Selbst wohlwollende Sympathisanten des IDW räumen ein, dass die Mitgliedschaft im Rotary- oder Dinersclub die Mandanten mehr beeindruckt als die Zugehörigkeit zur WP-Kammer.

Der weltgewandte Wirtschaftsprüfer, der seine beruflichen Akzente richtig setzt, beruft sich daher bei bilanziellen Notständen nicht auf Stellungnahmen des IDW, sondern verweist auf die Securities Excess Commission (SEC) oder auf Verlautbarungen des Royal Institute of Martered Accountants. Für eine Übergangszeit dürften fachliche Kenntnisse eine erfolgreiche WP-Tätigkeit nur unwesentlich behindern. Bei geschickter Ansprache können sogar nostalgische Rückfalle in betriebswirtschaftlich fundierte Analysen image- und honorarfördernd wirken.

3. Die literarischen Aufgaben der Wirtschaftsprüfer

a) Der Bilanzrecht-Kommentar

Während man die erwähnten Rückfälle in betriebswirtschaftliche Analysen nachsichtig belächeln mag, haben nüchtern denkende Berufsangehörige den hohen *Promotions- und PR-Wert von Broschüren* und Kommentaren zum Bilanzrecht erkannt. Es überrascht daher nicht, dass an den Kommentaren zum neuen Bilanzrecht, die zur Zeit 1,78 Regalmeter erreicht haben, bisher etwa 54,3 % der Wirtschaftsprüfer vollzeitlich mitgewirkt haben.[11] Ihre Emsigkeit erinnert an den frommen Fleiß der Kopisten in den mittelalterli-

11 Von den verbleibenden 45,7 % Wirtschaftsprüfer sind 18,5 % mit Seminaren zum Bilanzrecht, 12,4 % mit der Internationalisierung ihrer Organisation und 4,7 % mit Gutachten verschiedener Art beschäftigt. Bringt man kranke und sonst behinderte Berufsangehörige in Abzug, so stehen immerhin 8,1 % für Abschlussprüfungen zur Verfügung.

chen Klöstern – ein weiteres Indiz für die latente Priesterschaft der Wirtschaftsprüfer.

Die ausufernde Neuregelung der Rechnungslegung erfordert einen bedeutend höheren Auslegungsaufwand als die bisherigen Vorschriften. In bewährter Forschungstradition von Betriebswirtschafts- und Rechtslehre steht das Ausmaß der wissenschaftlichen Auseinandersetzungen im umgekehrten Verhältnis zur praktischen Bedeutung des behandelten Problems. In dieser Hinsicht sind z. B. die tiefschürfenden Abhandlungen über das Thema „latente Steuern“[12] zu begrüßen, während die bilanztheoretischen Grundlagen für „Merkposten“ bisher nur unzureichend literarisch verarbeitet worden sind.

Ein brauchbarer *Leitfaden* für die Erstellung eines zeitgemäßen Bilanzrechtskommentars existiert bisher nicht, doch bieten die bereits veröffentlichten Werke zur Rechnungslegung folgende nützliche Anleitungen: Der einschlägige Gesetzestext und seine offizielle Begründung bilden den Stoff, aus dem die Handbücher gemacht sind. Camouflierte Auszüge aus früheren Kommentaren lockern die oft verkrampft modifizierte Abschrift der erwähnten Vorlagen auf. Die Verwertung von zeitgenössischen Fachaufsätzen oder neuer Rechtssprechung ist dagegen nicht nur mühsam, sondern hemmt den Textfluss. Dies darf allerdings ihre Erwähnung im Literaturverzeichnis und in Fußnoten nicht ausschließen.

Von diesen Äußerlichkeiten abgesehen werden Autorität und Reputation eines Kommentars durch unhandliches Format, ansprechende Farben beim Einband und erdrückendes Gewicht bestimmt. Merke: Nur Kommentare über 1,5 kg haben Gewicht. Damit soll das leichtfertige Mitführen solcher Handbücher auf Reisen unterbunden werden. Es würde die Prüfungstätigkeit, die der Wirtschaftsprüfer hauptsächlich ambulant ausüben muss, enorm erschweren.

b) Die Kundenorientierung

Der von modernen Managementtechniken berührte Wirtschaftsprüfer weiß, dass sich am Markt nur jene Produkte durchsetzen, die *Kundenbedürfnissen*

---

12 *Buddel/Klemmt,* Latente Steuern– Kurzkommentar, 3 Bände, Frankfurt 1987.

Rechnung tragen. Für den benutzerfreundlichen Kommentar gilt daher die Devise: „Ein guter Kommentar muss jedem etwas bieten.“ Marktgängige Kommentare enthalten mindestens elf von sechs möglichen Interpretationen. Sie vermeiden absolute oder eindeutige Meinungsäußerungen, die geistige Unbeweglichkeit bezeugen und als starrsinnige Fehlleistungen eingestuft werden.

Kein unter Testatzwang stehender Wirtschaftsprüfer möchte im unpassenden Moment mit seiner eigenen Meinung konfrontiert werden. Selbst sogenannte „herrschende Ansichten“ sollten relativiert werden, um der Vielfalt und den Vergänglichkeiten des Wirtschaftslebens gerecht zu werden.

Elegante Kommentierungen gebrauchen aus diesem Grund häufig Redewendungen wie „wird man in der Regel davon ausgehen können“, „dürfte grundsätzlich vertretbar erscheinen“ oder „sollte man wohl meinen dürfen“. Kommentare mit wissenschaftlichem Anspruch zeichnen sich durch umfangreiche Literaturverzeichnisse und Fußnoten aus. Sie demonstrieren eine verwirrende Meinungsvielfalt und glänzen durch Formulierungen, die bei erstmaligem Lesen unverständlich sind. Das entspricht dem selbstgefälligen Schreibstil, dessen sich der Wirtschaftsprüfer sonst, z. B. in seinen Prüfungsberichten, befleißigt.

Die *Benutzer eines Kommentars* lassen sich als kundig, geschult, erfolgreich oder erfolglos einteilen.[13] Kundige Benutzer haben bereits selbst Rechnungslegungsvorschriften kommentiert und beherrschen diese insoweit, dass sie anhand des Inhaltsverzeichnisses gewünschte Kommentarstellen finden. Geschulte Benutzer versuchen, unter Zuhilfenahme des Stichwortverzeichnisses Einzelprobleme der Rechnungslegung zu lösen.

Erfolgreich ist der Benutzer, der für die von ihm gewünschte Problemlösung eine hilfreiche Kommentarstelle findet und damit Kollegen, Aufsichtsrat oder Abschlussprüfer von seiner abwegigen Auslegung überzeugen kann. Ist dies trotz intensiven Suchens nicht der Fall, ist der Benutzer als erfolglos zu bezeichnen.

---

13 *Drodowski* u. a., Nachdenken über Bilanzkommentare, Mannheim 1986, S. 136 ff.

Kundige und geschulte Benutzer haben im Regelfall die Wirtschaftsprüferqualifikation, während die Zuarbeiter für das Topmanagement als erfolgreiche oder erfolglose Benutzer des Kommentars in Betracht kommen.

Die Benutzung eines Kommentars kann zweckgerecht, zweckprüfend oder zweckentfremdet erfolgen. Bei zweckgerechter Benutzung soll ein bestimmtes Rechnungslegungsproblem anhand des Kommentars einer Lösung zugeführt werden. Eine intensive Nutzung kann aus einem geschulten einen kundigen Kommentarbenutzer machen. Die zweckprüfende Benutzung des Kommentars stellt die kritische Auseinandersetzung mit dem jeweiligen Kommentar dar. Sie ist nur wenigen kundigen Wirtschaftsprüfern vorbehalten.

Zweckentfremdet werden selbst gediegene Kommentare dann genutzt, wenn sie als handgreifliche Waffe für kreatives Bilanzieren, als Unterlage für Diaprojektoren u. Ä. dienen.

4. Antworten auf neue Fragen

Das auf die Rechnungslegung permanenter Spitzenleistungen fixierte Topmanagement betrachtet die Neuregelungen mit Argwohn. Angesichts befürchteter Überforderungen verlangen militante Bilanzmanager, dass die Grundsätze ordnungsmäßiger Buchführung durch alternative *Grundsätze impertinent liberaler Buchführung (GilB)* abgelöst werden.[14]

Die GilB sollen eine umweltgerechte und bedürfnisregelnde Anwendung der Rechnungslegungsvorschriften ermöglichen. Sie werden als bilanziöse Mibrollen resultativ aus den verbrulten Passogaten destiziert. Selbstverständlich wird der wacsame Berufsstand etwaige Fehlentwicklungen durch gezielte Verlautbarungen in berufshörige Bahnen lenken.

Der neue Grundsatz der Bewertungsstetigkeit wird mit Recht als sehr innovationshemmend beurteilt. Erschwerend kommt hinzu, dass sich das IDW

---

14 *Anwender-Kollektiv Wirtschaft* (AKW), Die Überwindung konzeptioneller Mängel des Bilanzrichtlinien-Gesetzes, Köln 1987.

bereits zu einer einschlagenden Verlautbarung hat hinreißen lassen.[15] Während der Katalog begründeter Ausnahmefälle noch hinreichenden Spielraum für eine Topmanagement-adäquate Bilanzpolitik gewähren mag, klebt die Kommentierung zu den Angabepflichten über Bewertungsänderungen zu eng am Gesetzeswortlaut.

Auch das *Vermummungsverbot* für stille Reserven (§ 280 HGB) bereitet dem Bilanzmanager berechtigte Sorgen. Und bezüglich der stillen Lasten zwingen die strengen Übergangsvorschriften dazu, dass bereits gegen Ende des nächsten Jahrhunderts das volle Ausmaß der Pensionsverpflichtungen zu passivieren ist. In diesem Kontext seien die bahnbrechenden Ausführungen des IDW-Vorsitzenden zitiert: „ ... wird es für uns nicht immer leicht sein, einem handelsrechtlichen Passivierungsgebot Geltung zu verschaffen“[16].

Dem engagierten Bilanzier darf das Demonstrationsrecht nicht versagt werden. Die fiskalisch angeordnete Nichtpassivierung von Jubiläumsgeld-Rückstellungen ist nicht weniger rechtswidrig als die Sitzblockade vor Deponieeinfahrten. Wenn der Datenschutz für Topmanager in gleicher Weise gelten soll wie für Hausbesetzer, ist die Angabepflicht für nicht gebildete Pensionsrückstellungen oder für die Bezüge der Organe im Anhang nicht haltbar.[17]

Die Herausstellung des „Ergebnisses aus gewöhnlicher Geschäftstätigkeit“ wird von der Praxis als unglücklich empfunden. Sensible Topmanager stört es, dass ihre Geschäftstätigkeit als „gewöhnlich“ eingestuft wird. Aus dem Gesetzestext ergibt sich, dass die außerordentlichen Aufwendungen oder Erträge nicht Bestandteile der gewöhnlichen Geschäftstätigkeit sind.

Der analytisch begabte Wirtschaftsprüfer fragt sich also, ob es sich bei den *außerordentlichen Posten* schlicht um ungewöhnliche Aufwendungen oder Erträge handelt oder handeln kann. Kann, so wird er weiter forschen, auszuschließen sein, dass die in Frage stehenden Posten sogar außergewöhnlich sein müssen? Was ist, wenn im normalen Geschäftsbetrieb ungewöhnlich

---

15 *Sonderausschuss Bilanzrichtlinien-Gesetz* (SABI), Entwurf einer Stellungnahme SABI 2/1987: Zum Grundsatz der Bewertungsstetigkeit, WPg 1988, S. 48 ff.

16 *Schnicke,* Ausgewählte Fragen aus der Facharbeit des IDW, WPg 1987, S. 696.

17 Dazu sehr überzeugend *Blümlein,* Postendämpfung im Bilanzwesen, Bonn 1987.

häufig unerträgliche Aufwendungen vorkommen? Ist ein anomaler Aufwand gewöhnlich als außerordentlich einzustufen? Kann es in einem unordentlichen Betrieb ordentliche Aufwendungen geben, wenn sie normalerweise ungewöhnlich sind? Kann es toleriert werden, dass sich das bilanzierende Unternehmen an das Ungewöhnliche so gewöhnt, dass es zur Gewohnheit wird? Gilt als ungewöhnlich, was außergewöhnlich häufig zur Normalität gehört, auch wenn es ordentlich moniert wird? Sind die außerordentlichen Aufwendungen und Erträge die Perversion der ordentlichen Posten oder haben als ordentliche Posten alle abartigen außerordentlichen Posten zu gelten?

Aus diesem Entscheidungsdilemma führt der GilB Nr. 12: „Ungewöhnliche Beträge neigen dazu, als ordentliche Erträge oder als außerordentliche Aufwendungen eingestuft zu werden." Die epochale Tragweite dieser bilanzpolitischen Linderung offenbart sich selbst dem skeptischen Bilanzfachmann, wenn er sich bewusst macht, dass der gewöhnliche Erklärungsbedarf für außerordentliche Posten den außergewöhnlichen Erklärungsaufwand für ordentliche Posten nicht übersteigen darf.

5. Zusammenfassung

Die Wende zur rechnungslegenden Marktwirtschaft ist vollzogen. Ignoranz der Bilanz ist für Manager absolut karrierehemmend. Die unternehmerische Kreativität muss sich auf den Jahresabschluss konzentrieren und darf nicht für vergleichsweise banale Probleme wie Marktstellung oder Ertragslage des Unternehmens verplempert werden.

V. Wirtschaftsprüfung 2000 – Risiken und Chancen für Wirtschaftsprüfer ohne Furcht und Tadel (1995)

1. Einführung

Die rasanten Umweltveränderungen am Ende des zweiten Jahrtausends unserer Zeitrechnung fordern in der Wirtschaftsprüfung erhöhte Wachsamkeit und vorausschauendes Denken. Wirtschaftsprüfer, die über den nächsten Abschlussstichtag hinauszublicken vermögen, müssen sich intensiver als bisher über die Zukunft ihres Standes Gedanken machen. Der aufgeweckte Berufsangehörige muss tapfer der Versuchung widerstehen, in der Geborgenheit von Bilanzrecht und Grundsätzen ordnungsmäßiger Buchführung dem Phlegma und der Selbstgenügsamkeit zu verfallen[1].

In diversen Handreichungen hat sich der Verfasser über die Zukunft der Wirtschaftsprüfer ausgelassen.[2] Seine bisherige Euphorie lässt sich aber nicht vorbehaltlos fortschreiben. Die Prosperität des deutschen Berufsstandes scheint durch zwei Entwicklungen gefährdet, nämlich durch

- einen Paradigmenwechsel der Rechnungslegung sowie durch
- ungeheure Herausforderungen auf dem Gebiet der Beratung.

---

1 Vgl. *Knorz-Kappes,* Rechenschaft im Spannungsfeld von Lethargie und Verantwortung, Bonn u. a., 1992 insbesondere Kapitel VI. Wie *Lottermann* (Somnolenz bei Überwachungsorganen, Magdeburg 1993) jedoch nachweisen konnte, hat die Monotonie der Berichte der Abschlussprüfer eine eigenständige Dynamik.

2 Vgl. u. a. *Hakelmacher,* Neue Wege der Wirtschaftsprüfung, WPg 1969, S. 101-103, *ders.*, Der integrierte Gesamt-Wirtschaftsprüfer, WPg 1980, S. 97-100.

2. Paradigmenwechsel der Rechnungslegung

a) Der Wandel

Das unaufhaltsame Vordringen der anglo-amerikanischen Rechnungslegung in Kontinentaleuropa drängt die Frage auf, ob im 21. Jahrhundert überhaupt noch Wirtschaftsprüfer im klassischen Sinn[3] existieren. Optimisten glauben, dass die internationale Anerkennung der Wirtschaftsprüfer in den letzten Wochen entscheidend vorangetrieben werden konnte, nachdem unter Beteiligung der Universitäten Oxford und Hamburg endlich eine für die EG-Kommission akzeptable englische Übersetzung der gesetzlich geschützten Berufsbezeichnung „Wirtschaftsprüfer“ erarbeitet wurde: „Tavern Tester“ (TT).

Anlass zu Vorbehalten bietet allerdings die Tatsache, daß die vom IASC favorisierte Bezeichnung „Saloon Examiner“ (SE) durchgefallen ist, obwohl sich in den USA bereits ein „Saloon Examiner Club“ (SEC) etabliert hat. Es fehlt daher nicht an Schwarzsehern, die den weltweiten Buchungskreis bald nur noch durch Certified Public Accountants (CPA) oder Chartered Accountants (CA)[4] bevölkert sehen.

Die globale Verbreitung der anglo-amerikanischen Rechnungslegungsgrundsätze, die jetzt sogar das tibetanische Hochland[5] erreicht hat, stellt die Existenz des deutschen Wirtschaftsprüfers auf eine labile Grundlage. Das dominierende Prinzip der anglo-amerikanischen Rechnungslegung ist das „True and Fair View“-Konzept, das bisher noch niemand allgemein verständlich erklären konnte.[6] Mit Hilfe der flatulanten Vomitus-Analyse[7] ließ sich jedoch der pragmatische Kern der unzähligen Interpretationsversuche wie

---

3 Sehr aufschlussreich in diesem Zusammenhang *Wucherpfennig,* Der Niedergang der Zünfte seit dem 30jährigen Krieg, Nürnberg 1993.

4 Die deutschen Übersetzungen lauten: CPA = Öffentlicher Buchhalter mit Bescheinigung (ÖBB) und CA = Konzessionierter Geschäfts-Buchhalter (KGB).

5 *MacAdam,* Yeti Accounts – An Introduction to High-level Accounting, Katmandu 1992.

6 Angeborene Bescheidenheit erschwert den Hinweis, dass die mutige Übersetzung des Verfassers: „aufrichtige und heitere Ansicht“ noch immer als tragfähig erweist (Der integrierte Gesamt-Wirtschaftsprüfer, Wpg 1980, S. 98).

7 *Heckmann,* Logopressur und andere Verfahren zur Erhöhung der Sprachklarheit, Eppendorfer Forschungsberichte Nr. 93/XII.

folgt herausschälen: „True and Fair View" besagt, dass der Jahresabschluss mit der Anmutung von Willkürfreiheit jenes Bild der Verwirrung widerspiegelt, das den individuellenen Vorstellungen des Abschlussprüfers entspricht.[8]

Diese zukunftstragende Begriffsdeutung, die von konservativen Kräften aus ethischen Erwägungen auf den Dow-Jones-Index gesetzt wurde[9], lässt die ungeheure Tragweite der anglo-amerikanisehen Tradition ermessen, die das „True and Pair View"-Konzept prinzipiell über die gesetzlichen Vorschriften stellt. Der eigentliche Nutzen dieses „overriding principle"[10] besteht darin, die ideale Grundlage für Regressansprüche jeglicher Art gegen den Abschlussprüfer zu bilden. So konnte z. B. Abschlussprüfer Anthony C. (CPA) einer Alimentenklage, die aus der von ihm geprüften Bilanz abgeleitet wurde, nur dadurch erfolgreich entgegentreten, dass er seine zeitgleich mit dem Berufsexamen erfolgte Sterilisation nachweisen konnte.[11]

Der mit dem Vorsichtsprinzip aufgewachsene Wirtschaftsprüfer sieht bei dieser Sachlage in der aufgezeigten Entwicklung ein unkalkulierbares Risiko auf sich zukommen.

Die anglo-amerikanischen Institute der Rechnungsleger und Prüfer schreiben die Anwendung der mit GAAP bzw. SSAP und ED[12] bezeichneten Rechnungslegungsgrundsätze in verbindlicher, aber oft widersprüchlicher Form vor. Das damit sichergestellte Mindestmaß an Konfusion mag im Hinblick auf die steuerlich deformierten Grundsätze deutscher Bilanzierung und Bewertung anheimelnd wirken. Mit Befremden wird aber der kritische Beobachter erkennen, dass die Verfolgung der im raschen Turnus veröffentlichten Grundsätze den beruflichen Alltag der anglo-amerikanischen Kollegen so weit ausfüllt, dass ihnen keine Zeit zur Abfassung eines ordentlichen Prüfungsberichtes bleibt. Damit entfällt „die Krönung der deutschen Prüfungs-

---

8 *Unerdl,* Die Maßgeblichkeit des Abschlussprüfers, 3. Aufl., Düsseldorf 1987. Mit theologischer Begründung bereits *Lahmeier,* OSB: De Statu Confusionis, Rom 1951.

9 *Castellan,* Die entscheidungsorienrierte Buße, Magazin zur Seelsorge, 1993, Heft 8.

10 *Käsloh*, Equestrian Accounting in the Commonwealth, Oxford 1987.

11 New Shark Times, Honey, no money for Testimony on Alimony, Jahrgang 1993, Nr. 228.

12 GAAP = Gemeinhin annehmbare Ausweisphantasien; SAAP = Sophistisch-säkulare Ausdrucks-Phänomene; ED = englische Deutungsversuche. Vgl. *Sack/Howard,* Verzeichnis internationaler Abkürzungen. Deutsche Ausgabe, Bonn 1992.

kunst".[13] Insofern würde der deutsche Prüferberuf bei Übernahme der anglo-amerikanischen Praxis kulturell verarmen.

Nicht nur der Auditor's Report, sondern auch der so genannte Scopeletter[14], den anglo-amerikanische Abschlussprüfer vor Prüfungsbeginn ihren Mandanten vorzulegen haben, können nicht den als sprachliches Kunstwerk einzustufenden deutschen Prüfungsbericht ersetzen. Sie bleiben schon mit ihrem Umfang unterhalb der Grenze, die schöngeistiges Schrifttum voraussetzt.

b) Panphobie oder nicht?

Bei ihrem hohen Ausbildungsgrad[15] kann den Wirtschaftsprüfern nicht unterstellt werden, dass sie die weitreichenden Einflüsse des anglo-amerikanischen Systems völlig übersehen. Für die mangelhafte Perzeption lassen sich drei tiefere Ursachen denken:

1. Eine krankhafte Veranlagung verhindert einschlägige Erkenntnisse.
2. Der Wirtschaftsprüfer will die Bedrohung nicht wahrhaben.
3. Außerhalb des Wirtschaftsprüfers liegende Umstände lassen eine Kenntnisnahme nicht zu.

Der deutsche Wirtschaftsprüfer ist im Grunde seines Wesens ein Solitär. Er vollbringt seine brillanten Leistungen nicht im Lärm von Fachkongressen, sondern in der Stille der meist spartanisch eingerichteten Prüferstube. Offenbar schätzt er die kontemplative Zweisamkeit mit dem Adler/Düring/Schmaltz oder dem Beck'schen Handbuch der Rechnungslegung mehr als die laute Geselligkeit internationaler Tagungen. Insofern lassen sich deutlich *klaustrophile Neigungen* der Wirtschaftsprüfer beobachten. Eine krankhafte Furcht vor allen Vorgängen der Außenwelt (Panphobie) lässt sich daraus aber nicht diagnostizieren[16].

---

13 *Hakelmacher,* Der Prüfungsbericht als sprachliches Kunstwerk, Wpg 1981, S. 143-147.

14 *Schoenbaum,* Doping by Scoping, New York 1989 m. w. N., Sehr ausführlich *Laller,* Makro- und Mikro-Scope, München 1994.

15 86,8 % der Wirtschaftsprüfer haben entweder promoviert oder an eine Promotion gedacht. Siehe auch *Theisen,* Perniziöse Doktoralepedimie, eine evankolische Katagese, München 1993.

16 *Greller,* Die Expertise von O., Analyse zur Verbreitung der Panphobie bei besonders gefährdeten Berufsgruppen, 2 Bände, München 1990. *lmholz,* Flucht ins Fach, Freiburg 1991.

Für Generationen von ehrgeizigen Wirtschaftsprüfern bietet die DM-Eröffnungsbilanz berufliche Erfüllung, die die internationalen Rechnungslegungsgrundsätze unergiebig und fad erscheinen lässt. Wer die Problematik der exakten Berechnung eines aktiven Rechnungsabgrenzungspostens zu lösen versucht, wird sich nicht in die Niederungen orbitaler Rechnungslegungsgrundsätze begeben wollen. Die Klaustrophilie des Wirtschaftsprüfers[17] hat somit rationale Gründe und kann beim besten Willen nicht als Gebrechen diagnostiziert werden. Sie zeichnet vielmehr den Wirtschaftsprüfer als Primaten höherer Entwicklungsstufe aus.[18]

Da einem Wirtschaftsprüfer alles zuzutrauen ist, kann nicht ausgeschlossen werden, dass er bestimmte Tatsachen nicht zur Kenntnis nehmen will. Sein selektiver *Wahrnehmungswille*, der sehr wohl vom ähnlich strukturierten Wahrnehmungsvermögen zu unterscheiden ist, beschränkt sich aber, wie *Überzwerch*[19] überzeugend belegt hat, auf Tatbestände, die bei der testatorientierten Abwicklung der Abschlussprüfung stören können. Immerhin verlangt *Karl Spießer*, dass der Wirtschaftsprüfer „die Tatsachen kennen muss, ehe er sie nicht zur Kenntnis nimmt."[20] Aufgrund einschlägiger Veröffentlichungen[21] darf man aber davon ausgehen, dass die Untiefen des „True and Fair View“ in deutschen Berufskreisen ein offenes Geheimnis sind.

Näher liegt die Vermutung, dass die Erkenntnisstörungen durch die erst kürzlich aufgedeckte „Conspiracy of Silence“ der englischsprechenden Accountants[22] hervorgerufen sind. Die Wesensart der anglo-amerikanischen Rechnungslegung konnte wohl deshalb so lange Zeit verborgen bleiben, weil sie bisher in Europa nur in relativ geringem Ausmaß Schadenersatzklagen gegen die Abschlussprüfer ausgelöst hat.[23]

---

17 *Fadenscheiner,* Exerzitien in Baden-Baden, Zentrale Beobachtungen am Rande, Düsseldorf 1988;

18 *Darwinzi,* Die Entdeckung des Homo Selectus, Bologna 1992.

19 *Überzwerch,* Elitäre Selektion von Prüfungsfeldern, Frankfurt 1989.

20 Bilanzparalyse, München 1988, S. 21.

21 Vgl. z. B. *B. Niehus,* Accounting for Growth – auch bei uns möglich?, DB 1994, S. 57-59.

22 *Most,* The Great Public Accounting Conspiracy, in: Accountancy, Oktober 1993, S. 91.

23 Offen ist, ob hierfür die ungenügende Erfolgsabhängigkeit der Honorare oder eine vergleichsweise geringe Anzahl der Rechtsanwälte ausschlaggebend ist. Vgl. *Mason,* Lawyers like Snowfall – Preparation for a hostile Take-over?, London 1989.-

Die Vorzüge einheitlich fixierter Rechungslegungsgrundsätze gegenüber der nonkonformistischen Rechnungslegung werden in der englischsprachigen Fachliteratur bisher nur zaghaft angedeutet.[24] Daher ist völlig offen, wann die hinsichtlich Anzahl und Englischkenntnissen überlegenen CPAs und CAs Jahresabschlüsse in der grotesken Aufmachung legaler Rechnungslegung akzeptieren.[25] Es ist wenig wahrscheinlich, dass der Regulierungsdrang der europäischen Behörden[26] einen Holzweg aus der Sackgasse bieten wird.

3. Ungeheure Anforderungen auf dem Gebiet der Beratung

a) Pflege der Fachsprache

Der auf hohe Reputation bedachte „Berater der Wirtschaft"[27] muss ständig besorgt sein, dass sein fachlicher Wortschatz auf aktuellem Stand bleibt. Schließlich vermag im heutigen Wirtschaftsleben nur der zu überzeugen, der mit modernen Managementausdrücken selbstverständlich umzugehen versteht. Da die Modezyklen auf dem Gebiet der Managementlehre immer kürzer werden, ist für den soliden Berater die zeitnahe Lektüre einschlägiger Magazine und Seminarangebote unentbehrlich.

Der im Trend liegende Wirtschaftsprüfer lässt bei allen beruflichen Äußerungen *anglo-amerikanische Fachausdrücke* wie Diamanten im Hintergrund aufblitzen. Der regelmäßige und sinnfreie Gebrauch verleiht solchen Fachbegriffen jene universelle Aussagekraft, die jedem Umstand gerecht wird. Es ist falsch verstandener Ehrgeiz, wenn eifrige Berufsangehörige den Modewörtern der Betriebswirtschaftslehre auf den Grund gehen wollen. Ihre Be-

---

24 *Jones,* True and fair gymnastics, Accountancy, November 1993, S. 93.

25 *Truthburger.* The controversial Image of Annual Accounts in the EC, Manchester 1992.

26 *Bangemann,* Die Unzulänglichkeit der 10 Gebote im Vergleich zu den Normen für die Europagurke, Brüssel 1990; *Brandstätter,* Raptus Regularius – eine heimtückische Krankheit, Bonn 1993.

27 Synonym für Wirtschaftsprüfer. Zur Dokumentation siehe den Untertitel der Zeitschrift „Die Wirtschaftsprüfung".

deutung erschließt sich ohnehin nur wenigen Spezialisten und hilft nur in seltenen Notfällen.

Zur Vorbereitung auf das Wirtschaftsprüfer-Examen ist es ratsam, wenn Kandidaten eine vage Vorstellung vom Inhalt attraktiver Fachausdrücke in ihrem Kurzzeitgedächtnis speichern. Gleiches gilt für Mitglieder der Prüfungskommission, die mit diesbezüglichen Fragen ihren Kollegen imponieren und so dazu beitragen, dass das in den letzten Jahren verwässerte Anspruchsniveau des WP-Examens neuen Auftrieb bekommt.

b) Die Quintessenz der aktuellen Managementkonzeptionen

Die Quintessenz der zurzeit aktuellen Managementkonzeptionen[28] lässt sich wie folgt artikulieren: „Die überholten Managementstrukturen müssen durch ein Business-Reengineering totaler Qualität zu einem prozessorientierten Lean Management in einer virtuellen Holdingstruktur führen.“ Die verbliebenen Klarheiten dieses komplexitätsreduzierenden Extrakts sollen durch die nachfolgenden Ausführungen beseitigt werden.

Business-Reengineering[29] bedeutet späte tätige Reue des Topmanagements.[30]. Sie ist eine Art Fegefeuer[31], um die längst nicht mehr zeitgemäße Unternehmensorganisation zu ändern. In der Praxis wird diese Rosskur meist erst dann durchgeführt, wenn das Unternehmen kurz vor dem Zusammenbruch steht.[32] Nach aller Erfahrung vermeiden präkolaptische Umstrukturierungen zielführende Veränderungen.

Im Mittelpunkt des Reengineering stehen Prozesse, z. B. der Prozess der Konkursverschleppung. Die großartige Idee eines prozessorientierten Managements ist keine alleinige Angelegenheit für einschlägig vorbelastete Juristen. Sie ist vielmehr betriebswirtschaftlich auszuwerten, damit das am Boden

---

28 In Anlehnung an *Freudhaus-Krampfeneder,* Die Essentialien existentieller Unternehmenskonzepte, Köln 1994.

29 *Hammer/Champy,* Business Reengineering, Frankfurt/New York 1994.

30 *Trespidus.* SJ (Hrsg.), Kompendium der Absolution in zwei Bänden, St. Gallen 1971.

31 *Damasus Hinterseher,* OFM, Das Purgatorium für die arme Seele des Kaufmanns, Fulda 1993. Zum optimalen Therapiebeginn siehe *Gammabaldi,* E il tempore di arrostimento cosi relevante?, Journal of Survival Policy, Val. 11, Dezember 1992.

32 Vgl. *Hakelmacher,* Strategies follow Structures, WPg 1993, S. 89-94.

liegende Unternehmen flacher wird.[33] Dazu haben die Betriebswirte mit der ihnen eigenen Konsequenz die Prozesskostenrechnung neu erfunden. Obwohl diese reaktionäre Revolution auf dem Gebiet der Kostenrechnung[34] noch nicht national distribuiert ist, können ihr weltoffene Berufsangehörige bedenkenfrei entgegentreten, da ihnen die Prozesskostenrückstellung nicht ganz unbekannt sein dürfte.

Wirtschaftsfachleute von Format reden heute bei jeder Gelegenheit vom *Lean Management*. Wie jeder anglophile Steakholder[35] weiß, bedeutet „lean" in deutscher Übersetzung „mager, schlank". Lean Management bezeichnet demnach die epochale Entdeckung, dass Üppigkeit die Manager behäbig macht. Jeder selbstbewusste Topmanager sieht sofort die überflüssigen Speckfalten bei seinen Kollegen. Bei diesem einseitigen Konsens setzt der kluge Berater an, wenn er sein maßgeschneidertes Konzept vermarktet. Der letzte Widerstand gegen eine umfassende Beratung wird mit dem eingängigen Slogan gebrochen: „Keen Management avoids Mean Management by Lean Management."[36]

Die Umstellung auf Lean Management ist der Versuch, notwendige Gemeinkosten zugunsten liebgewordener Gewohnheiten von Topmanagement und Gewerkschaften durch Beratungshonorare zu ersetzen (Auftrags- und Konzeptionsphase der Beratung). Die in den Beraterprospekten angekündigten Folgeschritte (Detailplanung und deren Realisierung) konnten mangels Masse noch nicht erforscht werden. Experten vertreten aber die Hypothese, dass sich die propagierte Magersucht ihrer Sättigungsphase nähert, wenn in der Unternehmenshierarchie die Planstellen der Inkompetenz auf 49,63 % reduziert werden.[37]

---

33 *Wehrmud,* Der Flachmann in flachen Hierarchien, Flachzeitschrift für Organisation, Jahrgang 1992, Heft 4.

34 Kritisch *Kostenbolz,* Neo-debile Kostenrechnungen, in DB 1993, S: 3087-3102 m. w. N.

35 *Weng,* Steakholder-Approach, Berlin 1992. Für das Studium der hier anklingenden Grenzbereiche siehe *Wenger,* Der Shareholder als Stake-oder Steak-holder? Frankfurt 1993.

36 *Hakelmacher*, Wie ich meine Kollegen überzeugte, Hamburg 1988, S. 12.

37 *Boss-Consulting,* Wann reicht es? – Die Geheimnisse erfolgreicher Beratungstätigkeit, Düsseldorf 1992. Vgl. *Davidow/Malone,* The Virtual Cooperation, New York 1992.

Vom Modetrend infizierte Wirtschaftsprüfer denken über eine Kombination von „Accounting for Growth“ und Lean Audit nach.[38] In gezielter Verbindung mit dem ebenfalls zitierwürdigen Target Costing[39] halten es Abschlussprüfer für möglich, bei einer Reduzierung des Zeitaufwandes um 30-50 % mit einer Honoraranhebung von nur 60-80 % auszukommen.

Ohne Holdingstruktur kann heute kein zukunftsorientiertes Unternehmen zurechtkommen. Das ergibt sich unzweifelhaft aus der Menge der darauf Bezug nehmenden Veröffentlichungen, Managementkonferenzen und Seminarveranstaltungen.[40] Das noch wenig bekannte Spitzengewächs unter den Holdings ist die virtuelle Holding.[41] Sie existiert nur scheinbar und funktioniert, wenn sie gebraucht wird, ohne eigentlich vorhanden zu sein. Mit anderen Worten: Die virtuelle Holding besitzt eine eindeutig verschwommene Managementstruktur und größte Motivationskraft für Manager bei marginalen Kosten.

c) Die allerletzten Dinge[42]

Von Unternehmensberatern und anderen Theoretikern unbemerkt hat sich in der Praxis eine Evolution des „Lean Managements“ zum „Clean Management“ vollzogen. Obwohl sein Inhalt noch nicht auf die simple Symbolsprache der Management-Consultants komprimiert werden konnte, soll er hier – den laufenden Forschungen der Hazard-Business-School vorausgreifend[43] – vorgestellt werden.

Das *Clean Management* beruht auf der naheliegenden Idee, dass die Kosteneffizienz dicker und schlanker Unternehmen erheblich gesteigert werden kann, wenn unvermeidbare Kosten nicht im eigenen Unternehmen, sondern bei Dritten anfallen.[44] Materialkosten senkt das Clean Management folge-

---

38 *Smith,* Accounting for Growth, Stripping the Camouflage from Company Accounts, London, 1992.

39 *Biesensterz,* Zielscheibenkalkulation in den Alpenländern, Innsbruck 1990.

40 Vgl. u. a. *Sühner,* Holdingrezepte für den täglichen Gebrauch, Wiesbaden 1992.

41 Vgl. *Davidow/Malone*, The Virtual Cooperation, New York 1992.

42 *Bethstuhl,* Ultima ratio in officio – Ein exitaler Ausweg?, Paderborn 1968.

43 *Mondavi/Hurrigan.* The Compressed Refinement of Clean Management – Interim Report; Hazard Business Review, 1993 Vol. XXVII, S. 192-241.

44 *Cabernet-Sauvignon.* Laissez faires les autres, Paris 1993.

richtig durch „saubere" Einsparungen bei den Lieferanten. Die aufwendige Ausbildung von Mitarbeitern wird in „sauberer" Arbeitsteilung anderen Unternehmen überlassen. Bei akutem Bedarf werden Mitarbeiter mit den benötigten Erfahrungen und Kenntnissen von diesen Unternehmen rekrutiert. Da die Vergesslichkeit der Manager mit der Höhe der Hierarchiestufen überproportional zunimmt[45], achtet ein professionelles Clean Management darauf, dass neue Mitarbeiter höherer Rangstufen über „saubere" Unterlagen verfügen.[46]

Gewerkschaften und andere Förderer[47] des Clean Managements arbeiten bereits an der weiterführenden sportlich-schlanken Variante des Clean Managements, Mit dem Motto „Wir geben euch unseren Marktanteil und ihr übernehmt dafür unseren Umsatz" lässt sich diese kooperative Variante als Spleen Management sicher gut vermarkten.

d) Die Steuerberatung

Das Gebiet der Steuerberatung erweist sich unverändert als dynamisch wachsender Beratungsmarkt. Das ständige Bemühen der deutschen Legisleptiker, auch den letzten Anschein von Systematik aus dem Steuerrecht zu tilgen[48], trägt Früchte: „Auf der nach oben offenen Unfug-Skala dürfte das deutsche Steuerrecht einen Spitzenplatz besetzen."[49] Bald wird sich jede wirtschaftlich vernünftige Entscheidung als steuerliches Desaster herausstellen.

Während die Neidlinie sozialistischer Steuerpolitik auf die so genannten Besserverdienenden[50] zielt, versuchen die angeblich marktorientierten Steuerpolitiker – offenbar angeregt durch den betriebswirtschaftlichen Portfolio-

---

45 *Peter,* How to escape Incompetence, New York 1971; *Alzhäuser,* Mnemotechnik für reife Führungskräfte, Bad Harzburg 1987.

46 *Brecher,* Hygiene im beruflichen Alltag, 3. Aufl., Frankfurt 1992. S. 271 f.

47 *Keinfühler,* Vorn Outsourcing zum Outcasting, 5. Aufl., Frankfurt 1993. *MaierlMattjes,* Die Umverteilung des Nichts als tarifpolitischer Leitfaden, Frankfurt *1994.*

48 *Zeiserl,* Obskurantismus im steuerlichen Gesetzgebungs- und Verordnungsverfahren, Bonn 1993.

49 *Theis,* Steuerliche Überlegungen zum Jahresende 1993, DB 1993, S. 2556.

50 Besserverdienende sind jene Steuerzahler, die Besseres verdient haben, als ihnen die Ignoranz sozialistischer Steuerpolitik zugesteht.

ansatz[51] – den steuerlichen *„Portfool-Approach“*[52] zu entwickeln. Die Erkenntnisse aus der Portfolio-Analyse sollen bekanntlich dazu dienen, aus Potentialträgern unter Nutzung der Cash-cows „Stars“ zu machen und keine Kraft in Problemfelder zu vergeuden.

Der Portfool-Ansatz will dagegen aus Leistungsträgern „Tax-cows“ machen, um sie dann als „arme Hunde“ abzuschreiben. Zukunftsträchtige Potentiale bleiben ausgeklammert. Mit „Tax cow“ ist nicht das Rindvieh gemeint, für das Steuergelder gezahlt werden[53], sondern Steuerpflichtige, die für den Fiskus einen hohen Taxflow erwirtschaften.[54]

Der Hang zur Perfektion hat in der deutschen Steuergesetzgebung inzwischen dazu geführt, dass nicht nur die Gesetzestexte, sondern auch die immer umfangreicher angelegten Gesetzesbezeichnungen schwierig auszulegen sind. Das Steuerrecht wird zum Spielball der Exegesen. Für Wirtschaftsprüfer, die sich in die *fiskalische Mystik* versenken können[55], eröffnen sich damit bis ins Jenseits reichende Perspektiven. Nicht wenige Berufsangehörige dürften sich jedoch solchen Herausforderungen mental[56] nicht gewachsen fühlen, weil ihnen Phantasie und Kreativität fehlt, um extravagante Lösungen zur steuerlichen Optimierung zu finden, mit denen alle Beteiligten endgültig Übersicht und Vermögen verlieren.

Für die stärker dem Stammgeschäft der Abschlussprüfung verbundenen Wirtschaftsprüfer bleibt als Trost, dass auch in der ambulanten Steuerberatung die Bäume nicht in den Himmel wachsen. Der jährlichen Beratungszeit ist mit 365 Tagen schon mal eine natürliche Grenze gesetzt.[57] Die Zahl der

---

51 Vgl. u. a. *Dunst,* Portfolio Management, Berlin/New York 1979; *Neubauer,* Portfolio-Management, Neuwied 1982.

52 Vorläufer finden sich bei *Scrapdealer,* Portfool-Approach to the Lunatic Asylum. Salem 1993.

53 Irrtümlich *Häremahn,* Rindergeld für alle Landwirte, Münster 1993

54 Vgl. *Reubert,* Der totale Tax-flow, 7. Aufl., Wiesbaden 1992.

55 Allgemein: *Davy,* Encylopedie des mystiques, 4 Bände, Paris 1977-78. Speziell: *Bierwalter,* Grundfragen der fiskalisch bedingten Mystik, Einsiedeln 1984. Aufschlussreich: *Winzelbacher,* Mystische Frauenbewebungen vom Mittelalter bis zur Neuzeit, Freiburg 1992.

56 *Becker,* Mentale Reservationen von und für Profis, 2. Aufl., München 1993.

57 Wie diese Grenze abrechnungstechnisch überwunden werden kann, zeigt *Obermeier,* Der elastizianische Kalender – Regressionssätze für Beraterhonorare, Tübingen 1986.

Tax-cows wird durch tributäre Auszehrung und andere Krankheiten[58] rasch zurückgehen, sodass hier eine weitere Limitierung abzusehen ist.

Nicht zu unterschätzen ist im Zusammenhang zunehmender Steuerstrangulierung der wachsende *Hang zur Steuerflucht*. Die Verlegung des ständigen Aufenthaltsortes ins Ausland gilt seit langer Zeit als sicherste Methode des „Sich-der Steuer-Entziehens". Nach neuen glazialarchäologischen Erkenntnissen handelt es sich bei der im September 1991 und im Oetztal gefundenen Gletscher-Mumie[59], medienwirksam „Oetzi" genannt, um den ältesten bekannten Steuerflüchtling im deutschsprachigen Raum. Diese Erkenntnis ist wegen der bei Oetzi vermissten Gegenstände über jeden Zweifel erhaben.[60]

4. Ausblick

Die berufsrelevanten Megatrends geben keinen Anlass zur Mutlosigkeit. Die Aussichten für die weitere Blüte des deutschen Wirtschaftsprüfertums entbehren nicht gewisser Hoffnungsschimmer. Der Autor wäre nicht der Verfasser, wenn er seine Ausführungen nicht mit einem trostspendenden Ausblick abschließen würde.

In Anbetracht der phantastischen Entwicklung der Finanzmärkte erweisen sich die derivativen Finanzinstrumente als unschätzbare Nothelfer für den deutschen Wirtschaftsprüfer.[61] Zu ihnen gehören Termingeschäfte, Swaps und Optionen[62], die in vielfältiger Gestalt in freier Marktwirtschaft vorkommen und sich außerordentlich rasch vermehren.

58 *Müffelkeks,* Steuerfrust, Abgabenangst, Beleganihilation und andere traumatische Erkrankungen der Zahlungswege, Tübingen 1986.

59 Knöchelverzeichnis 91/O/XI der Universität Innsbruck.

60 Vgl. *Howard,* The Iceman as the lost Taxpayer – Critical Obeservations at the Institut for Forsensic Medicine, Innsbruck, Glacier Journal, London 1993, Vol. 12.

61 In Anlehnung an *Quadflug* (Der Deus ex machina als Lösung auswegloser Dramaturgie, Hamburg 1993), der das gestalterische Element hervorhebt, und an *van Neerven* (Die vierzehn Nothelfer in heutiger Zeit, Bamberg 1993), der die pastoral-medizinischen Aspekte betont.

62 Zur Pflege des Wortschatzes siehe *Zahn,* Finanzinnovationen, Glosarium der neuen Hedging- und Finanzinstrumente, Frankfurt 1991. Zur Historie siehe *ter Borch,* Der Terminhandel mit Tulpenzwiebeln im 17. Jahrhundert, dtsch. Übersetzung Reinbek bei Hamburg 1992. Zur enormen Spannweite der Instrumente siehe z. B. *Stillhalter,* Durations-Gap beim synthetischen Collar in Form eines swaptionalen Floors, Düsseldorf 1993.

Die gemeinhin unverstandenen *Finanzinnovationen* üben auf alle erfolgsverwöhnten Manager eine sinnliche Faszination und eine erotische Anziehungskraft[63] aus. Die zur Risikoabsicherung u. U. geeigneten Produkte werden daher gern zur emotionalen Gewinnmaximierung eingesetzt.[64] Überraschungen erleben die begeisterten Täter meist erst bei der fragwürdigen Bilanzierung derartiger Geschäfte. Beklagt wird die einseitige Darstellung unrealisierter Verluste[65].

Für den geschulten Betrachter ist sofort klar, dass es nicht um den Kern der derivativen Finanzinstrumente, sondern um die Einzelheiten ihres Bilanzausweises geht. In dieser Hinsicht können nur die soliden Grundsätze ordnungsmäßiger Buchführung und die ihnen treu ergebenen deutschen Wirtschaftsprüfer nachhaltiges Chaos stiften. Das „True and Fair View"-Konzept, das vor dem Ausweis unrealisierter Gewinne nicht zurückschreckt, offenbart hier seine endgültige Schwäche. Dort sollte der Wirtschaftsprüfer ohne Furcht und Tadel seine Stärken ausspielen.

---

63 *Simmel,* Der Collar-Koller, vom Handy-Cap zum Trauer-Floor, Wien 1993.

64 *Futsch,* Die Tretmingeschäfte dc. Verfallgesellschaft, Frankfurt 1993. *Rappenstrauch.* The discounted Threat-flow of Futures, Frankfurt/New York 1993; *Schwiemelborch;* The Future without Futures, Wiesbaden 1994.

65 Aus Sicht des Jahres 2009: Das hat sich durch die um sich greifende Fair Value Bewertung gewandelt.

VI. Aktuelle Umtriebe bei Corporate Governance und Rechnungslegung (2004)

1. Ursachen weiter im Dunkeln

Die Frequenz großer *Bilanz- und Managementskandale*[1] hat wie die Häufigkeit von Naturkatastrophen in den letzten Jahren erheblich zugenommen. Die Abwehrmaßnahmen gegen solche Desaster sind die gleichen. Konferenzen, Entschließungen und Verhaltensgrundsätze sollen beiden Übeln Einhalt gebieten, erreichen aber stets einen hohen Grad von Wirkungslosigkeit. Die Parallelität der Erscheinungen gab Anlass zu der Vermutung, dass Klimaveränderung und Fehlverhalten von Topleuten zusammenhängen[2].

Trotz intensiver Forschung ließen sich allerdings bisher keine direkten Beziehungen zwischen der zunehmenden Erwärmung der Erde und den „cool" geplanten Management- und Bilanzmanipulationen entdecken[3]. Inzwischen erscheint solche Verbindung den meisten Klima- und Sozialforschern wegen der gegensätzlichen Temperaturen sogar eher unwahrscheinlich, denn Naturkatastrophen entstehen, wenn Überfluss keinen Abfluss findet, während Unternehmen in die Krise geraten, wenn der Abfluss den Überfluss übersteigt[4].

---

1 *Lassik*, Unzucht mit Zahlen, Frankfurt 2003, insbesondere Kapitel V.

2 Erste Andeutungen dieser Zusammenhänge finden sich schon bei *Lämmergeier*, Manager im Schwitzkasten, Bad Greisheim 1986, S. 116 f.

3 *Schönwiese*, Das Problem der Klimaveränderungen in Vergangenheit und Zukunft, Hamburg 2002, S. 486 ff.; *Alexandre*, Le climat en Europe, Paris 2003, S. 86 ff.

4 So u.a. *Borstenbinder*, Katastrophale Unterschiede in Natur, Kunst und Gewerbe, Hamburg 2004, S. 1260 ff.

Dennoch lassen sich wetterfühlige Gesellschaftskritiker nicht davon abbringen, dass die Überhitzung von Aktienkursen, Bezügen der Topmanager oder von Forderungen der Gewerkschaften durch das Abschmelzen der polaren Eiskappen verursacht sei[5]. Warum sollten die aufgeheizten Gemüter auf solche Erwärmung nicht mit kühl berechneten Machenschaften und mit bilanz- oder tarifpolitischer Übertreibungeng reagieren?

Denkbar sind natürlich auch andere *Gründe für die spektakulären Unternehmens- und Managementkrisen.* Psychologen führen z. B. die moderne Wegwerfmentalität als tiefere Ursache ins Feld. Die Einführung der immer saugfähiger gewordenen Papierwindeln habe dazu geführt, dass Kleinkinder nicht mehr früh getöpft würden, sondern unkontrolliert alles laufen lassen können, ohne wund zu werden. Diese Verhätschelung im frühesten Kindesalter könne insbesondere bei Kindern, die auch sonst nicht gefordert werden, im späteren Leben zu Nachlässigkeit und mangelnder Selbstdisziplin führen. Ganz generell seien mit der Verbreitung der Einwegflasche, dem Wegfall der Studiengebühren und ähnlichen Erleichterungen Wertschätzung und Augenmaß verloren gegangen[6]. Daher würden Zahl und Umfang spektakulärer Unternehmenszusammenbrüche auf keine Kuhhaut gehen.

Dieser zarte Hinweis erinnert in fataler Weise an den jüngsten Kollaps eines großen, international tätigen Konzerns. Bei der Molkereigruppe Parmalat wurde offenbar nicht nur Milch verschüttet. Es fehlen auch mehrere Milliarden Euro, die als Aktiva in der Bilanz ausgewiesen wurden, d. h. der testierte Jahresabschluss besaß nicht einmal die Qualität einer Milchmädchenrechnung.

Um den geneigten Leser nicht mit den üblichen Verdächtigungen und weiterer spekulativer Ursachenforschung zu langweilen, mag an dieser Stelle die Feststellung genügen, dass die Ursachen für das Fehlverhalten von Managern[7] größtenteils im Dunkeln liegen und dass daher der Reifeprozess von guter Corporate Governance und ordnungsgemäßer Rechnungslegung[8] beschleunigt werden muss. Was ist in letzter Zeit geschehen?

---

5 Beispielweise: *Pimpelhuber*, ...und sie verheizen sich doch!, Garmisch 2003

6 *Brauer*, Die maßlose Gesellschaft, München 2001, S. 15

7 Ein umfassender Überblick findet sich u.a. bei *Sudelmann*, Der Knilch der verkommenen Lenkungsart, 3 Bände, Köln/Stuttgart 2003

8 Zur längerfristigen Entwicklung siehe *Hakelmacher*, Die Katharsis der Unternehmensorgane – Corporate Governance und Rechnungslegung im Jahre 2013, WPg 2003, S. 193 ff.

Auf dem Gebiet der Corporate Governance haben sich Topmanager und Aufsichtsräte auf der *Unbeliebtheitsskala* erfolgreich nach oben gearbeitet[9] und die viel gescholtenen Abschlussprüfer mit dem Zeichen des Sieges[10] auf den unteren Rang verwiesen. Den schwer geprüften Berufsstand der Wirtschaftsprüfer erwarten aber noch weitere Schicksalsschläge: Erhöhte Anforderungen an die Unabhängigkeit des Abschlussprüfers stellen wesentliche Existenzgrundlagen der Wirtschaftsprüfer in Frage. Zusätzlich bedrohen drastisch angehobene Prämien für die Berufshaftpflichtversicherung ihren Wohlstand.

Der vielfach angekündigte *Paradigmenwechsel der Rechnungslegung* ist bedrohlich näher gerückt. Hauptbetroffene sind die kapitalmarktorientierten Unternehmen, die 2005 ihren Konzernabschluss erstmals nach internationalen Rechnungslegungsgrundsätzen aufstellen müssen[11]. Gemeint sind die vom International Accounting Standards Board (IASB) herausgegebenen International Accounting Standards (IAS) bzw. International Financial Reporting Standards (IFRS).

Diese Standards entbehren der Systematik, der Unübersichtlichkeit und Widerspruchslosigkeit. Zur weiteren *Verwirrung der Rechnungsleger* werden sie permanent geändert und erweitert. Mit ihrer Wechselhaftigkeit und der Aufforderung, auch unrealisierte Gewinne auszuweisen, stehen sie in krassem Gegensatz zu den ehernen und hingebungsvoll gepflegten Prinzipien altdeutscher Rechnungslegung.

Die aufgezwungene Umwälzung wird den Leidtragenden schon im laufenden Jahr schmerzhaft bewusst werden, weil bereits für 2004 Vergleichszahlen für den Abschluss 2005 erstellt werden müssen, die den internationalen Grundsätzen entsprechen.

Vergeblich haben die von der Umstellung betroffenen Rechnungsleger eine größere Abstinenz des International Accounting Standards Board (IASB) in

---

[9] Daran wird auch das im Entwurf vom Januar 2004 vorgestellte Gesetz zur Unternehmensintegrität und Modernisierung des Anfechtungsrechts (UMAG) auf absehbare Zeit wenig ändern.

[10] Eine Einführung in die Fingersprache und die damit verbundenen Missverständnisse bietet *Mankomann*, Fingerzeig ohne Fingerspitzengefühl, Düsseldorf 2004.

[11] Sog. IAS-Verordnung 2003/51/EG, ABl EG Nr. L 243, S. 1.

Bezug auf Novellierungen erhofft, um rechtzeitig alle Untiefen der neuartigen Standards ausloten zu können. Die schrittweise Umsetzung überfälliger Verbesserungen macht die Umstellung auch nicht einfacher.

Demgegenüber ist die stufenweise Reformierung des deutschen Bilanzrechts von ihren Erfindern als Linderung für die Schmerzen der Aufsteller und Prüfer von Abschlüssen gedacht. Warum sonst sollte das deutsche Bilanzrecht durch die Entwürfe eines Bilanzkontrollgesetzes (BilKoG)[1] und eines Bilanzrechtsreformgesetzes (BilReG)[2] sowie durch die Ankündigung eines Bilanzrechtsmodernisierungsgesetzes (BilMoG) in homoöpathischen Dosen fortgeschrieben werden?

2. Gewissenhafte Verwaltung von Corporate Governance und Rechnungslegung

Obwohl das Bruttosozialprodukt in Deutschland im vergangenen Jahr geschrumpft ist, konnte das *Bruttoverwaltungsprodukt* im gleichen Zeitraum um 27,3 % gesteigert werden. Die Brutapparate für Bürokratie werden für weiteres dynamisches Wachstum sorgen. Wegen unverzichtbarer Verwaltungstätigkeiten in den Unternehmen werden in Zukunft ohne Verlängerung der Arbeitszeiten kaum noch Kapazitäten für die Herstellung von handfesten Produkten oder gar technologischen Innovationen und von Wert schaffenden Dienstleistungen zur Verfügung stehen.

Auf der anderen Seite gestattet die Aufrüstung der elektronischen Speicherkapazitäten die nahezu unbegrenzte Ausübung der Verwaltungsfunktion. Ihre Attraktivität liegt darin, dass es mit ihrer Hilfe gelingt, dass diejenigen, die Verantwortung übernehmen müssen, diese nicht zu tragen haben.

---

1 Referentenentwurf: Gesetz zur Kontrolle von Unternehmensabschlüssen (Bilanzkontrollgesetz (BilKoG) v. 8. Dezember 2003

2 Referentenentwurf: Gesetz zur Einführung internationaler Rechnungslegungsstandards und zur Sicherung der Qualität der Abschlussprüfung (Bilanzrechtsreformgesetz – BilReG) vom Dezember 2003

Die *Corporate Governance* wird in deutschen Unternehmen auf der Grundlage des Deutschen Corporate Governance Kodex verwaltet. Die Verwaltungstätigkeiten reichen von der Berufung eines Kodexbeauftragten bis zu regelmäßig aktualisierten Fragebogen und Checklisten. Die Zustände, die Vorstand und Aufsichtsrat wegen der Corporate Governance kriegen, müssen zeitnah protokolliert und in angemessenen Abständen anhand der Aktenlage verifiziert werden. Heraufziehende Unternehmenskrisen dürfen die Verantwortlichen nicht davon abhalten, die Kodex-Empfehlungen und ihre Befolgung zu erörtern und die Anregungen des Kodex auf Unannehmlichkeiten hin zu untersuchen, da sie oft zu einer Empfehlung aufgewertet werden. Die Ergebnisse sind protokollarisch festzuhalten. Schließlich müssen die einschlägigen Veröffentlichungen[3], Seminaraufrufe und Moderatorenangebote händisch archiviert werden.

Auch die *Rechnungslegung* erfordert ihre ordnungsgemäße Verwaltung. In erster Linie müssen die unzähligen Gesetzgebungs-, Verordnungs- und Standardsetzungsakte registriert werden, die für das Unternehmen lästig werden könnten. Darüber hinaus sollten Art und wechselhafte Zusammensetzung der zahlreichen Rechnungslegungsgremien laufend aufgezeichnet werden, um ihre diffuse Wirkungsweise verfolgen zu können.

Da die Durchsicht neuer oder geänderter Rechnungslegungsvorschriften nur selten deren eigentlichen Sinn offenbart, sind die Rechnungsleger auf das Studium sämtlicher Publikationen der Regulierer (Gesetze, Standards und offizielle Interpretationen sowie Entwürfe, Diskussionspapiere und andere Verlautbarungen) angewiesen. Ohne ein Abonnement für die Verlautbarungen des IASB ist es z. B. nicht möglich, wenigstens einen vagen Überblick über die vielen IAS/IFRS-„Baustellen“[4]zu behalten.

---

3 Siehe u.a. *Hommelhoff/Hopt/v.Werder* (Hrsg.), Handbuch Corporate Governance, Köln/Stuttgart 2003; *Pfitzer/Oser* (Hrsg.) Deutscher Corporate Governance Kodex, Stuttgart 2003

4 Gemeint sind z. B. „Improvements“ und „Amendments“ von 15 IAS (veröffentlicht im Dezember 2003) und vier Exposuredrafts (=Entwürfe) neuer IFRS

3. Zentrale Themen der Corporate Governance

„Corporate Governance ist ein höchst dynamischer Prozess, der wohl nie abgeschlossen sein wird"[1]. Unter diesem aufputschenden Motto wird der Deutsche Corporate Governance Kodex von der Regierungskommission regelmäßig fortgeschrieben, die dafür auf unbestimmte Zeit eingesetzt worden ist. Um diese Fortschreibung nicht durch Einwände der Betroffenen aufzuhalten, wird sie unter Ausschluss der störenden Öffentlichkeit vorgenommen. Die Kodexkommission veröffentlicht auch keine Entwürfe vorgesehener Kodexänderungen oder –ergänzungen, damit interessierte Kreise nicht in Versuchung geraten, dazu Stellung zu nehmen. Der für Rechnungslegungsstandards zur demokratischen Legitimation geforderte „Due Process"[2] wird hier zum „Brief Process"[3].

Die öffentlichen Verfahren und Talkshows der jüngsten Zeit belegen, dass die *Vergütungen von Topmanagern* das zentrale Thema der aktuellen Corporate Governance Diskussion darstellen. Insofern handelte die Kodexkommission zeitgemäß, als sie die bisherige Anregung, die Bezüge der Vorstandsmitglieder individualisiert zu veröffentlichen, mit Wirkung ab 2004 in den Rang einer Kodex-Empfehlung erhoben hat. Über den Nutzen dieser „neidgemäßen Rechnungslegung[4] kann man geteilter Meinung sein. Die Kommission hofft, dass durch die ungewohnte Transparenz ungewöhnlicher Bezüge von Topmanagern die Kritik verstummt. Die hoch bezahlten Spitzenmanager sollten nicht vergessen, dass ihre überzogenen Bezüge die Verpflichtung einschließen, Vorwürfe zu ertragen.

Ihre wiederholt angemahnte Vorbildfunktion erfüllen viele Topmanager wenigstens hinsichtlich der propagierten Verlängerung der *Lebensarbeitszeit*.

---

1 *Cromme,* Entwicklung der Coporate Governance in Deutschland, in: *Cromme* (Hrsg.), Corporate Governance Report 2003, 2003, S. 35

2 Vgl. *Kleekämper/Kühlewind/Alvarez*, Ziele, Organisation und Bedeutung des IASB, in: *Baetge et al.* (Hrsg.) Rechnungslegung nach International Accounting Standards (IAS), 2. Auflage, Stuttgart 2003, A I Rz. 77 ff.

3 *Ritterschlag*, Prozessökonomie im Rahmen der Selbstregulierung privater Institutionen, Essen 2001, S. 115. Rosshauptner, Der kurze Prozess, Berlin 2002.

4 *Sporner*, Neidgemäße Rechnungslegung als Ausdruck demokratischen Selbstverständnisses, berlin 2003,.

Seit vielen Jahren lassen sie sich zum Zeitpunkt ihrer Pensionierung in den Aufsichtsrat entsorgen. Ohne viel Aufheben ist es für ehemalige Vorstandsvorsitzende zur Selbstverständlichkeit geworden, ab Beginn ihres Ruhestandes als Vorsitzender des Aufsichtsrates unbeirrt weiter für das Unternehmen zu schuften. Die dabei beschworene Kontinuität der Unternehmensführung und ihrer Überwachung kann nicht intensiver gepflegt werden.

Obwohl mit der Versetzung pensionierter Vorstandsmitglieder in den Aufsichtsrat eine Aufbesserung der Ruhegeldbezüge in Kauf genommen wird, halten Unbeteiligte diese Aufsichtsräte für vorbelastet. Die Besorgnis der Befangenheit soll den Bedenkenträgern durch die „geistige Unabhängigkeit" der Betroffenen genommen werden, ihre als Topmanager getroffenen Fehlentscheidungen völlig zu vergessen. Diese Autonomie erlaubt dem Unternehmen, aus dem selbst angezeigten Erfahrungsschatz ehemaliger Topmanager unparteiischen Nutzen zu ziehen.

Während die Unabhängigkeit des Aufsichtsrates nie ernsthaft zur Debatte gestellt wurde, war die *Unabhängigkeit des Abschlussprüfers* schon immer ein wesentliches Anliegen fanatischer Corporate Governance Protagonisten[5]. Dadurch konnten sich Vorstand und Aufsichtsrat unauffällig aus dem Schussfeld kritischer Beobachter davon schleichen. Insofern bewegt sich der im Dezember 2003 vorgelegte Entwurf eines Bilanzrechtsreformgesetzes (BilReG) auf vorgespurtem Weg. Danach soll ein Wirtschaftsprüfer als Abschlussprüfer ausgeschlossen sein, wenn er zu dem zu prüfenden Unternehmen persönliche oder finanzielle Beziehungen unterhält, einen zu hohen Anteil seiner beruflichen Einnahmen von dem Unternehmen bezieht oder für das Unternehmen sonstige sinnvolle Arbeit geleistet hat[6].

Bei sonstigen Tätigkeiten für das zu prüfende Unternehmen wird der Abschlussprüfer wegen des *Verbots der Selbstprüfung* zu strenger Enthaltsamkeit verurteilt. Er darf weder bei der Führung der Bücher, bei der Aufstellung des Jahresabschlusses oder bei der internen Revision mitwirken, noch Management- oder Finanzdienstleistungen oder versicherungsmathematische oder Bewertungsleistungen für den Jahresabschluss erbringen.

---

5 Siehe dazu u.a. *Baetge/Lutter* (Hrsg.), Abschlussprüfung und Corporate Governance, Köln 2003

6 Zu Einzelheiten siehe den Entwurf zu §§ 319 und 319 a HGB.

Bei kapitalmarktorientierten Unternehmen ist ein Wirtschaftsprüfer als Abschlussprüfer ausgeschlossen, wenn er *Rechts- oder Steuerberatungsleistungen* erbracht hat, die sich auf den Jahresabschluss nicht nur unwesentlich auswirken; wenn er an der Entwicklung, Installation und Einführung von Rechnungslegungsinformationssystemen mitgewirkt hat, sofern diese Tätigkeit nicht von untergeordneter Bedeutung ist, oder wenn er das Unternehmen in Rechts oder Steuerangelegenheiten gerichtlich vertreten hat oder vertritt.

Besonders schockiert den Berufsstand die angedrohte Einschränkung der Steuerberatung. Sie ist praktisch total, denn es ist kaum zu verhindern, dass sich diese fiskalisch geduldete und sogar steuerlich absetzbare Überlebenshilfe für steuerpflichtige Unternehmen im Jahresabschluss niederschlägt. Daher sind die betroffenen Unternehmen, die keine Anfechtung des Jahresabschlusses riskieren wollen, gut beraten, neben dem Abschlussprüfer einen von diesem unabhängigen steuerberatenden Kollegen zu beschäftigen.

4. Zentrale Themen der Rechnungslegung

a) Neue Arten der Rechnungsleger

Als die Welt der Rechnungslegung noch in Ordnung war, sorgten Gesetzgeber für den unvermeidlichen Ordnungsrahmen, vielfältige Bilanzkommentare für die wünschenswerte Flexibilität und die Rechtsprechung für weniger begehrte Überraschungen. Damals unterteilte man die Rechnungsleger in *Aufsteller, Prüfer und Nutzer* von Jahresabschlüssen[7].

Den *Aufstellern* obliegt seit jeher, die Geschäftsvorgänge, in die das Unternehmen verwickelt war oder ist, irgendwo im Jahresabschluss zu platzieren. Im vorigen Jahrhundert wussten jedoch nur die Abschlussprüfer, wo und wie das zu geschehen hat. und mahnten entsprechende Darstellungen an. Die in spärlicher Form dargereichten Abschlussinformationen wurden von den Adressaten oder Nutzern gläubig und weniger undankbar als heute hingenommen.

---

7 *Hakelmacher*, Das alternative WP-Handbuch, Düsseldorf 2000, S. 84; *ders.*, Standard und Stunt Art – Kernstücke zeitgemäßer Rechnungslegung, WPg 2002, S. 172..

Seit Beginn des 21. Jahrhunderts machen sich Standardsetzer, Nutznießer und demnächst Wächter der Rechnungslegung[8] als nicht ganz harmlose Abarten bemerkbar.

Standardsetzer sind mit Rechnungslegungskenntnissen vorbestrafte Experten, die sich in privatrechtlich organisierten Gruppen zu dem alleinigen Zweck zusammenrotten, Lösungen für Rechnungslegungsprobleme zu suchen, die es ohne sie nicht geben würde. Diese Lösungen verarbeiten sie zu Rechnungslegungsstandards, die sie nach öffentlichem Palaver für allgemein verbindlich zu erklären.

Die von ihnen verlangte Unabhängigkeit und Objektivität bezeugen die Standardsetzer mit der Impraktikabilität der von ihnen entwickelten Rechnungslegungsstandards. Zum Beweis lassen sich die nicht durch Prinzipien gehemmten Standardsetzer permanent neue oder geänderte Einzelfallregelungen einfallen.

Nutznießer der modernen Rechnungslegung sind die Finanzanalysten. So wie früher „aus dickem Caffeesatz durch schwarzer Geister Gunst die Zukunft ausgespäht wurde"[9], prognostizieren sie aus dem Ansatz von Vermögenswerten und Schulden die Aussichten des Unternehmens oder Konzerns[10]. Obwohl diese Prognosen nur selten Realität werden, glauben die der Bilanzpraxis entrückten Standardsetzer an die übersinnlichen Fähigkeiten der Nutznießer und geben den unmäßigen Forderungen der Finanzanalysten nach offen zu legenden Unternehmensinformationen unbesehen nach.

Als jüngste Mutation der Rechnungsleger sind die *Wächter der Rechnungslegung*, professionell „Enforcer" genannt, aufgetaucht. Diese Erzwinger richtiger Jahres- und Konzernabschlüsse sollen dafür sorgen, dass die Rechnungslegungsvorschriften unbeschadet des Unheils, das sie anzurichten vermögen, komplett und rigoros angewandt werden.

Der Urtyp der Bilanzwächter entwickelte sich in den USA in Gestalt der „Security and Exchange Commission (SEC)". In Deutschland sollen zwei

8 Dazu fundamental *Dohle*, Rechnungsleger in der Mauser, München 2004.

9 *NN.*, Die Wahrsagerin aus dem Coffee-Schälgen, Leipzig 1742; *Raab*, Die Kunst und Weisheit im Kaffee und allen anderen Gießungen das Schicksal zu sehen, Leipzig 1756.

10 *Jester*, The Asset-Liability-Approach of modern Futurology, London 2003

Unterarten herangezüchtet werden, die sich wie Honig- und Killerbienen in ihrer Angriffslust unterscheiden. „Als Angebot für die beteiligten privaten Kreise“[11] ist einmal an weniger kampfstarke, aber privatrechtlich organisierte Mitglieder eines Wächterrates (Prüfstelle genannt) gedacht. Sie sollen durch sanktionsbewehrte Wächter der Bundesanstalt für Finanzdienstleistungsaufsicht (BAFin) ergänzt werden[12]. Die Wächter sollen nach erfolgter Abschlussprüfung „aus gegebenem Anlass“ oder in Stichproben prüfen, ob die publizierte Rechnungslegung den anzuwendenden Vorschriften entspricht.

Aufsteller und Prüfer, die der *Auslegeware des IASB* ausgesetzt sind und spätere Korrekturen ihrer Abschlüsse vermeiden wollen, brauchen in Zweifelsfällen verbindliche Exegesen des Wächterrates. Obwohl sich viele Institutionen für befähigt halten, die IAS/IFRS zu interpretieren[13], sind dazu allein das International Accounting Standards Board (IASB) und das International Financial Reporting Interpretation Committee (IFRC) autorisiert. Beide Gremien sind aber kapazitätsmäßig nicht in der Lage, so kurzfristig wie notwendig die erbetenen Auskünfte zu erteilen.

Wenn der Abschlussprüfer unsicher oder anderer Meinung ist, werden die Aufsteller nicht umhin können, den Wächterrat um eine entsprechende Vorklärung zu bitten. Diese „*Preclearance*“ kann leicht die noch verbliebene Autorität der Abschlussprüfer untergraben, die in den letzten Jahren durch Peer Review und Qualitätskontrolle nach § 57 a WPO schon erheblich gelitten hat. Da etwaige Auskünfte des Wächterrates nur in höchst seltenen Fällen mit dem IASB oder IFRIC zeitgerecht abgestimmt werden können, sind spätere andersartige Entscheidungen des IASB oder des IFRIC nicht ausgeschlossen. Dies ließe Zweifel an der fachlichen Kompetenz des Wächterrates aufkommen und damit das Enforcement zusammenbrechen.

Noch fehlt der Mut für eine verbindliche Hackordnung, mit der die Meinungen von IASB, IFRIC und den Wächtergremien koordiniert werden können.

---

11 *Geiger*, a.a.O., WPg-Sonderheft 2003, S. S 101

12 Siehe dazu den Referentenentwurf des BilKoG: §§ 342 b – d EHGB und §§ 37 n – u EWpHG.

13 Zum Beispiel neben dem nationalen Wächterrat der nationale Standardsetzer, die EFRAG, die EU-Kommission oder das Institut der Wirtschaftsprüfer.

b) Der Daseinskampf der Standardsetzer

Die privatrechtlich organisierten Standardsetzer sind insofern Ausdruck der Selbstregulierung der Wirtschaft als die Unternehmen und Verbände den aufwendigen Standardisierungsprozess finanzieren. Die internationalen und nationalen Standardsetzer ringen gleichzeitig um ihre Unabhängigkeit, um die Anwendung ihrer Standards und um ihre Finanzierung. Auf internationaler Ebene kämpft das IASB um weltweite Anerkennung seiner Standards und seine ebenso zu beschaffende finanzielle Ausstattung. In seinem Schatten haben die durch die Globalisierung der Rechnungslegung lädierten nationalen Standardsetzer Mühe, ihre Existenzberechtigung zu begründen, weil sich alle Welt auf die IAS/IFRS einstellt.

Dem IASB, der für seine Standards die gängige Bezeichnung „IAS“ (International Accounting Standards) zungenbrecherisch in „IFRS“ (International Financial Reporting Standards) umbenannt hat, ist alles zuzutrauen, zumindest aber komplizierte und unleserliche Standards. Immerhin könnte das eine Möglichkeit sein, um sich gegenüber der übermächtigen US-amerikanischen Börsenaufsicht SEC zu behaupten.

Doch erst unter Einsatz der Zauberformel „Konvergenz“ wird es gelingen, den IAS/IFRS die Anerkennung der SEC zu verschaffen. Konvergenz heißt „gegenseitige Annäherung“ und bedeutet in der rauen Wirklichkeit die wörtliche Übernahme der schwer verdaulichen US-amerikanischen Bilanzierungsrezepturen (US-GAAP)[14].

Für die ab 2005 vorgesehene *Anwendung in Europa* müssen die IAS/IFRS nebst den SIC/IFRIC-Interpretationen (nachfolgend generell als „IFRS“ bezeichnet) von der Europäischen Union anerkannt werden. Zuvor werden die fachlichen Aspekte der Grundsätze von einer aus europäischen Rechnungslegern bunt gemischten *Expertengruppe* (EFRAG) beleuchtet, die dann der Europäischen Kommission die Annahme oder Nichtannahme der Standards empfiehlt. Die Barrieren für die Übernahme der IFRS ins europäische Bilanzrecht werden in der Praxis niedrig gehalten, weil ein IFRS-Abschluss

---

14 Bestürzend z. B. Entwurf ED 4 „Disposal of Non-current Assets and Presentation of Discontinued Operations“

nur dann vorliegt, wenn für ihn sämtliche geltenden Standards und Interpretationen angewendet wurden.

Theoretisch setzt die Anerkennung der Europäischen Union voraus, dass die internationalen Grundsätze nicht nur ein zutreffendes Bild von der Lage des Unternehmens (True and Fair View) sondern auch relevante, verständliche, verlässliche und vergleichbare *Informationen* vermitteln. Außerdem muss sie dem europäischen öffentlichen Interesse dienen[15].

Die *Relevanz* wird vorrangig von den Nutznießern bestimmt, die dem Grundsatz huldigen: „Unklare Informationen sind besser als gar keine". Daher kommt der totalen Offenlegung intimer Unternehmensdaten höchste Priorität zu. Die verständliche Forderung nach *Verständlichkeit* darf nicht missverstanden werden. Sie verlangt nicht, dass die Rechnungslegungsgrundsätze als solche verständlich sein müssen (sie sind es höchst selten), sondern die auf ihrer Anwendung beruhende Rechnungslegung. Offen bleibt für wen.

Verlässlich sind alle Informationen, deren Unzuverlässigkeit nicht offensichtlich ist oder denen wissenschaftlich anerkannte, d. h. im Fachschrifttum hinreichend publizierte Rechenmodelle zugrunde liegen. Daher gelten auch Informationen als verlässlich, bei denen der Adressat die Art ihrer Ermittlung oder die zugrunde liegenden Prämissen nicht nachvollziehen kann. Vergleichbar ist schlicht alles, was nicht andersartig ist.

Über das europäische öffentliche Interesse rätseln bis heute alle, die mit der Anerkennung der IAS/IFRS beschäftigt sind. Um die eigene Auflösung des Rätsels nicht zu verraten, wird das fragwürdige Interesse stillschweigend mit demjenigen gleichgesetzt, von dem das jeweils urteilende Gremium glaubt, dass es bei den Nutzern der Rechnungslegern vorherrschen dürfte.

c) Einführung in die Welt der IAS/IFRS

Während die meisten Wirtschaftsprüfer über existentielle Grenzerfahrungen mit den internationalen Rechnungslegungsgrundsätzen verfügen, ahnt die Mehrzahl der Unternehmen, die ab 2005 ihren Konzernabschluss nach den I/IFRS aufzustellen haben, kaum, was im Detail auf sie zukommt. Die *Wirt-*

---

15 Art. 3 der IAS-Verordnung.

schaftsprüfer wären die geborenen Missionare, um diesen Hilfsbedürftigen die internationalen Rechnungslegungsgrundsätze näher zu bringen. Soweit sie jedoch als Abschlussprüfer tätig sind, darf eine lehrreiche Unterstützung nicht so weit gehen, dass sie als Mitwirkung an der Aufstellung des Jahresabschlusses oder als Einführung von Rechnungslegungsinformationssystemen ausgelegt werden könnte. Unter diesem Vorbehalt ist der nachstehende kurzgefasste Lehrplan als Anregung gedacht.

Rechnungslegern, die mit der verwirrenden Welt der internationalen Rechnungslegung noch nicht in Berührung gekommen sind, sollten zunächst durch die Lektüre der voluminösen Harry-Potter-Bände[16] oder der Trilogie „Herr der Ringe“[17] behutsam an langatmige Texte, schwer merkbare Details und ein allgegenwärtiges Gruseln herangeführt werden. Genaues und wiederholtes Lesen von Textpassagen, deren Inhalt sich nicht auf Anhieb erschließt, will gelernt sein.

Der solchermaßen vorbereitete IFRS-Neuling ist dann darüber aufzuklären, dass der auf dem europäischen Kontinent hoch gehaltene Gläubigerschutz und das in Deutschland bis zur Unerträglichkeit betonte Vorsichtsprinzip bei den IAS/IFRS zugunsten „relevanter Informationen für die Investoren“ aufgegeben werden.[18]. Den IFRS-Freak lässt es kalt, ob Gewinne realisiert worden sind oder nicht; ihm genügt, dass ihre Realisierbarkeit nicht völlig ausgeschlossen ist.

In weiteren *Lektionen* muss die bei deutschen Rechnungslegern tief verwurzelte Vorstellung von konzeptionell durchgängigen und systematischen Rechnungslegungsgrundsätzen ausgetrieben oder zumindest gründlich erschüttert werden. Alles Grundsätzliche ist der internationalen Rechnungslegung grundsätzlich verdächtig. Die Fähigkeit, sich selbst im Weg zu stehen, verleiht dem IASB seinen besonderen Charakter. Und wer Charakter hat, braucht keine Prinzipien.

---

16 *Rowling*, Harry Potter und ...., 5 Bände

17 *Tolkien*, Lord of the Rings, London 1966. Älteren Herrschaften kann auch „The Forsyte Saga“ von *Galsworthy* empfohlen werden (Gesamtausgabe London 1922)

18 Zu den überkommenen Grundsätzen siehe u.a. *Biedermann*, Die Armut des Kaufmanns im Licht de Bilanztheorien des 20. Jahrhunderts, Hamburg 2001

Wenn der IFRS-Lehrling das begriffen hat, wird er verstehen, dass das IAS-Rahmenkonzept (Framework) nicht den Rang eines Rechnungslegungsstandards besitzt und viele Einzelstandards aus dem Rahmen fallen. Das dennoch häufig zitierte Rahmenkonzept hat nur insoweit einen gewissen Aussagewert, als es dem Wortlaut eines Standards oder einer offiziellen Interpretation nicht widerspricht. Bei fehlenden, unvollständigen oder unklaren Standard- und Interpretationstexten darf das Rahmenkonzept eigentlich nur vom IASB selbst herangezogen werden, weil Dritte zu abweichenden und aus Sicht des IASB unprofessionelle Schlussfolgerungen gelangen könnten.

Nach diesen Vorhaltungen wird der IAS/IFRS-Schüler einsehen, dass die internationalen Rechnungslegungsgrundsätze ohner Hierarchie oder gleichartige Formulierung wichtiger Begriffe auskommen kann. So wird z. B. die übliche Unterscheidung zwischen „Cost“ und „Expense“, also zwischen Kosten und Aufwendungen, nicht durchgehalten[19]. Spätestens jetzt ahnt der Lernende, warum die IAS/IFRS keiner logischen Nummerierung oder Gliederung folgen.

Über die generelle *Prinzipienlosigkeit der IFRS* darf nicht hinwegtäuschen, dass politisch motivierte Änderungen oder Ergänzungen der internationalen Standards dem Anschein nach konzeptionell begründet werden. Um die Abschaffung der „Pooling-of-Interest-Methode“ durchsetzen zu können, wurde es konzeptionell für sinnvoll gehalten, auf die planmäßige Abschreibung des Goodwill zu verzichten. Das IASB erklärt die Nutzungsdauer des Goodwill für unbestimmbar[20]. Da demzufolge die Abschreibungsbeträge nicht verlässlich bestimmt werden könnten, sei es konzeptionell sinnvoll, wenn ein jährlicher Impairmenttest sicherstellt, dass es zu keinen Abschreibungen kommt. Der Test ist so angelegt, dass der Wertverlust des erworbenen Goodwill durch den neu geschaffenen Goodwill ausgeglichen wird.

Die bisherigen Ausführungen machen verständlich, dass die internationalen Rechnungslegungsstandards nicht zum Ziel haben, die Realität oder be-

---

19 Eine ähnliche Undifferenziertheit, die auf eine Dekadenz deutet, gibt es auch im deutschen Bilanzrecht bei „Anschaffungs- und Herstellungskosten“.

20 *IASB*, Amendments to IAS 36, Impairment of Assets, and IAS 38, Intangible Assets, London 2002, insbesonderes IAS 38, Basis for Conclusion, B 37 and 38.

stimmte Geschäftsmodelle sachgerecht abzubilden. Vielmehr ist das IASB aus erzieherischen Gründen zu der Auffassung gelangt, dass sich Realität und Geschäftsmodelle nach den Standards zur richten haben.

Damit der praktizierende Rechnungsleger nicht total verzweifelt, sei darauf aufmerksam gemacht, dass das IASB bei hartnäckiger Lobbyarbeit schwer verstörter Branchen, wie z. B. der Kredit oder Versicherungswirtschaft, sich breitschlagen lässt, die Bilanzierung und Bewertung branchentypischer Sachverhalte von den allgemein gültigen Regeln auszunehmen oder in mehreren Phasen einer verträglichen Lösung zuzuführen. Im letzten Fall wird in der Phase I die bisherige Bilanzierungspraxis beibehalten, während in der als kurzfristig angekündigten Phase II, die tatsächlich erst von der nächsten Generation der Standardsetzer in Angriff genommen wird, die angestrebte Neuerung in weiteren Teilschritten realisiert wird.

Der letzte Lernschritt widmet sich dem Leitgedanken des IASB, dass die Qualität der Rechnungslegungsstandards mit deren Umfang und Kompliziertheit überproportional wächst. Im Sinne eines *„High Quality Accounting“* werden die ausschweifenden Standardtexte durch Anhänge, Anwendungsrichtlinien und Fallbeispiele ergänzt, die oft noch kolossaler gestaltet sind[21]. Es erstaunt den Laien, dass den Standardbeigaben selbst bei gewaltigem Umfang offenbar wenig praktischer Nutzen beigemessen wird, weil sie nicht in den europäischen Anerkennungsprozess einbezogen werden. Sie stehen aber eifrigen Rechnungslegern nur als honorarpflichtige Publikation des IASB in englischer Sprache zur Verfügung. Vor ihrer Lektüre sei jedoch gewarnt, weil ihr Inhalt nicht immer mit dem Wortlaut der Standards übereinstimmt.

Parallel zu den vorstehenden Lernabschnitten sollten einzelne /IFRS-Standards und ihrer Interpretationen gelesen werden. Die Reihenfolge ist in das Belieben des Lesers gestellt, doch wird zur Vermeidung frühzeitiger Frustration angeraten, mit den kürzeren Standards zu beginnen. Als Höhe- und Schlusspunkt der mühsamen Lektüre bietet sich der IAS 39 „Financial Instruments: Recognition and Measurement“ an. Dieser Standard ist bisher

21 In der Textausgabe „International Financial Reporting Standards 2003” umfasst z. B. der IAS 39 80 Seiten und die zugehörige Implementation Guidance 351 Seiten.

nicht für Europa angenommen worden, weil er in seiner derzeit gültigen Fassung viel zu intelligent ist, um in der realen Wert von Nutzen sein zu können.

D. Meisterstücke der Wirtschaftsprüfung

I. Der Prüfungsbericht als sprachliches Kunstwerk

II. Zustände der professionellen Unternehmensbewertung

III. Vom simplen Jahresabschluss zur anspruchsvollen Kapitalflussrechnung

IV. Unternehmensberatung tut not!

I. Der Prüfungsbericht als sprachliches Kunstwerk

1. Das Kulturgut

Die *Krönung deutscher Prüfungskunst* ist der Bericht des Wirtschaftsprüfers über die Prüfung des Jahresabschlusses. Der Prüfungsbericht wird auch als der konstruktive Teil der Prüfung bezeichnet[1]. Er hat eine altbewährte Tradition. Über Generationen wurde der Prüfungsbericht von Jahr zu Jahr fortgeschrieben; lediglich unvermeidbare Kleinigkeiten, wie z. B. der jeweils aktuelle Bilanzstichtag, wurden verändert. Der traditionsbewusste Berichtschreiber hat es stets verstanden, unpassend veränderte Tatsachen, hartnäckigen Einwendungen des geprüften Unternehmens oder modischen Wandlungen der Berufstheorie und -praxis zu widerstehen. Die über Jahrzehnte gefestigte Berichtstradition[2] ermöglichte es, die Abschrift der Konteninhalte des geprüften Unternehmens als Urform des deutschen Prüfungsberichtes weitgehend zu bewahren[3].

Die rasant vorangetriebene Internationalisierung der Rechnungslegung und ihrer Prüfung bedroht den Prüfungsbericht als ureigenes deutsches Kulturgut.[4] Daher sollen Wesen, Art und Entwicklung des deutschen Prüfungsberichtes nachfolgend analysiert werden. Damit soll der Berufsstand der Wirtschaftsprüfer wachgerüttelt werden, um das wertvolle Kulturerbe vor dem Verfall zu bewahren. Zugleich wird dem wenig erfahrenen Prüfer eine fundierte Handführung für die Abfassung des Prüfungsberichtes gegeben.

---

1 *Mutscheider*, Kulminationspunkte der Abschlussprüfung, Frankfurt 1990.

2 *Miesmacher,* Traditio sine qua non, Düsseldorf 1972.

3 *Hirnbeißer,* Der Urbericht und seine Ableger, München 2002.

4 Diese Bedrohung ist gravierender geworden, nachdem den Elbauen bei Dresden der Status als Weltkulturerbe aberkannt wurde.

Die Schwierigkeiten einer *wissenschaftlichen Analyse* des Prüfungsberichtes werden deutlich, wenn man sich die Voraussetzungen für eine wissenschaftliche Textanalyse vergegenwärtigt:[5] Der Text, der erforscht werden soll, muss als zuverlässig gelten; der Autor und die Zeit der Abfassung des Textes sollten möglichst eindeutig bekannt sein. Kann ein professioneller Prüfungsbericht solchen Anforderungen überhaupt gerecht werden?

2. Definition und Form des Prüfungsberichtes

a) Der Begriff

Von einem Prüfungsbericht kann dann gesprochen werden, wenn zahlenmäßige Angaben, die einen gewissen Zusammenhang zu Prüfungsgegenstand und -ergebnis ahnen lassen, durch ungereimte Texte[6] ergänzt und mit der Unterschrift und dem Berufssiegel des Abschlussprüfers versehen werden. Dabei zeichnet sich der Bericht des deutschen Abschlussprüfers, auf den sich die nachfolgenden Ausführungen konzentrieren, insbesondere dadurch aus, dass sein verbaler Teil überwiegend in deutscher Sprache abgefasst ist und sein Inhalt trotz Verwendung anglo-amerikanischer Fachausdrücke für Laien kaum verständlich ist.

Da die im Prüfungsbericht anzugebenden Zahlen durch den geprüften Jahres- oder Konzernabschluss weitgehend präjudiziert sind, muss sich der schöpferisch veranlagte Abschlussprüfer auf den verbalen Teil des Berichtes konzentrieren. Nach herrschender Berufsauffassung müssen die verbalen Kreationen zumindest lockerer Beziehung zum geprüften Abschluss und zur Tätigkeit des Abschlussprüfers stehen. Der größte Gestaltungsspielraum verbleibt danach für die Unterschrift des Abschlussprüfers, die damit zum spezifischen Merkmal des individuellen Prüfungsberichtes wird.

---

5 *Kayser,* Das sprachliche Kunstwerk, 5. Auflage, München 1959, S. 27 ff.

6 Prosa = Ungereimtes. *Destroy,* Keinen Reim will er sich machen, Wien 2005. Es gibt vereinzelt auch gereimte Prüfungsberichte, die aber wegen ihrer Einzigartigkeit in unzugänglichen Archiven verwahrt werden.

b) Berichtsformen

Die erste internationale „Anleitung für die Kommunikation zwischen dem Prüfer und dem Leser des Jahresabschlusses einer Unternehmung“[7] unterscheidet zwischen dem „Kurzbericht“ und dem „Long-Form-Report“ oder dem „ausführlichen Bericht“. Diese bahnbrechende Unterscheidung zwischen kurz und lang in der Berichtserstattung wurde erst möglich durch den von *Josef Blunzenbrenner* formulierten *Fundamentalsatz über den Berichtsumfang*: „Der Umfang des Prüfungsberichtes wird von seiner Seitenzahl bestimmt.“[8]

Der *Kurzbericht* beschränkt sich auf das Ergebnis der Prüfung, wobei seine Aussage „stets relativ und nicht absolut ist“, aber dennoch „streng themabezogen, kurz, eindeutig und verständlich abgefasst sein“ soll.[9] Über den Inhalt des ausführlichen Berichts schweigt sich die Anleitung unverständlicherweise aus. Vermutet wird, dass britische Berufsvertreter zu viele Vetos eingelegt haben[10]. Renommierte deutsche Berichtskritiker gehen mutig davon aus, dass die Aussagen des „Long-Form Reports“ über das knapp formulierte Prüfungsergebnis hinausgehen müssen.

Dem vollblütigen deutschen Wirtschaftsprüfer erscheint schon der Begriff „Kurzbericht“ degeneriert und leistungsfeindlich. Er bekennt sich ausdrücklich zum ausführlichen Bericht, auch wenn die dadurch erreichbare Konfusion der Leser inzwischen durch die umfangreichen Angabepflichten für den Anhang ebenfalls erzielt wird.

Auf der anderen Seite hat der Prüfungsbericht durch die vom Gesetzgeber geforderten Kommentare zur Risikolage und zum Risikomanagement des geprüften Unternehmens an Umfang, aber auch an schwieriger Thematik gewonnen. Die Aussagen dürfen Vorstand und Aufsichtsrat nicht vorzeitig verunsichern. Sie sollen beide Organe im Katastrophenfall nicht unnötig blamieren, sollen aber den Abschlussprüfer exkulpieren.

---

7 Vorschlag einer UEC-Empfehlung Nr. 8: Der Bericht über die Prüfung, (WPg 1980, S.112 f.), der letztlich an nationalen Widerständen scheiterte.

8 Quantitätsmerkmale von Berichten unter Zugrundelegung der Mengenlehre, Frankfurt 1968.

9 UEC-Empfehlung Nr. 8, a. a. O., S. 113.

10 Aus heutiger Sicht mag das in Ansehung des Wortschwalls der internationalen Rechnungslegungsgrundsätze höchst verwunderlich erscheinen.

Der sogenannte „Managementletter" des Abschlussprüfers[11], in dem unbedeutende Mängel des internen Kontrollsystems als wesentliche Managementprobleme des geprüften Unternehmens herausgestellt wurden, ist mit zunehmender Aufblähung der Geschäftsberichte weggefallen, weil hierin nur solche Mängel moniert wurden, die entweder schon behoben waren oder die nur durch erhebliche Kapitalzuschüsse der Aktionäre oder durch eine Änderung des Wirtschaftssystems beseitigt werden konnten.

3. Allgemeine Berichtsgrundsätze und Berichtsstil

a) Grundsätze der Berichterstattung

Internationale Vorbilder haben den Berufsstand der Wirtschaftsprüfer ermutigt, jeden Handgriff der Abschlussprüfung durch fachliche Verlautbarungen oder Prüfungsstandards zu regeln, die inzwischen drei dicke Bände eines Lose-Blatt-Werkes füllen[12]. Von besonderer Bedeutung für die Abfassung des Prüfungsberichts sind die folgenden „Allgemeinen Berichtsgrundsätze"[13].

Nach dem *Grundsatz der Berichtsklarheit* ist die richtige Interpunktion ein wesentliches Gestaltungselement des Prüfungsberichtes. Zur weiteren Förderung der Klarheit sind etwaige Aufgliederungen von Bilanzpositionen stets mit einer informativen Aussage wie „sie setzen sich wie folgt zusammen" oder „sie betreffen" einzuleiten. Fachausdrücke und andere in der Umgangssprache wenig gebräuchliche Fremdwörter sollten intensiv verwendet, aber im Interesse klarer Knappheit nicht erschöpfend erläutert werden. Ein schwieriger Sachverhalt ist durch umständliche Formulierungen hervorzuheben, damit der Berichtsleser nicht einfach darüber hinwegliest.

---

11 *Dolittle,* A new approach to increase the efficiency of the audit discipline, The Journal of Accountancy, March 1979, S. 170 ff.

12 *Institut der Wirtschaftsprüfer*, IDW-Prüfungsstandards und Stellungnahmen zur Rechnungslegung, Band I bis III, Düsseldorf 2009.

13 Ausführlicher IDW Prüfungsstandard PS 450.

Dem leicht unterschätzten *Grundsatz der Vollständigkeit* wird in bewährter Praxis dadurch Rechnung getragen, dass der Inhalt von Zahlenzusammenstellungen zusätzlich detailliert beschrieben wird. Damit wird eine Interpretation des ohnehin komplizierten Zahlenwerkes vermieden, die als sowohl gegen den Grundsatz der Klarheit wie der der Unparteilichkeit verstoßen könnte.

Aufbau und Inhalt des Prüfungsberichts müssen sich eng an den Vorjahresbericht anlehnen, um den *Grundsatz der Einheitlichkeit* der Berichterstattung einzuhalten. Deshalb sind Abweichungen von den vor Urzeiten formulierten Texten auf ein Minimum zu beschränken. Dies erleichtert dem Berichtsempfänger die unterlassene Lektüre ungemein.

Nach dem der *Grundsatz der Bilanzwahrheit*, der für sämtliche Teile des Jahresabschlusses anzuwenden ist, ist darauf zu achten, dass die Firma des geprüften Unternehmens nach dem neuesten Stand und der aktuelle Bilanzstichtag richtig angegeben werden.

b) Berichtsstile

Wie bei anderen literarischen Werken vertieft die Stilforschung[14] das Verständnis des Prüfungsberichtes, zumal die unübersehbaren Formen der Berufsausübung in unterschiedlichen Berichtsstilen ihren entlarvenden Niederschlag finden. Um den Rahmen dieses Aufsatzes nicht zu sprengen, sollen nur die wichtigsten Stilarten kurz angerissen werden.

Der *gotische Berichtsstil* zeichnet sich durch eine deutliche, leicht überspitzte Sprache aus: „Die starke wirtschaftliche Stellung des Unternehmens wird dadurch gekennzeichnet, dass das Eigenkapital in beträchtlichem Ausmaß aktiviert worden ist und selbst nach Abzug des Nennkapitals und der Rücklagen ein Aktivum verbleibt.“ Hier bringt der Abschlussprüfer in verständlicher Form zum Ausdruck, dass er an nachfolgenden Prüfungsaufträgen sehr interessiert ist.

---

14 „Stilforschung erfasst das Funktionieren der sprachlichen Mittel als Ausdruck einer Haltung“ *(Kayser,* a.a.O., S. 300).

Als markantes Beispiel für den *barocken Berichtsstil* sei zitiert: „Ein nicht geringer Teil der in hervorragend gepflegten Lagerstätten beheimateten Vorräte wurde während des für das Unternehmen glücklich verlaufenen Berichtsjahres körperlich erfasst. Die allseits geschätzten Inventurunterlagen werden nach Abschluss unserer verantwortungsvollen Tätigkeit von der Gesellschaft in bewährter Weise vervollständigt.“ Hiermit führt der solide Abschlussprüfer dem Berichtsleser seine Liebe zum Detail eindrucksvoll vor Augen.

Der *romantisch-empfindsame Berichtsstil* führt zu Aussagen wie: „Auf eine Prüfung des Kassenbestandes wurde verzichtet, nachdem – vor allem vom Kassierer – bereits kurz nach Prüfungsbeginn verschiedene, angabegemäß geringfügige Unterschlagungen zugegeben worden sind. Sie dürften sich nach unseren Erfahrungen im Rahmen der üblichen, im Einzelnen nicht näher bekannten Fehlbeträge halten.“ Das hier dokumentierte Einfühlungsvermögen des angeblich hartgesottenen Abschlussprüfers sollte jeden Berichtsleser rühren.

Der *sachlich-nüchterne Berichtsstil* kennzeichnet den jeder Gefühlsduselei abholden Abschlussprüfer. Er äußert sich in Ausführungen wie: „Die Bücher sind ordentlich und sauber geführt. Gelegentliche Radierungen wurden mit großer Sorgfalt gehandhabt. Dadurch konnte die Anzahl der Luftbuchungen wesentlich verringert werden.“ Hier besticht die klare Sprache jeden nachdenklichen Adressaten.

Der betriebswirtschaftlich geschulte Abschlussprüfer kommt immer wieder in Versuchung, das ihm verbliebene Fachwissen im Prüfungsbericht durchscheinen zu lassen. Als leuchtendes Beispiel für den *wissenschaftlichen Berichtsstil* sei zitiert: „Zur Liquidität des Unternehmens berichten wir, dass diese vom Zahlungseingang und von den Auszahlungen maßgeblich beeinflusst wurden. Es ist angabegemäß davon auszugehen, dass dies auch in Zukunft der Fall ist“. Selbst kritisch eingestellten Berichtsempfängern wird es schwer fallen, diese Prüferaussage fachlich anzugreifen.

Der *alternative Jugendstil* (z. B. „Die tierisch pornofrene Inventuraktion war eine totale Abschnalle“) hat sich auch in Kreisen progressiver Jungprüfer bisher nur wenig durchgesetzt[15]. Eine Ursache dürfte in dem zunehmenden Alter der Berichtsempfänger liegen.

Während über Berichtsumfang und Berichtsinhalt mit dem geprüften Unternehmen durchaus verhandelt werden kann, sollte der selbstbewusste Abschlussprüfer in Fragen seines persönlichen Berichtsstils keine Kompromisse schließen.

4. Die Komposition des Prüfungsberichtes

In der Literatur wird überwiegend angenommen, dass der Prüfungsbericht vom Abschlussprüfer verfasst wird.[16] In Wirklichkeit ist die Entstehung des Prüfungsberichtes jedoch komplizierter. Sie erfolgt in mehreren Schritten zunehmender Vollendung.

Die verantwortungsvolle Herstellung der Rohfassung des Berichtsentwurfs obliegt dem Prüfungsassistenten, während sein Prüfungsleiter für Anzahl und Stellung der zu verwendenden Satzzeichen verantwortlich ist. Auf der Grundlage des so gemeinsam erarbeiteten Berichtsentwurfs entsteht in der „Schlussbesprechung mit dem Vorstand“ durch aufdringliche Textanregungen des Vorstandsvorsitzenden der Prüfungsbericht. Ein gemeinsames Mittagessen versöhnt im Regelfall die Autoren von Berichtsentwurf und eigentlichem Bericht. Die anschließende WP-eigene Berichtskritik und die Fertigkontrolle geben dem Prüfungsbericht durch sinnentstellende Eleganz und einwandfreie Rechtschreibung die gewünschte hohe Wertanmutung.

---

15 *Freaker.* Alternative Formulierungen für eine verkorkste Gesellschaft, Hamburg 1980.

16 Ursprünglich in In Anlehnung an § 166 Abs. I AktG 1965 (*Adler/Düring/Schmaltz,* Rechnungslegung und Prüfung der Aktiengesellschaft, Band 2, 4. Aufl., Stuttgart 1971, § 166 Anm. 3.) Anderer Ansicht unter der Herrschaft von § 321 Abs. 1 HGB *Mullenkopp,* Forderung und Überforderung im Noviziat, 6. Aufl., Köln 2002.

Jeder Prüfungsbericht basiert auf dem vorjährigen Prüfungsbericht und dessen Vorläufern. Bei erstmaliger Abschlussprüfung muss der Wirtschaftsprüfer auf Prüfungsberichte zurückgreifen, die von firmenfremden Kollegen für frühere Abschlüsse angefertigt wurden oder die ähnliche Unternehmen betreffen. Werden Prüfungsberichte als Vorlage verwendet, die andere Unternehmen betreffen, ist streng darauf zu achten, dass nicht nur die Firma des geprüften Unternehmens, sondern auch dessen Geschäftszweck und Firmensitz korrekt in den fremden Text eingesetzt wird.

Anstelle der zeitraubenden, hohe Sorgfalt erfordernden Abschrift wertvoller Berichtstexte der Vorzeit wurde Mitte der 60er Jahre von fortschrittlichen Prüfern die so genannte *Manipel-Technik* entwickelt. Dazu werden ein oder mehrere Exemplare des Vorjahresberichts in handliche Abschnitte (= Manipel) zerschnitten und in mühsamer Puzzlearbeit und rudimentärer Anpassung an den geprüften Jahresabschluss zum neuen Berichtsentwurf komponiert bzw. „manipeliert“[17]. Dies erfordert zwar hohes handwerkliches Können vom Prüfungsassistenten, jedoch werden dadurch Übertragungsfehler vermieden und vom geprüften Unternehmen im Vorjahr akzeptierte Texte automatisch berücksichtigt. Inzwischen bietet die elektronische Textverarbeitung vielfältige und rasch zu verwirklichende Gestaltungsmöglichkeiten.

Die manchmal voreilig geäußerte Kritik an der *Maßgeblichkeit des Vorjahresberichts* hält einer strengen Überprüfung nicht stand. Die majestätischen Formulierungen des Abschlussprüfers prägen sich bei ständiger Wiederholung nachhaltiger ein und werden in ihrem Inhalt weniger angezweifelt. Typisches Beispiel dafür ist der formelhaft verwendete Wortlaut des Bestätigungsvermerks, der jedes Jahr verwendet wird, es sei denn, der Gesetzgeber macht eine neue Formulierung notwendig. Ein abweichender Wortlaut würde zu wilden Spekulationen über das wahre Prüfungsergebnis führen. Was will der Abschlussprüfer damit sagen? Ebenso würde ein vom Vorjahr abweichender Inhalt des Prüfungsberichts den Berichtsleser nur verwirren. Natürlich muss von Zeit zu Zeit gesetzlichen Anforderungen des Testatinhalts Rechnung getragen werden.

---

17 Die Übung, anstelle des Berichtes des Vorjahres den Bericht des vorletzten Jahres für die Urfassung zugrunde zu legen, um das Plagiat nicht sofort erkennen zu können, zeugt zwar von großer Kreativität, ist aber als Manierismus abzulehnen.

5. Zweck und Inhalt des Prüfungsberichtes

a) Zweck der Berichterstattung

Der Prüfungsbericht stellt eine streng vertrauliche „berufliche Äußerung des Abschlussprüfers“ dar, die fast jedem Interessenten auf verschlungenen Wegen zugänglich gemacht wird. Ihr Informationsgehalt tendiert bei fürsorglicher Abwägung der unterschiedlichen Interessenlagen der Berichtsempfänger zum Minimum[18].

Hauptadressat des Prüfungsberichts ist der Aufsichtsrat. Seine Mitglieder haben viele Jahre um ein persönliches Exemplar gekämpft - nicht ahnend, was darin zu lesen ist. Inzwischen wird jedes Aufsichtsratsmitglied mit einem Berichtsexemplar versorgt, das jedoch meist ungelesen, aber respektvoll von ihm archiviert oder an das Unternehmen zwecks Verwahrung zurückgegeben wird.

Dem Aufsichtsrat des geprüften Unternehmens soll der Prüfungsbericht die feste Überzeugung vermitteln, dass er mit dessen Entgegennahme den Abschluss selbst geprüft und seiner Überwachungspflicht in vollem Umfang genügt hat. Tragischer Weise scheitert der Versuch ambitionierter Aufsichtsräte, den Prüfungsbericht zu lesen, meist an der spröden Materie und deren manieriertebn Formulierungen. Die Mühsale, die mit einer Entschlüsselung des Berichtsinhalts verbunden sind, vermag ein normales Aufsichtsratsmitglied schon aus Zeitmangel nicht auf sich zu nehmen.

Einige mutige Aufsichtsräte stießen bei ihrer Lektüre sogar auf folgende überwachungsrelevante Anmerkungen des Abschlussprüfers: „Bei dem Bilanzausgleichsposten handelt es sich um teils verjährte und teils aus Zahlungsgründen erloschene Forderungen, die der Auslastung der Kontokorrentbuchhaltung dienen.“ Als besonders nützlich empfanden die mutigen Leser Hinweise wie: „Lesen Sie bitte auf der nächsten Seite weiter.“

Aus der Sicht des Abschlussprüfers besteht die vornehmste Aufgabe des Prüfungsberichtes darin, den uneingeschränkten Bestätigungsvermerk zu relativieren oder das selten eingeschränkte Testat zu entschuldigen. In klassi-

---

18 *Mattdörfer,* Die Nullinformation, Bonn 1980.

scher Manie formulierte WP *Oberwälzer* seine Schlussbemerkungen wie folgt: „Unter Hinweis auf meinen eingeschränkten Prüfungsauftrag (Seite 1) und auf die mir noch nicht vorgelegten Inventurunterlagen (Seite 5, 12 und 152) erteile ich dem Jahresabschluss zum 31.12.1980 den folgenden uneingeschränkten Bestätigungsvermerk: ..."

b) Gliederung und Inhalt

Der Bericht des Abschlussprüfers zerfällt meist in den unvermeidbaren Hauptbericht und den informativen Berichtsanhang. Der Berichtsanhang ist eine weitgehende Abschrift des als „Anhang" bezeichneten Bestandteils des Jahres- oder Konzernabschlusses. Mit der zusätzlichen Abschrift von Konteninhalten ist er als Nachschlagewerk für die Mitarbeiter des Finanz- und Rechnungswesens konzipiert.

Der Hauptbericht gliedert sich in Vor-, Mittel- und Hinterteil. Im ersten Kapitel findet man die Beschränkung des Prüfungsauftrages, die vom Abschlussprüfer selbstgesteckten Grenzen der Auftragsdurchführung sowie den unvermeidlichen Hinweis auf die Geschäftsbedingungen des Abschlussprüfers. Damit ist der eilige Berichtsleser in der Lage, unter Außerachtlassung des Mittelteils den Hinterteil des Berichtes, der nach allgemeiner Übung mit dem Bestätigungsvermerk des Abschlussprüfers endet[19], richtig zu würdigen.

Der Mittelteil enthält das literarische Oeuvre des Abschlussprüfers, soweit es die Eingriffe des geprüften Unternehmens überlebt hat. Unter den hier eingestreuten bilanztechnischen Ausdrücken dürfen Begriffe nicht fehlen, die wegen unklarer Definition zum Inbegriff betriebswirtschaftlichen Sachverstandes geworden sind[20]. Die Kunst vollkommener Sprachbeherrschung ist gefordert, wenn unauffällig auf wesentliche Mängel oder Krisenerscheinungen hingewiesen werden soll. Die Fakten dürfen weder dem Wortlaut noch dem Sinn nach sofort erkennbar sein und dürfen selbst aus dem Zusammenhang heraus nicht ohne Weiteres ersichtlich werden. Andererseits muss im Regressfall der Abschlussprüfer auf die unverstandenen Texte hinweisen können.

---

19 *Bierschaum,* Das Testat ist doch das Letzte, Frankfurt/München 1970, insbesondere S. 328 ff.

20 Vgl. *Bolzenknödel,* Dem Aufsichtsrat den Cashflow ins Ohr setzen, in: Leidlinien für den Aufsichtsrat, München 1979, S. 324 ff.

Ehrgeizige Abschlussprüfer sind bei der Erläuterung der Ertragslage nicht davon abzuhalten, anstelle der geprüften Gewinn- und Verlustrechnung die von ihnen nicht näher untersuchte, aber hohe Faszination ausstrahlende Betriebsabrechnung des Unternehmens zu besprechen. Jeder Liebhaber anspruchsvoller Prüfungsberichte goutiert die vergeblichen Versuche, das wesentlich höhere positive Betriebsergebnis der innerbetrieblichen Erfolgsrechnung auf das Jahresergebnis der Gewinn- und Verlustrechnung plausibel überzuleiten.

6. Schlussbemerkungen

Es ist bisher nie ernstlich angezweifelt worden, dass der deutsche Prüfungsbericht eine ästhetische Form der Kommunikation zwischen dem Prüfer und bevorrechtigten Lesern des Jahresabschlusses einer Unternehmung darstellt. Die vorstehende Analyse hat dies ohne Einschränkung bestätigt. Obwohl in letzter Zeit eigenständige Formulierungen des Prüfers ein erschreckendes Ausmaß anzunehmen drohen, konnte der Nachweis erbracht werden, dass der Prüfungsbericht als sprachliches Kunstwerk von hohem Rang einzuordnen ist.

II. Zustände der professionellen Unternehmensbewertung

1. Die katastrophale Ausgangssituation

Neben dem Schreiben von Spesen- und Honorarabrechnungen sieht sich der Wirtschaftsprüfer „nahezu täglich mit der Aufgabenstellung konfrontiert, ganze Unternehmen oder deren Teile zu bewerten"[1]. Nur wenige Wirtschaftsprüfer machen sich darüber Gedanken, dass sich immer mehr berufsfremde Personen und Institutionen an die Unternehmensbewertung heranwagen. Dem Verfasser sind Einzelbeispiele bekannt, in denen auf die Hinzuziehung von Wirtschaftsprüfern zur Bewertung von Unternehmen bedenkenlos (!) verzichtet wurde. Sonst durchaus seriöse Unternehmen unterhalten eigene Stabsabteilungen mit so dubiosen Bezeichnungen wie „Diversifikation“ oder „Unternehmensentwicklung“, die sich ohne Skrupel mit der Bewertung von Unternehmen befassen[2]. Dasselbe gilt für gemeine Unternehmensberater, exaltierte Anwaltskanzleien und vornehmer „M&A-Abteilungen“ der früher angesehenen Banken.

Begründet werden diese Entgleisungen damit, dass die Bewertung von Unternehmen eine *interdisziplinäre Aufgabe* darstelle und mit strategischen Überlegungen verbunden sei[3]. Da die strategische Unternehmensplanung der umständlichste Weg ist, um wirtschaftliche Realitäten zu umgehen[4], könne die Unternehmensbewertung nicht allein fantasielosen Fachleuten des Rechnungswesens überlassen bleiben. Obwohl die Wirtschaftsprüfer bei der Be-

---

1 *IDW* (Hrsg.), WP-Handbuch 1981, Düsseldorf 1981, S. 1245.

2 *Mergel:* Wir lassen uns die Expansion nicht vermiesen, in: Stimulantia für Topmanager, Essen 2008.

3 *Katerling,* Diversifikation als dynamisches Element in wachsrumsorientierten Unternehmen, Diss. Hamburg 1983.

4 *Krampf,* Die permanente Stärke- und Schwächeanalysen in Großunternehmen, Köln 2002.

wertung von Unternehmen bemerkenswerte Fortschritte gemacht und sogar die hierbei geltende Unbeachtlichkeit des Vorsichtsprinzips begriffen haben, muss der Anwanderung potentieller Auftragsgeber mit größerer Entschiedenheit entgegengewirkt werden.

Das *Institut der Wirtschaftsprüfer* (IDW) wagte schon 1983 eine erste Verlautbarung zur Unternehmensbewertung, nachdem „sich in Theorie und Praxis Standpunkte gefestigt haben, die eine Formulierung von Grundsätzen zur Durchführung von Unternehmensbewertungen zulassen“ [5]. Recht bald stellte sich allerdings heraus, dass die Bewertung von Unternehmen schwieriger ist, als es der einfache Wortlaut der Stellungnahme ausdrückt. [6]

Bereits die IDW-Stellungnahme HFA 2/1983 toleriert, dass der Unternehmenswert nicht allein aus dem Substanzwert, sondern aus den künftig zu erwartenden ausschüttungsfähigen Einnahmeüberschüssen des zu bewertenden Unternehmens abzuleiten ist. Damit konzentriert sich die *Wertevielfalt* der Bewertungsgutachten auf den Ertragswert. Der internationale Durchbruch gelang gegen Ende des 20. Jahrhunderts, als in fortschrittgläubigen Berufskreisen vom „Discounted Cashflow“ gesprochen wurde - ein Begriff, der internationales Flair modernster Messwerte mit wissenschaftlicher Verwirrung kombiniert

Der versierte Berufsangehörige hat sich nie durch die angebliche Unsicherheit der zukünftigen Unternehmensentwicklung beeindrucken lassen, gibt aber zu, dass Prognosen schwierig sind, wenn sie sich auf die Zukunft beziehen. Nur unwillig hat er akzeptiert, dass „die Ertragserwartungen bei Unternehmensbewertungen stets mehrwertig sind“ [7]. Inzwischen sind sogar deren Vorteile erkannt worden.

---

5 WPg 1983, S. 468 ff. Ausführlicher und in moderner Fassung befasst sich der IDW-Standard S1 „Grundsätze zur Durchführung von Unternehmensbewertungen“ (2008) mit dem genannten Thema.

6 *Kasbohrer,* Transzendentales Management im Frühstadium, München 1983, insbesondere S. 876 ff.

7 *Moxter,* Grundsätze ordnungsmäßiger Unternehmensbewertung, 2. Aufl., Wiesbaden 1983.

2. Der Grundsatz der resultativen Bewertung

Art und Ergebnis der Unternehmensbewertung sind durch den vom Auftraggeber erwarteten Unternehmenswert determiniert. Dieser Grundsatz der resultativen Bewertung verringert die oft kritisierte Unberechenbarkeit der Unternehmenswerte. Die eigentliche Problematik der Unternehmensbewertung besteht darin, die relevanten *Wertvorstellungen des Auftraggebers* und ihre potentiellen Veränderungen in Erfahrung zu bringen.

Die offiziellen Stellungnahmen des IDW ignorieren den Grundsatz der resultativen Bewertung, ohne das näher zu begründen. Ihr Wortlaut bietet aber ausreichenden Spielraum, um die in den Stellungnahmen postulierten Grundsätze im Sinne einer resultativen Bewertung auszulegen und zu gewichten.

Der Grundsatz der resultativen Bewertung folgt einer allgemeinen gesellschaftlichen Entwicklung: Die produktive Tätigkeit tritt hinter die meditative Phase zurück.[8] Anstelle hektischer Analysen der Unternehmenszahlen und der Marktbedingungen beschäftigt sich der professionelle Bewerter vor allem mit folgenden Fragen:

- Welchen Zweck verfolgt der Auftraggeber mit der Unternehmensbewertung?
- Was bestimmt seine Wertvorstellung?
- Welchen Gremien wird der Auftraggeber das Bewertungsgutachten vorlegen und zu welchem Zeitpunkt?
- Wie können Dritte die Wertvorstellungen des Auftraggebers ändern bzw. ihre eigenen Erwartungen durchsetzen?
- Welche Auswirkungen können sich durch den festgestellten Unternehmenswert auf die Ziele und die Karriere des Auftraggebers ergeben?
- Sind die vorstehenden Punkte zufriedenstellend untersucht und beantwortet worden, bleibt als letzte, aber entscheidende Frage: Wer ist eigentlich der Auftraggeber?

---

8 *Cooper,* The Level of Confusion in Industrial Hierarchies, Harvard 1980. Bei Bankern ist anstelle der medititiven Phase die börsenorientierte Zockerphase getreten.

Eigentlicher Auftraggeber ist der Manager, der die Entscheidung herbeiführen will, die durch das anstehende Bewertungsgutachten begründet werden soll. Er lässt sich eindeutig daran erkennen, dass er nicht derjenige ist, der für die Entscheidung verantwortlich gemacht werden möchte, wenn sie sich später als falsch oder nicht (mehr) opportun herausstellen sollte.

Erfahrene Unternehmensbewerter geben mit Recht zu bedenken, dass neben den Erwartungen des Auftraggebers die schwer abschätzbaren Reaktionen formal zuständiger Entscheidungs- oder Überwachungsorgane, z. B. Konzernleitung oder Aufsichtsrat, in das Kalkül einzubeziehen seien. Intime Kenner der Managementszene halten dagegen, dass mit der Höhe der Führungs- und Aufsichtsebene die Konfusion seiner Bewohner quadratisch zunimmt.[9] Eine unerwünschte Meinungsbildung maßgeblicher Organe lässt sich durch den sachverständig ausgebauten Informationsvorsprung des Bewerters und des Auftraggebers neutralisieren.

Eine detaillierte Diskussion des Bewertungsgutachtens wäre ohnedies kaum zu befürchten, weil bedeutende Entscheidungs- oder Überwachungsgremien eine hohe Mitgliederzahl haben, die geringe Effizienz gewährleistet. Zur Information solcher Gremien genügt es, wenn das Gutachten nebensächliche Einzelheiten durch zahlreiche Tabellen beweiskräftig untermauert. Knappe und übersichtliche Berichte würden den Verdacht wecken, dass der Bewerter unvollständig referiert oder von stark simplifizierten Annahmen ausgegangen ist.

3. Der A- und der R-Wert eines Unternehmens

In Anlehnung an die grundlegenden Arbeiten von *Fritz Knobel* sind bei der Unternehmensbewertung grundsätzlich zwei Wertkategorien zu unterscheiden, die zum besseren Verständnis mit A und R bezeichnet werden[10].

---

9 Vom A und O zum A und R der Unternehmensbewertung, Frankfurt 2009.

10 *Brecheisen,* Unternehmensbewertungen im Soll-Ist-Vergleich – Workshop-Gespräche 1983 bis 2003.

Der so genannte *A-Wert oder Akzeptanzwert* ist jener Wert, der die vom Auftraggeber gewünschte Entscheidung herbeiführt.[11] Er ist infolgedessen im Bewertungsgutachten als angemessener Unternehmenswert zu nennen. Der A-Wert leitet sich aus der künftigen Entwicklung des zu bewertenden Unternehmens ab. Die dazu notwendigen Annahmen müssen für Outsider und Laien einen plausiblen Eindruck machen. Die Glaubwürdigkeit des A-Wertes hat nichts mit den zugrunde liegenden Tatbeständen zu tun, auch wenn etwaige Übereinstimmungen in Kauf genommen werden.

Die Neigung des Berufsstandes zu Genauigkeit und Gewissheit führt leider oft dazu, dass der Grundsatz der *Vergangenheitsanalyse*[12] oder der Grundsatz der erfolgsorientierten Substanzerhaltung überbetont werden. Ein weiterer beruflich bedingter Störfaktor ist die pathologische Gläubigkeit der Wirtschaftsprüfer an finanzielle Ergebnisse. Bei konsequenter Korrektur derartigen Fehlverhaltens führt die im Grunde zukunftsbezogene Unternehmensbewertung fast automatisch zum Akzeptanzwert. Für etwa verbleibende Differenzen eröffnet die Aufzählung von Synergie-Effekten hilfreiche Annäherungswerte.

Der *R-Wert oder Realitätswert* ergibt sich nach der auf dem A-Wert basierenden Entscheidung. Er beruht auf der tatsächlichen, i. d. R. vom A-Wert abweichenden Entwicklung des bewerteten Unternehmens. Der R-Wert markiert den Übergang von der Begeisterung für das erworbene Unternehmen zur Phase der Ernüchterung und erster Zweifel an der Sinnhaftigkeit der Entscheidung, das Unternehmen zu erwerben.

Um Komplikationen zu vermeiden, wird der professionelle Unternehmensbewerter den erst später ermittelbaren R-Wert in seinem Gutachten so weit andeuten, dass er damit seine Voraussicht belegen kann, ohne die Maßgeblichkeit des A-Wertes zu schmälern. Die *Kompatibilität* des R-Wertes mit dem A-Wert lässt sich am besten sicherstellen, wenn anstelle eines pedantisch wirkenden Einzelbetrages für den A-Wert großzügig bemessene Grenzwerte angegeben werden, zwischen denen der A-Wert nach Belieben gewählt werden kann.

---

11 Der A-Wert darf nicht mit dem „angepassten Barwert" verwechselt werden (siehe dazu IDW S1 Abschnitt 7.3.3).

12 IDW S1 Abschnitt 5.2.

Ist der Wirtschaftsprüfer als *Schiedsgutachter* bei Unternehmensbewertungen tätig, so stellen Differenzen zwischen A- und R-Wert kein Problem dar. Die richterliche Unabhängigkeit dokumentiert sich gerade darin, dass die Bewertungsergebnisse für die Parteien unvorhersehbar bleiben.

4. Der Erfahrungssatz des exzessiven Akquisitionswertes

Wie wenig die Bewertungsliteratur empirisch unterlegt ist, zeigt sich daran, dass der Erfahrungssatz des exzessiven Akquisitionswertes bisher nicht beschrieben worden ist. Er lautet: „Unabhängig vom Zeitaufwand, vom Informationsmaterial und von der Sorgfalt, die einer Unternehmensbewertung für Akquisitionszwecke zugrunde gelegt werden, ist ein überhöhter Kaufpreis unvermeidbar". Im Akquisitionsfall ist also der A-Wert stets größer als der R-Wert.

Der naheliegende Schluss, dass diese Normalität aus dem Grundsatz der resultativen Bewertung folgt, erweist sich bei näherer Untersuchung als zu kurz. Eine wesentliche *Ursache* liegt vielmehr in einer hypertrophen Einschätzung von positiven Synergieeffekten, die auf Seiten des Erwerbers spätestens im Rahmen der Kaufpreisverhandlung einsetzt. Unberücksichtigt bleibt dabei, dass zumindest in der Anfangsphase des neuen Unternehmensverbundes die Synergieeffekte per Saldo meist negativ sind.

Nicht zu vergessen ist ferner, dass der beherrschende Einfluss des Erwerbers auf das erworbene Unternehmen unglaublicher Weise den bisher gewohnten Gewinn nicht unerheblich reduziert. - eine generelle Erfahrung, die den Managern des erworbenen Unternehmens erwartungsgerecht erscheint, während die für den Erwerb zuständigen Manager sehr überrascht sind.

Eine dritte nicht weniger zutreffende, aber wissenschaftlich befriedigendere Begründung beruft sich auf Murphys Gesetz: „If anything can go wrong, it will"[13].

---

13 *Bloch*, Murphy's Law, 4. Auflage, Los Angeles 1978, S. 11.

Akquisitionsgutachten befassen sich nur äußerst selten mit der Frage, ob das zu erwerbende Unternehmen finanziell und managementmäßig von der Käuferunternehmung verkraftet werden kann. Für die zu Tage tretende finanzielle Schwäche wird zunächst die gerade passende Finanz- oder Wirtschaftskrise als Ursache genannt, dann sind die engherzigen Kreditgeber an Finanzierungsengpässen schuld und, wenn nichts mehr hilft, wird der Finanzchef des erwerbenden Unternehmens verantwortlich gemacht.

Für die bis zum Erwerb geheim gehaltene Managementschwäche lässt sich der Urheber nur schwer ausmachen. Man kann nur generell konstatieren, dass schwache Topmanager bei der Formulierung ihrer strategischen Wachstumsziele sich nicht mit den banalen Sachzwängen befassen, die sich aus begrenzten Ressourcen ergeben.

5. Richtiges Verständnis des Going-Concern-Prinzips

Der verantwortungsbewusste Bewerter wird im Interesse künftiger Aufträge alles daran setzen, um Unannehmlichkeiten für den Auftraggeber zu vermeiden. Er darf sich nicht darauf verlassen, dass im Sinne der natürlichen Managementauslese für größere Fehlentscheidungen *Kollegen des Auftraggebers* zur Verantwortung gezogen werden. Diese geradlinige Lösung ist vor allem dann möglich, wenn diese Kollegen erst seit kurzer Zeit dem Kollegium angehören oder wenn sie innerhalb von drei Jahren ihr vertragliches Pensionierungsalter erreichen.

Im Notfall wird der Auftraggeber auf den für Finanzen zuständigen Kollegen zurückgreifen. Dieser Zugriff ist dann erfolgreich, wenn der Finanzvorstand ein Außenseiter ist, der naiv seiner fachlichen Kompetenz vertraut. Steht kein geeigneter Vorstandskollege zur Verfügung, so wird ein ausgebuffter Spitzenmanager die Verantwortung einem hierarchisch nahestehenden Untergebenen anvertrauen.

Der routinierte Unternehmensbewerter wird sich auf solche Beihilfe des Auftraggebers nicht verlassen. Um in Arbeit und Brot zu bleiben, sorgt er besser dafür dass der R-Wert nicht zu sehr vom A-Wert abweicht. Hier gilt es, die „*Friktion irrtümlicher Renditeerwartungen*" (FIRE) zu vermeiden. Sie berechnet sich im Falle des Unternehmenserwerbs nach der FIRE-Formel[14] wie folgt:

$$\frac{R-A}{5g} \leq 10\frac{V}{g}$$

g = jährlicher Durchschnittsgewinn des erwerbenden Unternehmens

V = Jahresvergütung des Auftraggebers

Es gehört zur Tragik des Berufsstandes, dass der bewertende Wirtschaftsprüfer häufig zugleich *Abschlussprüfer* der Käuferunternehmung ist und als solcher selbst auf einen geringeren R-Wert aufmerksam macht, indem er Abschreibungen auf den Beteiligungsansatz für ein erworbenes Unternehmen fordert. Diese Kurzsichtigkeit gilt es dadurch zu vermeiden, dass bei der Bilanzierung das Going-Concern-Prinzip[15] weitherzig ausgelegt wird, sodass die Wertminderung als vorübergehend eingestuft wird. Eine solche *Stoßrichtung des Going-Concern-Prinzips*, die von einer zeitlich unbegrenzten, glorreichen Fortführung des Unternehmens ausgeht, entspricht dem Denken und Handeln überlegener Topmanager.

Der ebenbürtige Abschlussprüfer wird daher bei erheblichen Differenzen zwischen A- und R-Wert den Wertberichtigungsbedarf behutsam dosieren. Bei größeren Abweichungen muss die Streckung der Abschreibung mindestens über zwei bis drei Geschäftsjahre durchgestanden werden. Für die spätere Zeit sind die Umwelteinflüsse zahlreich und stark genug, um die Abwertungsnotwendigkeit als außerhalb der Einflusssphäre des Auftraggebers liegend zu charakterisieren.

---

14 *Heier/Feuer*, Kostenremanenz des Managements, Hamburg 1984, S. 129 f.

15 *Humbuck*, Das lustorientierte Management – ein hedonistischer Ansatz oder ein religiös fundierter Utilitarismaus? Tübingen 1989.

III. Vom simplen Jahresabschluss zur anspruchsvollen Kapitalflussrechnung

1. Der Zweck der Kapitalflussrechnung

Den „aristokratischen Berufsanforderungen" an den Wirtschaftsprüfer konnte der simple Jahresabschluss auf die Dauer nicht genügen. In kühner Konsequenz wurde die Kapitalflussrechnung als eindrucksvolle Ergänzung des Jahresabschlusses entwickelt und propagiert[1]. Dieser Exzess wurde bereits 1977/78 sowohl vom Institut der Wirtschaftsprüfer (IDW) als auch vom International Accounting Standards Committee (lASC) sanktioniert[2], ohne dass dem Unverständnis einer solchen Erweiterung des Jahres- und Konzernabschlusses wesentlicher Abbruch getan wurde.

Die Kapitalflussrechnung soll aus dem Jahresabschluss nicht ersichtliche Investitions- und Finanzierungsvorgänge in anspruchsvoller Form ausweisen.[3] Veränderungs- und Bewegungsbilanz waren erste unzulängliche Ansätze. Der eigentliche Verfremdungseffekt wurde erst durch die Kapitalflussrechnung erzielt, die eine aufwendige und umständliche Interpretation von Zahlungsströmen ermöglicht.

Mit der Kapitalflussrechnung konnte die Reputation des Wirtschaftsprüfers als ultimativer Sachverständiger zur Beurteilung der Finanzlage von Unter-

---

1 *Von Wysocki,* Die Kapitalflussrechnung als integrierter Bestandteil des aktienrechtlichen Jahresabschlusses, WPg 1971, S. 617 ff.; ders., Die Kapitalflussrechnung als Ergänzung des Jahresabschlusses, WPg 1976, S. 14 ff,

2 *IDW,* Stellungnahme HFA 1/1978; International Accounting Standard IAS 7. Zur weiteren Verwirrungsversuchen vgl *DVFA/SG,* Cash Flow nach DVFA/SG, WPg 1993, S. 599 ff. sowie ganz grundlegend *IDW,* Stellungnahme HFA 1/1995

3 Noch anspruchsvoller lautet der Hauptzweck Offenlegung von Zahlungsströmen

nehmen stabilisiert und zugleich die Grundlage für zusätzliche Honorarforderungen gelegt werden[4]. Die Kapitalflussrechnung war seit den späten 70er Jahren des letzten Jahrhunderts glanzvoller Höhepunkt jeden Prüfungsberichtes und galt als exotisches Spitzeninstrument zur betriebswirtschaftlichen Durchdringung des Bilanzdickichts.

Inzwischen ist die Kapitalflussrechnung zur Überraschung konservativer Rechnungsleger gesetzlicher Bestandteil von Konzernabschlüssen (§ 297 HGB). Inhalt und Gliederung der Kapitalflussrechnung sind im Detail in internationalen und nationalen Rechnungslegungsstandards geregelt[5]. Aussagen und Bedeutung der unverstanden. Daher mag die mühsame Entwicklung zur modernen Kapitalflussrechnung hilfreiche Erkenntnisse vermitteln.

2. Inhalt der Kapitalflussrechnung

a) Der Finanzmittelfonds

Am Anfang gliederte man die Kapitalflussrechnung in die eigentliche und die uneigentliche Rechnung[6]. Damit war das Fundsament für die nachfolgende Verwirrungen und Ablehnungen gelegt.

Die *eigentliche Kapitalflussrechnung* sollte die Ursachen der Veränderungen eines zu definierenden Finanzmittelfonds als Mittelverwendung und Mittelverkauf in Staffelform darstellen[7]. Dabei sollte der Leser das Hauptaugenmerk auf die fondsunwirksamen Veränderungen richten.

Ähnlich klar war die *uneigentliche Kapitalflussrechnung* definiert. Sie beinhaltet einen wissenschaftlich genau präzisierten und damit nicht eindeutig definierten „Finanzmittelfonds“. Vereinfachend wurde er umschrieben als „Zusammenziehung von Nutzenpotentialen, die einem bestimmten Zweck

---

4 *Kurzenberger,* Varianzbreiten von Honorarprognosen durch Intuition bei exponentieller Glättung, 2. Auflage Frankfurt 2000.

5 Deutscher Rechnungslegungsstandard DRS 2 bzw. IAS 7.

6 Siehe u.a. *Käfer,* Kapitalflussrechnungen ... , Stuttgart 1967.

7 *Hirsch,* Fond of Funds or Fun with Fonds, Louisville 1975.

dienen, unter Abzug der Restriktionen, die gewisse Passiva im Hinblick auf den Zweck der Nutzenpotentiale darstellen"[8].

Entsprechend bewährter Berufsausübung hat sich das *IDW* bei seiner Fondsabgrenzung nicht starr festgelegt. In einer mutigen Beschränkung empfiehlt aber die Stellungnahme HFA 1/1978 lediglich drei verschiedenartige Fonds, nämlich

- Netto-verfügbare flüssige Mittel
- Netto-Geldvermögen
- Netto-Umlaufvermögen.

Die beiden erstgenannten Fonds, die auf Geldwerte abstellen, schalten einige gravierende Bewertungsunsicherheiten aus. Dagegen wird beim Netto-Umlaufvermögen die Unterscheidung zwischen Finanzmitteln und sonstigen Vermögenswerten aufgegeben und die Bewertungsproblematik durch Einbeziehung des Vorratsvermögens enorm gesteigert.

Bei der Fondsabgrenzung war bis Ende des vergangenen Jahrtausends ein deutliches Nord-Süd-Gefälle festzustellen. Während in Niederbayern das Netto-Geldvermögen die bevorzugte Fondsabgrenzung darstellt (87,8 %)[9], zeigte sich in Südschleswig ein deutliches Übergewicht des Netto-Umlaufvermögens (53,4 %). In einigen Stadtteilen von Hamburg und in Miesbach/Obb. erreicht das Netto-Umlaufvermögen sogar den traumhaften Prozentsatz von 92,311.

In der modernen Kapitalflussrechnung wird auf die Veränderung der flüssigen Mittel abgestellt. Der Finanzmittelfonds[10] umfasst nur noch Zahlungsmittel und Zahlungsmitteläquivalente.

---

8 *Henseler,* Unternehmensanalyse, Stuttgart 1979, S. 127.

9 *Miesmacher*, Der bajuwarische Wirtschaftsprüfer als Hüter kontinentaler Prüfertradition, München 1980, insbesondere Abschnitt IV.

10 Hiermit sind nicht die Finanzfonds gemeint, die in verschiedener Form, z. B. Hedge Fonds, von Bankern und Vermögensberatern als Wetteinsatz auf Kosten ihrer Kunden eingesetzt wurden und in der Finanzkrise abhandengekommen sind.

b) Die Interpretation

Günstig für die Mystifizierung der Kapitalflussrechnung wirkte die Tatsache, dass die Finanzmittelfonds eine negative Größe aufweisen konnten. In diesem Zusammenhang bezeugt das folgende Zitat die hervorragende Berichtsarbeit des Abschlussprüfers. Sie verknüpft geschickt die eigentliche und die uneigentliche Kapitalflussrechnung. „Die negativen netto-verfügbaren flüssigen Mittel haben sich im Berichtsjahr erhöht, das heißt die negative Liquiditätsposition hat sich gesteigert und ist damit zunehmend negativ geworden. Der Überschuss aus laufender Geschäftstätigkeit, der nicht durch Bareinlagen zur Kapitalerhöhung ergänzt wurde, reichte nach Tilgung langfristiger Kredite und ebenfalls üblichen Anlageinvestitionen nicht aus, um die Aufstockung der im Vorjahr stark abgebauten Vorräte zu finanzieren"[11].

Es ist beschämend festzustellen, dass die Kapitalflussrechnung trotz ihrer saldenaktiven Erkenntnisfrische keine schnellere Verbreitung fand. Die Notwendigkeit einer fondsgebundenen Quellen- und Applikationsrechnung wurde viele Jahre von der schweigenden Mehrheit der Wirtschaftsprüfer überhörbar verneint.

3. Die Kapitalflussrechnung in den frühen Jahren

a) Mühsame Einführung

Einseitiges Profitstreben hatte die Mehrzahl der deutschen Unternehmen veranlasst, die Erstellung einer Kapitalflussrechnung als zu aufwendig abzulehnen. Hinter der ablehnenden Haltung verbargen sich in Wahrheit Qualifikationsmängel beim eigenen Personal einschließlich der Topmanager, die nicht allein der Oberstufenreform der Gymnasien oder den 68er Protesten an den Hochschulen in die Schuhe geschoben werden dürfen.

---

11 Aus berufsrechtlichen Gründen kann als Quellenhinweis nur erwähnt werden, dass bei der fraglichen Aktiengesellschaft der Finanzvorstand Günther K. (43) durch den ehemaligen Berufskollegen Prof. Dr. Dr. Maximilian W. (59) abgelöst wurde, nachdem er in einer bisher unbekannten Erregung den Prüfungsbericht auf den Fabrikhof schleuderte, so dass der Betriebsrat den Bericht einsehen konnte und daraufhin den Wirtschaftsausschuss mit sofortiger Wirkung auflöste.

Der Abschlussprüfer, der auf der Kapitalflussrechnung beharrte, war infolgedessen auf eigene Bastelarbeiten angewiesen. Während die Ermittlung des Finanzmittelfonds und die Errechnung seiner Veränderung von einem gut ausgebildeten Prüfungsleiter in einigen Stunden konzentrierter Arbeit erledigt werden konnte, wurde der Zeitaufwand für die Erstellung der eigentlichen Kapitalflussrechnung oft unterschätzt. Umfangreiche großformatige Arbeitsbogen, deren Handhabung praktische Intelligenz und solide Heimwerkererfahrung voraussetzte, waren Ausfluss der hochgesteckten Selbstverpflichtung.

In günstig gelagerten Fällen reichte ein Drittel der gesamten Prüfungszeit für die Erstellung der Kapitalflussrechnung aus. So konnte z. B. Prüfungsleiter Leberecht K. (47) in einem gelungenem Rekordversuch mit tatkräftiger Unterstützung seines Assistenten Gerhard W. (28) die Vorarbeiten zur Kapitalflussrechnung eines mittleren Unternehmens, das immerhin fünf Buchhalter beschäftigte, für 1979 bereits nach zwölf Tagen so weit abschließen, dass Wirtschaftsprüfer Karl L. (61) den Entwurf der Kapitalflussrechnung Ende 1981 vorlegen konnte.

b) Versuche zur Optimierung der Fondsabgrenzung

Im Rahmen eines von der Hakelmacher-Stiftung zur Förderung der Prüferelite unterstützten Forschungsprojektes konnte die Kapitalflussrechnung zu einem Frühwarnsystem für den Abschlussprüfer ausgebaut werden. Mit Hilfe umfangreicher Optimierungsrechnungen gelang es Professor *von der Socke*[12], den Finanzmittelfonds zu maximieren, indem sämtliche Aktiva und Passiva in den Fonds integriert wurden. In zahlreichen Laborversuchen wurde die mutige These bestätigt, dass dieser *Netto-Bilanzfonds* bei Anwendung der Grundsätze ordnungsmäßiger Bilanzierung immer gleich Null ist. Nach *von der Socke* befindet sich der Fonds dann in seinem Normalzustand.

Härtetests bei drei landwirtschaftlichen Genossenschaften ließen ein unvermutetes Rationalisierungspotential dieser sensationellen Fondsabgrenzung erkennen. Wenn nämlich der Netto-Bilanzfonds im Normalzustand stets Null ist, tendiert auch seine Gesamtveränderung gegen Null. Der Abschlussprüfer kann also bei dieser genialen Fondsabgrenzung auf die Erstellung der eigent-

12 Die Extremitäten des Jahresabschlusses im maximierten Zustand, Kloster Emmental 1983.

lichen Kapitalflussrechnung verzichten, da deren Ergebnis ebenfalls gleich Null ist. Kopfzerbrechen bereitet noch ein gelegentlich auftretendes Nullwachstum.

Weicht der Wert des Netto-Bilanzfonds dagegen von seinem Normalzustand positiv oder negativ ab, so befindet er sich in seinem kritischen Stadium. Es liegt dann nämlich ein Verstoß gegen die Grundsätze ordnungsmäßiger Bilanzierung vor. Damit wird die uneigentliche Kapitalflussrechnung zu einem Frühindikator für die mögliche Einschränkung oder Verweigerung des Bestätigungsvermerks des Abschlussprüfers.

Eine andere Forschungsrichtung zielte auf den minimalen Finanzmittelfonds, bei dem sämtliche Aktiv- und Passivposten eliminiert wurden. Diese Fondsgröße ist wie der Netto-Bilanzfonds in ihrem Normalzustand ebenfalls gleich Null. *Bolzenknödel* spricht daher recht anschaulich vom *Netto-Null-Fonds*[13]. Der Vorzug dieses kühnen Ansatzes liegt in der Tatsache, dass sämtliche Zahlungs-, Investitions- und Finanzierungsvorgänge fondsunwirksame Veränderungen darstellen. Die eigentliche Kapitalflussrechnung wird damit überflüssig, was einen gewaltigen Rationalisierungserfolg darstellt.

4. Zukunftsweisende Perspektiven

Der abgesicherten Ableitung des Netto-Bilanzfonds und des Netto-Null-Fonds schien die Zwecklosigkeit der Kapitalflussrechnung wissenschaftlich zu beweisen. Für die weitere Forschung wurde angeregt, anstelle von Kapitalflussrechnung nur noch von „Capital Flow Account“ zu sprechen. Die positive Veränderung des Finanzmittelfonds ließe sich dann als „Capital Super-flow“ einwandfrei definieren und die eigentliche Kapitalflussrechnung würde zur Kapitalüberflussrechnung.

13 Weniger ist mehr, Zeitschrift für bilanzmäßige Fondsrechnungen (ZfbF), Heft 1. Siehe auch *Hebber,* Das komfortable Nullergebnis in Theorie und Praxis, Düsseldorf 1981.

Wesentlich schwieriger war eine passende Umschreibung der negativen Veränderung der Fonds zu finden. Die Bezeichnung „Capital Sub-flow“ konnte sich nicht durchsetzen. Sowohl von gewerkschaftlicher Seite wie auch aus Kreisen der Kreditwirtschaft wurde im Interesse einer Konjunkturbelebung ein stärker motivierender Begriff gefordert.

In 1995 wurde in Anlehnung an internationale Rechnungslegungsgrundsätze eine neue Stellungnahme des *IDW* veröffentlicht[14], die aber nicht dazu führte, dass die der Kapitalflussrechnung gewidmeten Passagen des Prüfungsberichts des Abschlussprüfers verständlicher wurden.

Heute sind Inhalt und Aufbau der Kapitalflussrechnung in den einschlägigen Standards IAS 7 und DRS 2 geregelt. Sie bleibt daher vielen Wirtschaftsprüfern Topmanagern und Aufsichtsräten nicht erspart. Das wiederum lässt auf ein zunehmendes Verständnis hoffen.

---

14 Stellungnahme HFA 1/1995, WPg 1995, S. 210 ff.

IV. Unternehmensberatung tut not!

1. Anlässe der Unternehmensberatung

Wenn die Zahl der Topmanager die Zahl der Kunden zu übersteigen droht, überwindet der Spitzenmanager die Zurückhaltung, die er seinem hohen Amt schuldig zu sein glaubt. Mit sicherem Gespür für eine bevorstehende Katastrophe schaltet er plötzlich ihm kongenial erscheinende Unternehmensberater ein.

Verhaltensforscher konnten feststellen, dass Topmanager in ihren depressiven Phasen ein unwiderstehliches Verlangen verspüren, sich beraten zu lassen. Aus Sorge um ihr Image oder um ihre Position, die sie als tiefstes Verantwortungsgefühl bezeichnen, geben sie diesem Begehren nach, damit ihre Distanz zum unternehmensrelevanten Geschehen mit Hilfe des Unternehmensberaters durch kaufmännische Gemeinplätze überdeckt und die lahmen Geschäfte durch abstrakte Konzepte aufgebessert werden.

Unternehmensberatung ist eine lukrative Tätigkeit, vor der auch Wirtschaftsprüfer nicht zurückschrecken. Vorzeitig ausgeschiedene Topmanager, z. B. erfolglos beratene Spitzenmanager, versuchen ihre Karriere als Unternehmensberater in neue Höhen zu treiben.

2. Grundprinzipien der Unternehmensberatung

Wer sich beruflich der Unternehmensberatung zuwendet, muss ihre Grundprinzipien kennen und akzeptieren. Wichtigster Erfolgsfaktor der Unternehmensberatung sind plausible, aber denkbar komplizierte Lösungen für nicht vorhandene Probleme, welche die allseitige Kompetenz des Beraters unterstreichen. Sie werden für den Mandanten mit aus großem Abstand lesbaren Schaubildern mit „Power pointiert", damit er aufkommende Zweifel vergisst.

Der schwierige Teil der Unternehmensberatung ist eine *überzeugende Problemfindung*, die einen unternehmensbezogenen Ansatz demonstriert und eine unternehmensindividuelle Problemlösung durch aufwendige Verfremdung des unternehmenseigenen Know-hows erlaubt.

Der *wichtigste Grundsatz der Unternehmensberatung* lautet: „Fortiter in modo, banaliter in re", d. h. „Knallhart in der Darstellung, banal in der Sache". Dieser Grundsatz kann in seiner praktischen Bedeutung kaum überschätzt werden. Wirtschaftswissenschaftliche Trivialitäten und sibyllinische Floskeln düngen den lockeren Boden, in dem das leicht verderbliche Pflänzlein der Unternehmensberatung gedeihen kann. Der professionelle Berater muss befähigt sein, in geschliffener Fachsprache Selbstverständliches und Unwesentliches akzentuiert hervorzuheben. Seine Kunst besteht darin, dass er Banalitäten mutig ausspricht, nachdem er sie durch angloamerikanische Ausdrücke griffig aktualisiert hat.

Der Avantgarde der Unternehmensberater ist es gelungen, allein durch die Berufsbezeichnung „*Management Consultant*" ihre anspruchvollste Betätigungsform selbst zu definieren. Ihr gelingt es, mit markanten Skizzen ein Fluidum der Kundennähe und strategischer Überlegenheit zu kreieren. Von einem souveränen Management Consultant wird daher erwartet:

- Abgewogene Distanz zur Realität
- Systematische Erfassung der Irrelevanz
- Geistige Durchdringung des Nichts
- Fundierte Interpretation des Banalen
- Sorgfältige Analyse des Unvorhersehbaren

Hinzu kommt ein *sicheres Auftreten* in allen Beratungslagen. Das zeigt sich schon an der äußeren Erscheinung. Der Berater muss sich entscheiden, ob er als konservativer und bodenständiger oder als dynamischer und modischer Beratertyp auftreten will. Während im ersten Fall ein dunkelblauer oder dunkelgrauer Anzug mit Weste angebracht sind, sind für den zweiten Typ ausgewaschene Jeans, lange Haartracht, Tätowierungen, Ohrring und Vollbart unabdingbare Modeattribute.

Zum sicheren Auftreten gehört, dass der Berater selbst vor solchen Aufgaben nicht zurückschreckt, die ihn eindeutig überfordern. Grundfalsch wäre z. B. das Eingeständnis, von einer bestimmten Branche nichts zu verstehen. Offenheit in dieser Richtung trübt die Beziehung zum Kunden und stellt den Erfolg des Unternehmensberaters in Frage.

Der Routinier verdeckt die Abwesenheit einschlägiger Kenntnisse durch seine verfeinerte Beratungsmotorik, die in (auf)wendiger Form allgemeine betriebswirtschaftliche Erkenntnisse preisgibt. Seine Hingabe beruht auf der alten Beraterweisheit: „Wer nichts weiß, weiß immer noch mehr als diejenigen, die überhaupt nichts wissen". Im Übrigen gleicht der Unternehmensberater einem Mann, der 49 Liebespositionen kennt, aber kein einziges Mädchen.

3. Auftragsbeschaffung

Von Partnern oder Geschäftsführern großer Beratungsfirmen wird vor allem Durchsetzungsvermögen bei der Auftragseinholung gefordert. Zu den kapriziösen *Mitteln der Auftragsbeschaffung* gehören Vortragsveranstaltungen für Topmanager mit anschließendem Vier-Gänge-Menü oder kaltem Buffet. Die Vorträge sind so zu gestalten, dass die anwesenden potentiellen Kunden den Wunsch nach Unternehmensberatung nicht lange unterdrücken können. Zum reibungslosen Geschäftsablauf sind an der Garderobe vorbereitete Beratungsverträge auszulegen. Für den künftigen Mandanten ist es eine wesentliche Erleichterung, wenn die Stelle angekreuzt ist, an der er durch einfache Unterschrift den Beratungsvertrag zustande bringt.

Beim ersten *Kontaktgespräch* kommt es darauf an, in dem potentiellen Mandanten ein unwiderstehliches Verlangen nach Unternehmensberatung zu wecken. Der Akquisiteur braucht ein sicheres Gespür für modische Trends der Unternehmensführung und für die Empfänglichkeiten des Mandanten. Falsche Wortwahl kann zur Stornierung des Beratungsauftrages führen, bevor er überhaupt begonnen hat. Heute ist die Matrixorganisation out, obwohl sie so gut wie nie funktioniert hat. Der zeitgemäße Berater schwärmt von „Compliance", „Riskmanagement" oder „Core Business".

Darüber hinaus lösen *brillante Formulierungen* der folgenden Art eine ungebremste Beratungssehnsucht aus: „Wenn der Cashflow in seinem liquiditätswirksamen Trend strategisch analysiert wird, lässt er sich im Feedback innerhalb eines integrierten Management-Deformations-Systems ökonomisch-wirtschaftlich final interpretieren"[1]

Kann der Berater nachweisen, dass namhafte Konkurrenten oder prominente Bekannte des potentiellen Mandanten bereits geduldige Beratungsopfer waren oder sind, wird sich das Beratungsverlangen sogar zur *Beratungsgier* (aviditas consultationis)[2] steigern.

Ein wichtiger Ansatzpunkt zur Erlangung des Beratungsauftrages ist die Rigor cartis[3], an der viele Topmanager leiden. Dieses fast krankhafte Interesse an *Organisations- und Ablaufplänen* äußert sich in dem glühenden Eifer, jeden Geschäftsvorgang ohne Rücksicht auf unsinnige Verzögerungen in strikter Übereinstimmung mit den Linien und Pfeilen solcher Pläne abzuwickeln. Daher ist die „Optimierung von Geschäftsprozessen“ ein so großer Beratungserfolg.

Im Übrigen wird der weitblickende Berater jede Auftragsformulierung akzeptieren, um dann unbeschadet des ihm erteilten Auftrages ihm *zusagende Aufgaben* zu wählen (selfcreated tasks), die er mit größter Perfektion konzeptionell bearbeiten wird. „Strategische Überlegungen“, „interdisziplinäre Aufgabenlösungen“ und ähnliche Begründungen überzeugen am Ende den Auftraggeber von jeder Beratungsaufgabe.

Bald nach Beratungsbeginn auftretende Störgefühle des Auftraggebers werden in der Regel durch die nach drei Jahren einsetzende *Beratungsapathie* des Mandanten (resignatio consultationis)[4] überwunden. Daher werden selbst falsch angesetzte Beratungsaufträge nur in Ausnahmefällen storniert.

---

1 *Flatterbacke,* Der finale Cashflow, München 2005, S. 202 ff.

2 Dieser Beratungsgier der Manager entspricht auf der Beraterseite der Konsultationstrieb (cupuditas cons.). *Kalkfuß,* Symptome der Aviditas und Cupiditas cons., Heidelberg 1969.

3 Die Entdeckung der Rigor cartis ist *Peter/ Hull* zu verdanken (Das Peter-Prinzip, Hamburg 1970, S. 149).

4 Zu Ursachen und Langzeitwirkungen siehe *Brunzel*, Managementapathie als Krankheit und Sozialproblem, Stuttgart 1977.

4. Auftragsdurchführung

Auftakt jeder anspruchsvollen Unternehmensberatung ist die „*Presentation*“ (sprich: prisänteeschen), bei der das grundlegende Beratungskonzept in graphisch und farblich ansprechenden Umrissen visualisiert wird. Der um Anschaulichkeit bemühte Berater wird seine wenigen Aussagen auf möglichst viele Schaubilder verteilen. Die schnelle Bildfolge vermeidet zu frühe Ermüdung des Mandanten und verleiht dem Vortrag des Beraters knisternde Spannweite und asketische Intelligenz.

Für jedes Arbeits- und Präsentationspapier und jede bildhafte Darstellung ist der Name des Mandanten ein unerlässliches Gestaltungselement, wobei die Verwendung des Firmenlogos dringend anzuraten ist. Das schmeichelt nicht nur dem Mandanten und seiner Corporate Identity, sondern erweckt vor allem den Eindruck eines individuell auf den Mandanten zugeschnittenen Beratungskonzepts.

Bei der Auftragsdurchführung lassen sich folgende *Phasen* unterscheiden:

1. Analyse des Ist-Zustandes

2. Ausarbeitung des Konzepts

3. Durchführung des Vorschlages

Zwischen Phase 1 und 2 sind mehrere Zwischenpräsentationen einzuplanen, mit denen der Berater den Auftraggeber auf sein Beratungsziel einstimmt.

Der veranschlagte Zeitraum für die Analyse- und Konzeptionsphase sollte nicht unter sechs Monaten liegen. Das demonstriert Gründlichkeit, Präzision und Ausdauer, zeigt die Schwere der nicht vorhandenen Probleme und wirkt sich günstig auf das Honorar aus. Merke: die teuersten Gutachten sind die qualifiziertesten!

Am Ende der *Analysephase* ahnt der Unternehmensberater, in welcher Richtung Ratschläge von ihm erwartet werden. Bei der Zwischenpräsentation wird er mit entsprechenden Andeutungen nicht sparen, damit ein sensibler Auftraggeber nicht zu früh merkt, auf was er sich eingelassen hat.

Während der *Konzeptphase* erkennt der Berater erste beratungsrelevante Probleme und vermag diejenigen auszuwählen, die seinem universellen Beratungskonzept entsprechen. Sonst muss er Substitutionsprobleme aufgreifen, die allerdings den Auftraggeber nicht zu sehr verunsichern dürfen.

Die vom Berater ausgewählten Probleme und ihre sachverstandsneutralen, aber konzeptionell durchdachten *Lösungen* - im Beratungsgeschäft allgemein als Berater-Know-how bezeichnet - werden dem Auftraggeber in zeitlich gestaffelten Präsentationen schrittweise offenbart. Zur Abrundung der sonst als unternehmensfremd empfundenen Zwischenergebnisse wird der professionelle Berater in seinen Vortrag einige brauchbare Verbesserungsvorschläge einstreuen, die er durch Befragung der Betriebsangehörigen des Mandanten in Erfahrung gebracht hat.

Im Übrigen ist größte Sorgfalt auf das Layout der Graphiken und Übersichten zu legen. Kolorierte Graphiken, Einblendungen und bewegte Bilder sowie große Schriftzeichen und maximale Reduzierung des Inhaltes (höchstens drei Zeilen je DIN-A 4- Seite)[5] verleihen den Präsentationen der Berater oder den Beratungsgutachten ihre enorme Aussagekraft. Auf die Erstellung der unentbehrlichen visuellen Präsentationshilfen verwendet der gediegene Berater etwa 74,8 % seiner Gesamtarbeitszeit.

Zur Durchführung seiner Ratschläge - der Berater spricht von „Implementierung“ - darf es der Berater zur Wahrung seines Rufes nicht kommen lassen. Droht trotz aller Abwehrvorkehrungen die praktische Umsetzung der Empfehlungen, so ist die *„finale Beratungsbremse“* (Frenum cons.)"[6] zu betätigen. Sie besteht darin, dass eine unabdingbare Voraussetzung für den Erfolg des Beratungskonzepts in die Expertise eingebracht wird, die das Topmanagement zum Erhalt seiner Position nicht erfüllen kann.

---

5 Wohlwollende Beobachter des Beratungsgewerbes erklären diese Gewohnheit mit der Kurzsichtigkeit des Topmanagements. *Lilienkrohn*, Die Sichtweise etablierter Führungskräfte, Frankfurt 1993

6 Die lateinische Bezeichnungen mögeng den Laien verwundern. Sie stammen aus dem Beichtbüchlein für Berater, herausgegeben vom Kloster Ötztal aus Anlass der 13. Konsultantenfreizeit; auszugsweise abgedruckt in: *Damasus Pinsel,* OSB, Gebet und Buße in unserer Zeit, Innsbruck 1992.

Diese „Professional Escape Method“ (PEM) soll das folgende Beispiel veranschaulichen: „Die anvisierte Kostenreduzierung um 30 Prozent setzt voraus, dass die Vergütung der Gesellschafter-Geschäftsführer um 50 % gekürzt und die Entlohnung der Mitarbeiter der Finanzbuchhaltung kurzfristig auf Akkordlohn umgestellt werden.“

5. Praktisches Beispiel: Management by Cash

Als praktisches Beispiel wird aus Gründen des Mandantenschutzes ein zeitlich zurückliegender Fall ausgewählt, der zum leichteren Verständnis stark vereinfacht wurde[7]. Durch persönliche Verbindungen zum Vorsitzenden des Aufsichtsrates konnte der Seniorpartner der Wallawalla Consulting Group (WC) den Vorstand der Dysentery Coal Ltd. (DCL) beratungsempfänglich stimmen und nach mehrtägiger Präsentation des neuen „Management by Cash (MbC)“ eine zügige Auftragerteilung sicherstellen.

Die WC-Group hat mit einem Entwicklungsaufwand von nur 1750 Mannmonaten die theoretischen Grundlagen des MbC erarbeitet, die aus dem marktgängigen „Management by Objectives (MbO)“ durch sinnvolle Reduktion der Objectives entwickelt wurden. MbC orientiert sich allein an der Maximierung des Einkommens des Topmanagements. Es verwirklicht den mehrfach propagierten Profitcentergedanken in höchster Egozentration. Die Defrustration des mittleren und unteren Managements konnte dadurch erreicht werden, dass in die aufzustellende Systemmatrix sogenannte Schlupfmanager eingeführt, um diese nach der bewährten Komplexmethode zu lösen.

7 Ähnlichkeiten mit lebenden oder sterbenden Unternehmen sind nicht zufällig, aber völlig unbeabsichtigt.

Nach einem 14tägigen *Workshop* mit führenden Managern der DCL wurden für die Einführung des MbC drei Phasen vorgesehen. In der ersten, drei Monate dauernden, Phase wurden von WC

- dreizehn Interviews mit dem Hauptkassierer der DCL durchgeführt,
- die Kassenbelege der letzten drei Geschäftsjahre nachgezählt und neu nummeriert sowie
- zwei Kassenbücher umgeschrieben.

Ferner wurde die Anregung des Kassenboten, Kassenüberschüsse nur zweimal in der Woche bei der Bank einzuzahlen, von Mitarbeitern der WC gründlich überarbeitet und nach Reduzierung auf 1,5 Botengänge pro Woche anhand von 246 Dias als erste Teilimplementierung des MbC dem Vorstand der DCL vorgestellt.

Nach ordentlicher Abrechnung dieser Einführungsarbeiten wurden in der anschließenden *Zwischenphase* das Beraterteam von 4 auf 8 Fachberatern erweitert und die Anzahl der Interviews auf 27 gesteigert, wobei selbst unternehmensexterne Personen nicht verschont wurden. Die Empfehlung des Abschlussprüfers von DCL, die Lohn- und Gehaltszahlungen bargeldlos vorzunehmen, konnte WC dem Prüfungsbericht entnehmen, der ihr von einem Betriebsratsmitglied zugespielt wurde. Diesen Vorschlag konnte WC nach zweiwöchigem Studium in die eigenen Ausarbeitungen unverändert übernehmen.

Aufgrund einer weiteren Zwischenpräsentation im Rahmen eines zweitägigen Projektmeetings wurde die WC-Empfehlung vom DCL- Vorstand gutgeheißen. Allerdings wurden die Gehaltszahlungen an das Topmanagement aus Geheimhaltungsgründen von der Neuregelung ausgenommen. Damit war der Weg frei für die zweite und dritte Beratungsphase.

Im zweiten Beratungsabschnitt kam es darauf an, das allgemeine MbC-Konzept als spezielle DCL-Lösung weiter zu verfeinern. Dazu wurde als Rückgrat des MbC der DCL das „Allgemeine managementorientierte Kassenbuch (AmoK)“[8] zur unverzüglichen Einführung angeraten. Nach dem Vortrag von DC, dass damit verdichtete, auf die Bedürfnisse des Vorstands

---

8 *Mintze*, Die Grundlagen des AMOK, Monatshefte für den Kassierer, 1970 Heft 12;

zugeschnittene Daten zu erhalten seien, stimmte der Vorstand der auf 13 Monate kalkulierten Einführungskampagne für das AmoK spontan zu.

Das AmoK wird aus Gründen der Aktualität alle vier Stunden abgeschlossen. Dabei werden die Belege pro Stunde auf einem Sammelbeleg zusammengefasst und nur als Saldo gebucht (balance per hour = bph). An jedem Monatsende errechnet sich bei Zugrundelegung der 35-Stundenwoche der Cashoverflow nach der Formel: C = I - (S + t x 7 bph), wobei mit I der tatsächliche Kassenbestand (Istbestand), mit S der Sollbestand laut Kassenbuch und mit t die Anzahl der Arbeitstage im abgelaufenen Monat gemeint sind. Da nur die bph im AMOK eingetragen werden, ist lediglich der Teil der Kassenbelege aufbewahrungspflichtig, dessen Summe die bph, d. h. den eingetragenen Einnahmen- und Ausgabensaldo ergibt.

Die Auswahl der aufzubewahrenden Belege kann entsprechend der jeweiligen Kassenstrategie bestimmt werden. Um die wiederholt anstehenden Entscheidungen auf eine möglichst breite Basis zu stellen, empfahl WC, von potentiellen Einzahlern und Geldempfängern Blankobelege anzufordern, die dann zweckgerecht ausgefüllt werden können.

Aufkommende Zweifel der vier Bankenvertreter im Aufsichtsrat von DCL an der Zweckmäßigkeit dieser sonst einleuchtenden Empfehlung konnte der Vorstand durch Hinweise auf die ungeheuren Rationalisierungseffekte im Keim ersticken. Besonderen Eindruck machte die Tatsache, dass die zeitraubenden Gänge des Kassenboten zu einem kurzen AmoK-Lauf zusammengefasst werden konnten.

Die dritte Phase der Auftragsdurchführung steht noch aus, da sich DCL aus noch ungeklärter Ursache in Zahlungsschwierigkeiten befindet, weil die Mitglieder ihres Vorstands angabegemäß günstige Geldanlagen in Südamerika untersuchen.

6. Weitere Aussichten

Die Unternehmensberatung hat sich zu einem großspurigen Geschäft entwickelt, das auch in Zukunft hohe Wachstumraten erwarten lässt. Es gibt angesichts der komplexen Einflüsse auf den Unternehmenserfolg trotz aller Simplizität der Unternehmensführung einen ständigen Beratungsbedarf. Die Bäume werden aber auch hier nicht in den Himmel wachsen, denn die nachhaltigen Erfahrungen zeigen, dass die Unternehmensberatung nicht verhindern kann, dass viele Unternehmen erfolgreich geführt werden.

Der hohe Anspruch an die Unternehmensberatung beruht auf dem Konsultations-Theorem von Prof. Dr. *I.M. Perfect:* „Unternehmensberatung ist äußerst notwendig, weil sie dringend erforderlich ist"[9]. Der skeptischen Bemerkung ignoranter Beratungsmuffel, auch Berater können irren, muss entgegengehalten werden, dass Berater in jedem Fall anders irren und schon deshalb ihr Geld[10] wert sind.

9 The Consultation Theorem, Boston 1960; *Zwerger,* Das KonsultationsTheorem in Theorie und Praxis, München 2008.

10 Mit diesem üblichen, aber wenig präzisen Ausdruck ist das Geld des Mandanten gemeint, das er für den Berater ausgibt und das damit dessen Geld wird.

Stichwortverzeichnis

P

Q

R

S

T

Der Autor

Das bewegte Leben von Sebastian Hakelmacher begann mit der Sturzgeburt auf der Kellertreppe der Unterhachinger Molkerei im Jahre 1969. Von da an ging es unbarmherzig treppauf. Auch die Bestellung zum Steuerberater und zum jüngsten Wirtschaftsprüfer Deutschlands konnte seine großartige berufliche Entwicklung nicht bremsen.

Als unerschrockener Wirtschaftsprüfer sah er allen Überforderungen mutig ins Auge und verjüngte nach mehrjähriger Prüfungs- und Beratungspraxis das Topmanagement international tätiger Konzerne. Mit zunehmender Dienstzeit wurde er ein älterer Topmanager. Heute genießt er als leicht ergrauter Zögling der korpulenten Gouvernante Ansehen und Respekt.

Sebastian Hakelmacher beobachtet unauffällig, aber lupenscharf Manager, Aufsichtsräte, Wirtschaftsprüfer, Standardsetzer und Enforcer, deren Tätigkeiten er selbst mit großem Engagement ausgeübt hat. Kompetent schildert der in Wirtschaftskreisen wohlbekannte Unbekannte mit spitzer Feder und dem gebotenen ernsthaften Humor Arten und Unarten der Topmanager, Aufsichtsräte und Abschlussprüfer und erörtert Höhen und Tiefen der Corporate Governance und der Rechnungslegung.